MYTHEN, SAGEN UND MÄRCHEN

DES ARANDA-STAMMES

IN

ZENTRAL-AUSTRALIEN

GESAMMELT VON

CARL STREHLOW

MISSIONAR IN HERMANNSBURG, SÜD-AUSTRALIEN

BEARBEITET VON

MORITZ FREIHERRN VON LEONHARDI

FRANKFURT AM MAIN 1907

JOSEPH BAER & Co.

Zur Einführung.

Mit dem vorliegenden Heft beginnt das städtische Völkermuseum die Reihe seiner Veröffentlichungen, die in erster Linie dazu bestimmt sind, sowohl das in seinen Sammlungen und Archiven bereits von früher her vorhandene, als auch das neu hinzukommende wissenschaftliche Material der Allgemeinheit in Bild und Wort zur Kenntnis zu bringen und nutzbar zu machen. Es soll hierbei nicht nur die Ethnographie, die Völkerkunde, allein berücksichtigt werden, sondern auch, dem erweiterten Umfang des Museums entsprechend, die somatische Anthropologie, während die Prähistorie, als zu dem Wirkungskreis der Schwesteranstalt, des städtischen historischen Museums, gehörend, davon abgetrennt bleiben und nur gelegentlich und vergleichsweise herangezogen werden soll.

Wenn es auch einerseits Manchem vermessen erscheinen könnte, daß ein so junges Institut, wie das Frankfurter Völkermuseum, das kaum drei Jahre seines Bestehens hinter sich hat, bereits mit wissenschaftlicher Publikation seines Materials an die Öffentlichkeit treten will, so darf doch andrerseits mit einem gewissen bescheidenen Stolz darauf hingewiesen werden, daß es ihm gelungen ist, in dieser Zeit dank der wohlwollenden Förderung durch die städtischen Behörden und dem tatkräftigen Opfermut einer hochsinnigen Bürgerschaft eine Reihe wissenschaftlich wertvoller Sammlungen und Original-Aufzeichnungen aus dem Gebiet der Völkerkunde zu erwerben. Außerdem sei daran erinnert, daß sich in den Beständen der ethnographischen Abteilung des historischen Museums, die bei der Errichtung des Völkermuseums als Grundstock neben den Sammlungen der hiesigen Anthropologischen Gesellschaft übernommen wurden, eine größere Anzahl von Originalen vorfand, die von den Reisen Rüppels, Dumont d'Urvilles und des russischen Admirals Wrangel herrühren und Schätze von historisch wie von wissenschaftlich hervorragender Bedeutung darstellen, die zum Teil schon von dem unvergeßlichen Fr. Ratzel bei Abfassung seiner Völkerkunde benutzt und gewürdigt wurden.

Die „Veröffentlichungen aus dem städtischen Völkermuseum Frankfurt a. M." sind als zwanglose Jahreshefte gedacht und sollen den Umfang des vorliegenden ersten Heftes tunlichst nicht überschreiten. Mögen sie allezeit den Zweck, zu dem sie gegründet sind, erfüllen!

Frankfurt a. M., den 1. November 1907.

Dr. B. Hagen.

Vorwort.

Die in diesem Hefte zum Abdruck gebrachten Sagen bilden den ersten Teil einer zusammenhängenden größeren Arbeit über die Aranda- und Loritja-Stämme in Zentral-Australien, die nach und nach in den Veröffentlichungen des städtischen Völkermuseums zu Frankfurt a. M. herausgegeben werden sollen. Durch die beiden großen Werke von Spencer und Gillen (The native tribes of Central Australia 1899 und: The northern tribes of Central Australia 1904) ist das wissenschaftliche Interesse auf die Völkerschaften in Zentral-Australien in hervorragendem Maße gerichtet worden. Als ein weiterer Beitrag zur Kenntnis einiger dieser Stämme wollen die Forschungen von Missionar C. Strehlow angesehen sein. Dieser, in der Neuendettelsauer Missionsanstalt ausgebildet, arbeitet seit 1892 unter der schwarzen Urbevölkerung Australiens; zunächst, bis 1895, unter den Dieri im Südosten des Lake Eyre und von da an auf der Missionsstation Hermannsburg am Finke River unter den Aranda. Durch seine langjährige Tätigkeit unter diesen beiden Stämmen hat sich Herr Strehlow deren Sprachen vollkommen zu eigen gemacht und hat auch Texte zu gottesdienstlichen Zwecken darin drucken lassen. Die Sprache des im Südwesten der Aranda wohnenden Loritjastammes hat er gleichfalls erlernt. Diese Sprachkenntnisse ermöglichen es ihm, bei seinen Forschungen mit den Eingeborenen in deren Muttersprachen zu verkehren — ein nicht hoch genug anzuschlagender Vorteil; gilt es doch die schwierigen und teilweise recht komplizierten Gedankengänge dieser Urvölker zu erfassen, nachzudenken und schriftlich zu fixieren.

Spencer und Gillen schreiben Arunta, Herr Strehlow hält die Schreibweise Aranda für richtiger, ebenso Loritja anstatt Luritja. Bei vielen Worten in den nachfolgenden Legenden sind die Buchstaben ND, OD, SD und L zugefügt, dieselben bedeuten, daß das betreffende Wort dem nördlichen, östlichen, südlichen Aranda-Dialekt oder der Loritja-Sprache angehört. Die Texte selbst sind in dem bei Hermannsburg gesprochenen Dialekt geschrieben.

Bei der Herausgabe des mir anvertrauten Manuskriptes habe ich mich im wesentlichen darauf beschränkt, redaktionell zu verfahren; ich habe sachlich nichts geändert; nur da, wo mir der Sinn nicht ganz klar war oder wo die Sache noch nicht genügend ergründet zu sein schien, habe ich durch briefliche Anfragen um nochmalige Nachprüfung und Richtigstellung gebeten. Die erhaltenen Antworten habe ich dann an den betreffenden Stellen eingearbeitet. Nach denselben Grundsätzen gedenke ich auch die folgenden Teile des Manuskriptes zu behandeln. Mir erscheint diese Art des Vorgehens allein gerechtfertigt. Es soll nur das der wissenschaftlichen Welt vorgelegt werden, was Herr Strehlow glaubt festgestellt zu haben und in der Form, wie er die Dinge darzustellen für richtig hält. Deshalb habe ich auch alle von dem Autor gewählten Bezeichnungen, wie Gott, Göttin, Totem-Vorfahre, Kulthandlung usw. stehen lassen. Ich bin mir wohl bewußt, daß man je nach dem wissenschaftlichen Standpunkt andere Bezeichnungen vorziehen könnte und würde vielleicht selbst in einem oder dem andern Fall mich anders ausdrücken. Ich glaube aber, daß aus dem Text hinlänglich klar wird, was gemeint ist und so mag die notwendig folgende wissenschaftliche Diskussion feststellen, wie die beobachteten Tatsachen und beschriebenen Vorstellungen gedeutet und richtig benannt werden müssen.

Leider war es nicht möglich, bei den meisten aufgeführten Tier- und Pflanzenspecies die wissenschaftlichen Namen anzugeben; soweit tunlich ist es nach Teil II und III des Report on the work of the Horn scientific expedition to Central Australia, London 1896 geschehen. Die Bestimmung einiger Amphibien nach vorgelegten Spiritusexemplaren verdanke ich Herrn Professor O. Böttger in Frankfurt a. M., wofür ihm hier bestens gedankt werden soll.

Nur ungern habe ich davon Abstand genommen, diejenigen Kapitel des Manuskriptes, die über die totemistischen Vorstellungen der Aranda und Loritja und über Wesen und Bedeutung der tjurunga [churinga bei Spencer und Gillen] handeln, schon jetzt zu veröffentlichen. Diese schwierigen, für das Verständnis des geistigen Lebens der betreffenden Stämme fundamentalen Vorstellungskomplexe schienen mir jedoch noch nicht in allen Einzelheiten festgestellt und klargelegt zu sein, und so hielt ich es für angemessener, diese Abschnitte bis zum nächsten Heft zurückzubehalten; möchte aber doch, weil für das Verständnis der folgenden Legenden wichtig, die Grundgedanken wenigstens kurz skizzieren; an diesen Grundgedanken dürfte sich, trotz weiterer Erforschung der Einzelheiten, kaum mehr etwas ändern.

In der Urzeit wanderten die „Totem-Götter" (altjirangamitjina) auf der Erde herum und gingen schließlich in die Erde ein, wo sie noch jetzt als lebend gedacht werden. Ihre Leiber verwandelten sich in Felsen, Bäume, Sträucher oder tjurunga-Steine und -Hölzer. Den Glauben an eine immer wiederkehrende Reinkarnation dieser altjirangamitjina, den Spencer und Gillen gefunden haben wollen, hat Herr Strehlow nicht feststellen können. Nach ihm denkt man sich die Art, wie Kinder entstehen, auf verschiedene Weise; entweder geht ein Kinderkeim (ratapa), der in dem verwandelten Leib des altjirangamitjina sitzt, in eine vorübergehende Frau ein, solche Kinder sollen mit schmalen Gesichtern geboren werden, oder ein „Totem-Vorfahre" kommt aus der Erde heraus, wirft ein kleines Schwirrholz (namatuna) nach einem Weibe und dieses Schwirrholz verwandelt sich in dessen Leib in ein Kind, das nachher mit breitem Gesicht geboren wird. Außer diesen beiden Entstehungs-Arten von Kindern berichten einzelne Schwarze noch davon, und die alten Männer gaben es schließlich auch zu, daß in seltenen Fällen auch ein altjirangamitjina selbst in eine Frau eingehe und wiedergeboren werde. Er kann aber nur einmal eine solche Wiedergeburt erfahren. Die so entstandenen Kinder sollen helle Haare haben; tatsächlich findet man zuweilen Aranda mit hellen Haaren. Derjenige altjirangamitjina, der auf eine der drei genannten Arten mit einem Menschen in Verbindung stehend gedacht wird, heißt sein iningukua und man glaubt, daß er als eine Art Schutzgeist den Menschen folge. Im dritten Fall, wo eine Wiedergeburt des iningukua angenommen wird, soll der großväterliche altjirangamitjina die schützende Rolle übernehmen. Die Loritja haben im wesentlichen dieselben Anschauungen [s. Globus, Band 91, pag. 285 fg. und Band 92, pag. 123]. In dem ersten dieser Globusaufsätze war auf pag. 289 noch davon die Rede, daß ein Kind im Mutterleibe entstehen könne, falls eine Frau ein Tier erblickt habe oder nach reichlichem Genuß irgend einer Frucht. Auf nochmalige Anfrage hat mir Herr Strehlow diesbezüglich geantwortet: „Wenn eine Frau auf ihren Wanderungen ein Känguruh erblickt, das plötzlich ihren Blicken entschwindet und sie in diesem Augenblick die ersten Zeichen der Schwangerschaft fühlt, so ist ein Känguruh-ratapa in sie eingegangen, doch nicht das betreffende Känguruh selbst, dasselbe war vielmehr sicher ein Känguruh-Vorfahre in Tiergestalt. Oder aber eine Frau findet lalitja-Früchte und nach reichlichem Genuß derselben stellt sich Übelkeit ein, so ist ein lalitja-ratapa durch ihre Hüften — nicht durch den Mund — in sie eingegangen. Beide Fälle gehören demnach unter die erste Art, wie Kinder entstehen, daß nämlich ein ratapa in eine an einem Totemplatz vorübergehende Frau eingeht." Bezüglich des Larrekiya-Stammes an der Nordküste hat kürzlich H. Basedow [Trans. R. Soc. South Australia XXXI (1906) pag. 4] eine vielleicht ähnliche Anschauung mitgeteilt. Bei dem großen prinzipiellen Interesse, das mit dieser Frage verbunden ist [s. auch A. Lang in Anthropological Essays presented to E. B. Tylor, Oxford 1907, pag. 217], wäre es von größtem Wert, wenn hierüber weitere Forschungen bei den Larrekiya und benachbarten Stämmen angestellt werden könnten. Bezüglich der tjurunga sei hier nur angeführt, daß dieselbe sowohl als der „verborgene Leib" des „Totem-Vorfahren" wie auch als der eines bestimmten Menschen gilt; sie bildet das verbindende Glied zwischen Mensch und seinem iningukua. Zugleich steht die tjurunga in magischer Beziehung zu dem Totem-Tier oder -Pflanze und ermöglicht daher deren Vermehrung durch die totemistischen „Kulthandlungen". Auch bezüglich der tjurunga ist die Auffassung der Loritja im Grund dieselbe, doch finden sich charakteristische Unterschiede im einzelnen; sie nennen die tjurunga (L. kuntanka) „Bild des Leibes", was man aber durchaus nicht symbolisch auffassen darf. Auf weitere Einzelheiten will ich in Hinsicht auf die spätere ausführliche Behandlung hier verzichten und bemerke nur noch, daß sowohl Aranda als Loritja es bestimmt ablehnen, daß die tjurunga Sitz einer Seele oder des Lebens eines betreffenden Menschen sei. Darüber haben sich die alten Männer und Zauberer auf das unzweideutigste wiederholt ausgesprochen. Bezeichnungen wie „Seelenholz", „soul box" und ähnliche sind daher für die tjurunga der Aranda und Loritja nicht zutreffend.

Auf den beigegebenen acht Tafeln sind Gegenstände abgebildet, die der Verein für das Völkermuseum von Herrn Strehlow erworben und dem Museum zum Geschenk gemacht hat. Die vier ersten Tafeln sind nach den schönen, mit peinlichster Sorgfalt angefertigten Zeichnungen des Herrn Konsul F. C. A. Sarg zu Frankfurt a. M. autotypiert. Die vier letzten Tafeln stellen tnatantja und woninga dar, wie sie bei den totemistischen Aufführungen der Aranda gebraucht werden. Auf die Bedeutung und den Gebrauch dieser Objekte soll erst in späteren Heften ausführlicher eingegangen werden.

Die steinernen tjurunga werden von den Aranda auch talkara, die hölzernen tjunga-junga genannt. In den beiden Werken von Spencer und Gillen sind tjurunga, von ganz gleicher Gestalt und mit ganz ähnlichen Zeichnungen bedeckt, mehrfach abgebildet und eingehend beschrieben. Die Bedeutung dieser Zeichnungen, wie sie die beiden genannten Forscher festgestellt haben, stimmt im Charakter ganz mit der, die Herr Strehlow nach den Angaben der Schwarzen, von denen er die betreffenden Stücke erhielt, niedergeschrieben hat. Danach sind die Erklärungen zu unseren Tafeln angefertigt. Leider fehlen die Deutungen vieler Figuren, namentlich auf der Unterseite der tjurunga. Nachträglich diese Erklärungen noch dadurch zu beschaffen, daß man Abbildungen der tjurunga den betreffenden Schwarzen hätte vorlegen lassen, würde kaum zu einem befriedigenden Resultat geführt haben, weil diese sich nur schwer darauf zurecht gefunden haben würden und ihre Antworten wahrscheinlich ganz willkürlich ausgefallen wären.

Groß-Karben, den 1. November 1907.

von Leonhardi.

Inhalts-Verzeichnis.

Druckfehler-Berichtigung.

Die vier Schwarzen, die die meisten Sagen erzählt haben.

Mythen, Sagen und Märchen der Aranda.

I. Altjira.

Nach der Überlieferung der Alten gibt es ein höchstes gutes (mara) Wesen, Altjira. Dasselbe ist ewig (ngambakala)[1]) und wird als großer, starker Mann von roter Hautfarbe, dessen langes, helles Haupthaar (gola) über seine Schultern herabfällt, vorgestellt. Altjira hat Emufüße (ilia = Emu, inka = Beine, Füße) und wird daher Altjira iliinka genannt. Er ist geschmückt mit einem weißen Stirnband (tjilara), einem Halsschmuck (matara) und einem Armband (gultja), auch trägt er einen aus Haaren verfertigten Gürtel (tjipa), sowie eine worrabakana [Schambedeckung]. Er hat viele Frauen, tnéera [die Schönen] genannt, die Hundebeine (knulja-inka) haben und wie er selbst von roter Hautfarbe sind. Er besitzt viele Söhne und Töchter, von denen erstere Emufüße, letztere Hundebeine haben. In seiner Umgebung befinden sich schöne junge Männer und Mädchen.

Seine Wohnung ist der Himmel (alkira), der von Ewigkeit her gewesen ist (ngambakala); denselben stellen sich die Eingeborenen als ein Festland vor. Die Milchstraße ist ein großer Fluß (larra, auch ulbaia = Creek genannt), mit hohen Bäumen und nie versiegenden süßen Wasserquellen; hier finden sich wohlschmeckende Beeren und Früchte in Menge; Schwärme von Vögeln beleben das große Reich des Altjira, während viele Tiere, wie Känguruhs (ära), wilde Katzen (tjilpa) usw. in seinen ungeheuren Jagdgründen umherstreifen. Während Altjira selbst dem Wild nachstellt, das zu den Wasserquellen kommt, um seinen

[1]) Es gibt in der Arandasprache vier Worte für ewig = ngambakala, ngambintja, nganitjina und ngarra.

1

Durst zu stillen, sammeln die Weiber Altjiras latjia [eßbare Wurzeln mit rübenartigem Kraut], jelka[1]) und andere Früchte, die dort im Überfluß zu jeder Jahreszeit wachsen. Die Sterne (mit Ausnahme einiger Sternbilder, welche als zum Himmel aufgestiegene Totem-Götter angesehen werden) sind die Lagerfeuer Altjiras.

Altjira ist der gute Gott der Aranda, der nicht bloß den Männern, sondern auch den Weibern bekannt ist. Sein Herrschaftsgebiet erstreckt sich jedoch nur über den Himmel; die Menschen hat er weder erschaffen, noch bekümmert ihn das Ergehen derselben. Tjurunga[2])-Hölzer oder -Steine von Altjira gibt es nicht. Die Aranda haben weder Furcht vor Altjira, noch Liebe zu ihm; ihre einzige Befürchtung ist nur, daß eines Tages der Himmel einfallen könne und sie alle erschlagen würde. Der Himmel ruht auf Pfeilern oder wie die Aranda sagen auf steinernen Beinen.

Anmerkung. Eine sprachliche Ableitung des Wortes Altjira konnte noch nicht gefunden werden; die Eingeborenen verbinden jetzt damit den Begriff des Nicht-Gewordenen; über die Bedeutung befragt, versicherten sie mir wiederholt, Altjira bezeichne einen, der keinen Anfang habe, der nicht von einem anderen hervorgebracht worden sei (erina itja arbmanakala = ihn keiner geschaffen hat). Wenn Spencer und Gillen (Northern Tribes of Central-Australia pag. 745) behaupten: „the word alcheri means dream", so ist diese Behauptung nicht zutreffend. Träumen heißt altjirerama, abgeleitet von altjira [Gott] und rama [sehen], also: „Gott sehen". Ebenso ist in der Loritjasprache träumen = tukura nangañi zusammengesetzt aus tukura = Gott und nangañi = sehen. Daß unter altjira und tukura hier nicht der höchste Gott des Himmels, sondern nur ein Totem-Gott zu verstehen ist, den der Eingeborene im Traum zu sehen glaubt, wird später gezeigt werden. Traum heißt in der Aranda-Sprache nicht alcheri, sondern vielmehr altjirérinja, doch wird dieses Wort selten gebraucht, gewöhnlich sagt der Schwarze: ta altjireraka = mir hat geträumt. Das Wort „alcheringa", das nach Spencer und Gillen „Traumzeit" bedeuten soll, ist offenbar aus altjirérinja verdorben. Von einer „Traumzeit" als Zeitperiode weiß übrigens der Eingeborene nichts; gemeint ist die Zeit, in der die Altjiranga mitjina auf Erden wanderten.

II. Die Urzeit.

Die Erde (ala), die ebenfalls ewig (ngambakala) ist, wurde zuerst vom Meer (laia) bedeckt. Aus dieser ungeheuren Wassermasse ragten verschiedene Berge hervor, auf denen einzelne, mit göttlichen Kräften ausgestattete Wesen, altjirangamitjina [die ewigen Unerschaffenen] lebten; dieselben werden auch als inkara [die Unsterblichen] bezeichnet. In den nördlichen McDonnell Ranges erhob sich z. B. ein hoher Berg, Torulba[3]) genannt, über der großen Wasserfläche, auf dem zwei Känguruh (aranga)[4])-Männer ihr Wesen trieben. Auch in der Nähe der Finke Gorge, an der Stelle, wo der Finke Fluß die McDonnell Ranges durchbricht, stand ein hoher Felsen, mit Namen Erálera [der feste], in dessen Innern eine große Höhle war, in welcher Enten (wonkara)-Männer lebten. Da sie auf der mit Wasser bedeckten Erde keine Nahrung fanden, so stiegen sie wiederholt zum Himmel hinauf, um im Reiche Altjiras zu jagen und kehrten mit Beute beladen nach Eralera zurück. Am Abhang dieses Berges (patta itéela)[5]) befanden sich viele unentwickelte Menschen,

[1]) jelka, die zwiebelartigen Knollen des Cyperus rotundus L., das Hauptnahrungsmittel der Weiber.
[2]) tjurunga = churinga bei Spencer und Gillen.
[3]) Torulba [„Felsenspitze, Bergesspitze"] ist der jetzige Mt. Giles, ca. 4260 Fuß über dem Meeresspiegel.
[4]) aranga ist das graue, auf den Bergen sich aufhaltende Känguruh (Macropus robustus Gould.).
[5]) patta = Berg und itéela = neben, am Abhang.

rella manerinja[1]) genannt, weil ihre Glieder zusammengewachsen waren. Ihre Augen und Ohren waren geschlossen (manta), an Stelle des Mundes befand sich eine kleine runde Öffnung, die Finger sowie die Zehen waren zusammengewachsen (manerinja), die zusammengeballten Hände waren an der Brust angewachsen (turba oder innopúta)[2]) und ihre Beine an den Leib gezogen. Außerdem waren diese hilflosen Wesen in Menschengestalt aneinandergewachsen, weshalb sie auch als rella intarinja [aneinandergewachsene Menschen] bezeichnet werden. Diese auf dem Bergesabhang lebenden rella manerinja zerfielen in vier Klassen: Purula, Kamara, Ngala und Mbitjana, die, weil sie auf dem trockenen Lande lebten, älarinja[3]) [Land-bewohner] genannt werden. Andere unentwickelte Menschen aber lebten im Wasser, deswegen als kwatjarinja,[4]) Wasserbewohner bezeichnet. Letztere hatten langes Haar und nährten sich von rohem Fleisch; sie wurden gleichfalls in vier Klassen eingeteilt: Pananka, Paltara, Knuraia und Bangata[5]). Solche unentwickelte Menschen befanden sich noch in Rubuntja im Nordosten und in Irbmankara am Finke Fluß jetzt Running Waters genannt. Von weiteren Plätzen wissen die hiesigen Aranda nichts.

Als später Altjira den altjirangamitjina verbot, in seinem Reich zu jagen, ergriff ein urbura[6])-Totem-Gott einen Stock (tnauia) und schlug damit das Wasser mit dem Befehl: jerrai![7]) [geh fort!], worauf sich das Meer (laia) nach Norden zurückzog und das Festland zum Vorschein kam. Das Gebot Altjiras außer acht lassend, stiegen einige inkara, die wetoppetoppa [die Schlanken] zum Himmel auf, um dort zu jagen, worauf auf Geheiß Altjiras der hohe Berg Erálera in den Boden versank (ralaka), so daß den wetoppetoppa der Rückweg abgeschnitten wurde und sie gezwungen waren, dort oben zu bleiben, wo sie jetzt als Sterne ein ewiges Dasein führen. Als der Erálera-Berg in die Tiefe sank, ließen sich die rella manerinja, die bisher an seinem Abhang gewohnt hatten, an dem Ufer eines großen Wasserloches (intjanga) nieder, während die im Wasser befindlichen sich ein großes Nest auf einer kleinen Insel, die in dieser Wasseransammlung lag, bauten. Letztere befindet sich nahe bei der Finke Gorge und wird jetzt Aroalirbaka[8]) genannt.

Als sich das Wasser von dem Festland verlaufen hatte, kamen überall aus der Erde die altjirangamitjina, [die ewigen Unerschaffenen, die Totem-Götter[9])] hervor, die bisher in unterirdischen Höhlen gewohnt hatten. Diese traten meist in Menschengestalt auf, doch waren sie mit übermenschlichen Kräften ausgestattet und besaßen die Fähigkeit, die Tiere hervorzubringen, deren Namen sie führten, so daß man sie als Totem-Götter bezeichnen

---

[1]) manerinja = zusammengewachsen, zusammenklebend, rella = Mensch, Menschen.

[2]) innopúta vermutlich = inapertwa bei Spencer und Gillen.

[3]) äla = Land, Erde; die Endung „rinja" drückt aus: bewohnend, zu etwas gehörend.

[4]) kwatja = Wasser, Regen.

[5]) Als zusammenfassende Bezeichnung von je vier Klassen werden die Worte älarinja und kwatjarinja heute nicht gebraucht; dagegen sind dafür Pmaljanuka (Purula, Kamara, Ngala, Mbitjana) und Lakakia (Pananka, Paltara, Knuraia, Bangata) gebräuchlich. Spencer und Gillen konnten s. g. Phratrienamen nicht auffinden [North. Tr. p. 96].

[6]) urbura, ein kleiner, elsterähnlicher Vogel (Craticus nigricularis Gould.).

[7]) jerrai ist ein der Loritja-Sprache entlehnter Ausdruck; es ist die Imperativform von jennañi = gehen, fortgehen.

[8]) Aroalirbaka, von aroa = Wallaby und irbaka = ist hineingegangen, weil nach der Tradition hier ein Wallaby-Totem-Mann in das Wasserloch eingegangen ist. S. pag. 61.

[9]) Der spezielle altjirangamitjina eines Menschen wird iningukua genannt; der altjirangamitjina der Mutter heißt auch kurz altjira.

1*

kann. Auch konnten sie sich jederzeit in die Gestalt der Tiere verwandeln, die sie hervorbrachten; viele wanderten sogar dauernd als Tiere umher, wie z. B. das Känguruh (āra), das Emu (ilia), der Adler (eritja) u. a., die in den betreffenden Traditionen geradezu Tiere genannt werden. Bei allen Totem-Göttern treten die charakteristischen Eigenschaften und Eigentümlichkeiten des betreffenden Tieres hervor. Der Känguruh-Totem-Gott frißt Gras wie ein wirkliches Känguruh und flieht vor seinem Verfolger; die Emu-Männer laufen in Gestalt von Emus umher, fressen inmóta[1])-Büsche, Stacheln und Kohlen, doch können sie auch in der Erde verschwinden und unter der Erdoberfläche weiterwandern, Kultushandlungen veranstalten usw. Die Enten-altjirangamitjina dagegen wandern in menschlicher Gestalt von einem Platz zum andern, bis sie sich einen langen Faden spinnen und auf demselben sitzend als Enten durch die Luft fliegen [s. pag. 75]. Der ngapa-[2])Mann spielt in der Tradition die Rolle eines Diebes, der für seinen Diebstahl getötet wird, während die „mutwillige" Echidna (inalanga) für ihren Frevel bei der Ausführung der Beschneidung von so vielen Speeren getroffen wird, daß ihr Leib ganz mit Speeren bedeckt ist, die sich in Stacheln verwandeln, so daß von dieser Zeit an alle Echidnas Stacheln haben usw.

Diesen Totem-Göttern gehören gewisse Plätze zu eigen, wo sie gelebt und ihre Totem-Tiere hervorgebracht haben. Diese Plätze befinden sich meistens entweder in der Nähe eines hohen Berges, einer Quelle oder einer Felsenschlucht, wo die ihren Namen tragenden Totem-Tiere gewöhnlich in größerer Zahl angetroffen werden. So befindet sich ein Eidechsen-Totem-Platz in der Nähe von Hermannsburg bei Manángananga,[3]) wo es viele Eidechsen gibt. Ein Fisch-Totem-Platz findet sich nur an fischreichen Wasserplätzen, z. B. in dem Ellery Creek. Einige dieser Totem-Götter blieben in ihren angestammten Wohnsitzen; diese werden atua kutata,[4]) d. h. die immer an einem Ort lebenden Männer genannt. Andere altjirangamitjina dagegen machten weite Reisen und kehrten später mit einigen jungen Männern in ihre Heimat zurück. Auf diesen Reisen unterrichteten sie ihre Novizen, führten fast alle Tage Kultushandlungen auf, die den Zweck hatten, ihre Novizen in die Geheimnisse der Männer einzuweihen, als solche werden diese Handlungen intijiuma [= einweihen, unterrichten] genannt, und das Gedeihen und die Vermehrung ihres Totems zu bewirken; in dieser Beziehung werden sie mbatjalkaljuma [= in guten Zustand versetzen, fruchtbar machen, wie z. B. der Regen das dürre Land fruchtbar macht] genannt.[5]) An welchem Platz sie aber eine tjurunga verloren, entstand ein Baum oder Fels, von dem Kinderkeime in vorübergehende Frauen eingehen, so daß alle diese Plätze, wo sie sich zeitweilig aufgehalten haben, als kleinere Totem-Plätze angesehen werden. Daneben erlegten sie auf diesen Reisen vieles Wild und der Totem-Häuptling verrichtete mit seiner langen Stange, tnatantja[6]) genannt, die er auf seinen Wanderungen über der Schulter trug,

---

[1]) inmóta (ND: inmátoa) ist ein Kraut, das die Emus gerne fressen, das aber auch von den Eingebornen gedämpft und gegessen wird; es ist von abscheulichem Geschmack.

[2]) ngapa ist die schwarze Krähe (Corvus coronoides Vig. et Horsf.).

[3]) Manangananga heißt: die Mutter mit ihren beiden Kindern, sie ist mit ihren beiden Söhnen in die dortige Steinhöhle eingegangen.

[4]) atua = Mann, Männer, kutata = immer.

[5]) Falsch ist es, wenn Spencer und Gillen die letzteren Zeremonien als intijiuma bezeichnen; die Darstellungen, die den jungen Männern bei den Einweihungsfeiern gezeigt werden, sind es vielmehr, die intijiuma genannt werden.

[6]) tnatantja ist eine lange, mit Garn umwickelte und mit Vogeldaunen beklebte Stange, die bei den Beschneidungsfeierlichkeiten den jungen Männern gezeigt wird. Dieselbe stellt den Speer der Totem-Vorfahren dar. Spencer und Gillen nennen sie nurtunja.

Wunder, bahnte Wege über steile Gebirge usw. Ganz erschöpft (borka indóra)[1]) kamen sie in ihrer Heimat[2]) an, wo sie von einem dort ansässigen Totem-Gott erwartet und gerufen wurden (raiankama).[3]) Er sowohl als auch die Ankömmlinge gingen in eine dort befindliche Steinhöhle, arknanaua[4]) genannt, warfen sich vor Müdigkeit auf den Boden nieder (iwulama) und ihre Leiber wurden zum Teil in Hölzer, zum Teil in Steine verwandelt (altjamaltjerama),[5]) die tjurunga, d. h. der „eigene, verborgene" Leib, genannt werden.

Andere Totem-Götter, insbesondere diejenigen, die an dem Totem-Platze blieben, gingen nach Ablauf ihrer irdischen Tätigkeit mit ihren Beinen in die Erde hinein, worauf ihre Leiber in Bäume (inna) oder in Felsen (patta) verwandelt wurden. Der Baum, in welchen sich der Leib des Totem-Gottes verwandelt hat, wird inna ngarra [der ewige Baum], der Felsen patta ngarra[6]) [der ewige Felsen] genannt. Ein solcher Baum oder Felsen ist unverletzlich. Wer einen inna ngarra umhaut oder nur beschädigt, wurde in früheren Zeiten mit dem Tode bestraft; ein Tier oder Vogel, der auf solchem Baum Zuflucht sucht, darf nicht getötet werden; nicht einmal das Gebüsch in unmittelbarer Nähe desselben darf umgehauen, noch das Gras abgebrannt werden. Auch die „ewigen Felsen" müssen mit Ehrfurcht behandelt werden; sie dürfen weder von der Stelle gerückt, noch zerbrochen werden.

Die Seelen der Totem-Götter gingen in die Erde, man nennt sie iwopata, d. h. die im Inneren Verborgenen, die Unsichtbaren, die östlichen Aranda nennen sie erintarinja. Diese in die Erde gegangenen Seelen der Totem-Götter leben dort mit einem roten Leibe bekleidet in großen unterirdischen Höhlen und werden auch rella ngantja[7]) [verborgene Menschen] genannt; in der Nacht kommen sie aus der Erde hervor, um ihre früheren Leiber, nämlich die tjurunga-Hölzer oder -Steine in die Hand zu nehmen und zu betrachten; auch wollen sie auf der Erde aroa (Wallaby), tjilpa (wilde Katzen) oder ramaia (Eidechsen spec.) erlegen; das erlegte Wild nehmen sie mit sich in ihre unterirdische Behausung, ralpara[8]).

Die Plätze, wo sich die altjirangamitjina in tjurunga oder in Bäumen resp. Felsen verwandelt haben, werden mbatjita [großer Totem-Platz], auch tmarutja [ewiger Platz] oder takuta [immerwährender Platz] genannt. Die Lagerplätze dagegen, wo sie sich nur zeitweilig aufgehalten haben, wo sie auf ihrer Reise geschlafen haben, heißen takapa [zeitweiliger Aufenthaltsort]. An letzteren Plätzen, die an Wichtigkeit den erstgenannten nachstehen, ist entweder ein Totem-Vorfahr ermüdet zurückgeblieben, der dann in einen inna ngarra verwandelt wurde, oder der wandernde Totem-Gott hat eine tjurunga an letzterem Orte verloren, die in die Erde gesunken und ein ngarra-Baum oder Felsen geworden ist. Im allgemeinen werden die Totem-Plätze mit Rücksicht auf die dort entstehenden Totem-Abkömmlinge knanakala[9]) [von selbst entstanden] genannt.

[1]) borka = müde, indóra = sehr.
[2]) Heimat bezeichnet den Ort, wo der altjirangamitja zuerst aus der Erde hervorgekommen ist und wo er nach Beendigung seiner Wanderung wieder in die Erde eingeht, wo er sich jetzt noch aufhält.
[3]) raiankama = die hohle Hand vor den Mund haltend vibrierende Laute hervorbringen.
[4]) arknanana = geschützter, heiliger Ort, Aufbewahrungsort der tjurunga-Hölzer oder -Steine. Spencer und Gillen nennen ihn ertnatulunga.
[5]) altjamaltjerama = ein verborgener Körper werden, d. h. eine andere Gestalt annehmen.
[6]) inna = Baum, ngarra = ewigstehend, patta = Felsen, Stein, Berg.
[7]) rella = Mensch, ngantja = der in der Erde verborgene, auch unterirdisch. So wird das in den großen Wasserläufen, unter dem Sande verborgene Quellwasser kwatja ngantja, d. h. das in der Erde verborgene Wasser genannt.
[8]) ralpara = dunkle, unterirdische Höhle.
[9]) knanakala = ist von selbst entstanden, d. h. Empfängnis-Platz.

Außer diesen Totem-Göttern lebten in alter Zeit auch viele tnéera [die Schönen]-Frauen auf der Erde, die über übernatürliche Kräfte verfügten; einige tnéera machten die zuerst blinden Tiere und Vögel sehend (s. p. 29 u. 30). Auch alknarintja, d. h. Frauen, die niemals heiraten durften, sondern die Augen (alkna) vor Männern abwenden mußten, lebten an verschiedenen Plätzen des weiten Gebietes der Aranda; sie hielten sich entweder dauernd an ein und demselben Platze auf (alknarintja kutata) oder aber sie machten weite, ermüdende Reisen. Sie sowohl als auch die tnéera wurden in Felsen (patta kalkna)[1]) oder Sträucher (rula) verwandelt, während ihre Seelen in die Erde gingen, wo sie jetzt als tnoara [die Verborgenen] weiterleben; von den östlichen Aranda werden dieselben kwarakinka genannt. Wer einen solchen Felsen (patta ngarra) oder Strauch (rula ngarra), in den sich eine der erwähnten Frauen verwandelt hat, beschädigt oder zerstört, hat ihre Rache zu fürchten.

Die rella manerinja [zusammengewachsenen Menschen] lebten längere Zeit, nachdem die Erde trocken geworden war, in ihrer hilflosen Lage weiter, bis ein Mangarkunjerkunja[2]) [Fliegenfänger], der Totem-Gott einer fliegenfressenden Eidechsenart, vom Norden kam und ihr Los verbesserte. Mit einem Steinmesser (banga) trennte er zuerst die einzelnen Wesen von einander (itjaraka,[3]) schlitzte ihnen Augen (alkna itjaraka), öffnete ihnen die Ohren (ilba altjurilaka,[4]) den Mund (arágata) und die Nase (ala altjurilaka), trennte die einzelnen Finger (iltja itjaraka) und die Zehen (inka itjaraka) von einander und beschnitt sie (intunaka) mit einem Steinmesser (lélara); auch die Subinzision führte er an ihnen aus (araltakaka). Darauf zeigte er ihnen, wie sie Feuer reiben (matja womma) und ihre Nahrung künftig zubereiten sollten, gab ihnen Speer (tjatta), Speerwerfer (miëra), Schild (alkuta) und Bumerang (ulbafinja) und jedem eine tjurunga. Er schärfte ihnen ein, an der Zeremonie der Beschneidung festzuhalten. Auch eine Heiratsordnung gab er ihnen, die die Heirat der Klassen untereinander regelte. Nach seiner Anweisung sollten die zwei Gruppen, die schon von Anfang an genau unterschieden und geschieden waren, in folgender Weise ineinander heiraten:

I. Landbewohner		II. Wasserbewohner
Purula	sollten heiraten	Pananka
Kamara	„ „	Paltara
Ngala	„ „	Knuraia
Mbitjana	„ „	Bangata

und umgekehrt. Darauf teilte Mangarkunjerkunja das große Gebiet, das die Aranda heute bewohnen, unter die verschiedenen Klassen aus. Den Purula und Kamara wies er das weite Gebiet von Jabalpa,[5]) von den Weißen Finke Gorge genannt, bis nach Rubula [Vermischung] an, da sich hier der von Norden kommenden Ellery Creek mit dem Finke River vermischt. Den Ngala und Mbitjana gab er ein kleineres, geschlossenes Gebiet, von Rubula bis nach Mauta [abgeschlossener Platz] in der Nähe von Running Waters am unteren

---

[1]) patta = Felsen, kalkna = Spalt, palta kalkna = gespaltener Felsen.

[2]) manga = Fliege, erkuma = erfassen, erhaschen, langen, erkunjerkunja = Fänger, Mangarkunjerkunja = der Fliegenfänger.

[3]) Itjarama = zertrennen, aufschlitzen.

[4]) altjurilama = ein Loch machen, öffnen.

[5]) Hier lebte vor Zeiten ein einflußreicher Häuptling, der wegen seiner Korpulenz, die überaus selten unter den Eingebornen ist, den Namen Jabalpa = Fettbauch führte.

Finke, während die Pananka und Bangata das Gebiet von Rubula bis Rubuntja[1] [großes Buschfeuer] am oberen Lauf des Ellery Creek erhielten. Den Paltara und Knuraia wies er ihre Wohnplätze in dem Gebiet von Manta bis nach Altanta,[2] das die Weißen in Erldunda korrumpiert haben, fern im Süden, an; andere Paltara und Knuraia sandte Mangarkunjerkunja nach Osten, um das Gebiet in der Umgebung von Tjoritja, dem heutigen Alice Springs[3] zu bevölkern. Nachdem er sein Werk ausgerichtet hatte, kehrte er nach Norden zurück; die Bewohner von Kujunba[4] [Knabenplatz] waren, als Mangarkunjerkunja sein Werk im Süden ausrichtete, nach Norden gewandert, so daß er dieselben nicht beschneiden konnte, weshalb dieselben ilbmarka [die Unbeschnittenen] genannt werden. Auch an den die nördliche Küste Australiens bewohnenden Stämmen vollzog Mangarkunjer-

Jabalpa (Finke Gorge) von Süden gesehen.

kunja die Beschneidung nicht, weil er schon zu müde (borka indóra) war, daher kennen diese Küstenstämme die Beschneidung nicht und werden von den Aranda verächtlich

[1]) Hier hatte in alter Zeit ein junger Mann (rukuta) ein Feuer angezündet, das gewaltige Dimensionen annahm (s. pag. 90); die Funken sind bis nach Ngodna [Feuerflamme], dem heutigen Horseshoe-Bend (so genannt, weil es an einer hufeisenförmigen Biegung des Finke gelegen ist) geflogen.
[2]) altanta = weißer Stein, eine Art Kalkstein, der dort gefunden wird.
[3]) Alice Springs eine Telegraphen-Station an der Ueberland-Telegraphenlinie, in den McDonnell Ranges gelegen.
[4]) von kuja = Knabe. Kujunba liegt zwischen Alice Springs und dem südlich gelegenen Owen Springs am' Hugh River; letzterer Ort wird Nenkakuna genannt, weil sich dort viele nenka [Diamantsperlinge] aufhielten.

worrangulparra [Jungen mit der Vorhaut] genannt. Später kam ein anderer Mangarkunjerkunja vom Norden; derselbe ging weiter nach Süden und kam bis nach Albelta[1])
[weißer Creek] in der Nähe von Tunga,[2]) Henbury von den Weißen genannt, wo er viele
rella manerinja vervollkommnete. Derselbe kehrte, nachdem er auch die im Westen lebenden
unentwickelten Menschen geformt und die Beschneidung an ihnen vollzogen hatte, nach
Norden zurück. Diese beiden Mangarkunjerkunja werden als die größten Wohltäter der
Aranda angesehen.

Später rissen Mißbräuche betreffs der Beschneidung ein; einige unterließen dieselbe
ganz; andere, wie z. B. die arkularkua[3])-Leute beschnitten mit brennenden Gummirinden-
stücken, mearkuméarka genannt, während die inalanga- oder Echidna-Männer die Jungen
entmannten, so daß fast alle Knaben, an denen diese Zeremonie ausgeführt wurde, in der
Folge starben. Darauf kamen von Nibata im Norden zwei Habichtsmänner, nämlich
Lákabara [schwarzer Habicht] und Linjalenga [grauer Habicht], die zuerst an sich gegenseitig diese Zeremonie mittels eines Steinmessers (lélara) ausgeführt hatten, nach dem
Süden und beschnitten die Leute wieder mit einem lélara; sie lehrten die Leute die rechte
Ausführung dieser Zeremonie und schärften ihnen ein, an derselben unverbrüchlich festzuhalten. Würden sie diesen Ritus an einem Knaben unterlassen, so würde derselbe ein
erintja oder böses Wesen werden, der allen Männern die Speere heimlich wegnehmen und
dieselben auf einen Haufen in die Erde stecken würde. An diesen würde er in die Höhe
steigen, um von dort aus alle Bewohner des Lagerplatzes, Männer, Weiber und Kinder,
mit den Speeren zu töten und zu verzehren.

Auch die Heiratsordnung, die Mangarkunjerkunja den Menschen gegeben hatte,
kam in Verfall. Besonders unter den Emu-Männern, die im Süden in Unkatji [Schlaf-
platz der Emu, (Loritja Wort)] wohnten, riß die schrankenloseste Willkür ein, so daß sogar
ein Mann seine maia, d. h. Mutter oder die Schwester der Mutter, seine Tante, gemeint
ist hier letztere, heiraten konnte; ja der Vater heiratete seine eigene Tochter nach dem
Tode seiner Frau. Diese Sittenverderbnis breitete sich immer weiter nach Norden aus,
bis ein tnunka [Ratten-Känguruh]-Mann, namens Katukankara[4]) [der unsterbliche Vater] von
Anjatjiringi im Norden aufbrach und den Aranda die Ehegesetze, die ihnen schon Mangarkunjerkunja gegeben hatte, von neuem einschärfte.

Es ist ein auffallender Zug in den Traditionen der Aranda, daß fast alle ihre Wohltäter, die ihnen gute Gesetze gegeben haben, vom Norden gekommen sind, während vom
Süden sich das Böse ausgebreitet hat. Der inalanga- oder Echidna-Mann kam vom Süden
und die iliarinja- oder Emu-Leute, die im Süden wohnten, werden ebenfalls als kunna (sittlich
böse) bezeichnet.

[1]) albelta = weißer, durchscheinender Creeksand, da an dieser Stelle nur wenige Gummibäume stehen.
[2]) tunga = vielleicht. Hier lebten vor Zeiten tjunba (Varanus giganteus Gray)-Männer, die
nicht wußten, ob andere tjunba-Leute zu ihnen kommen würden oder nicht.
[3]) arkularkua ist ein eulenartiger Nachtvogel, der in der Nacht einen kuckucksähnlichen Ruf
erschallen läßt, von den Loritja „kurr-kurr" genannt (Podargus).
[4]) Katukankara, zusammengesetzt aus katu = kata = Vater, und inkara = der nicht sterbende,
unsterblich.

III. Putiaputia und andere Lehrer der Aranda.

Mangarkunjerkunja hatte zwar die Menschen gebildet, gab einem jeden Speer, Speerwerfer, Schild, ulbarinja und eine tjurunga, sandte sie aus, das weite Gebiet zu bevölkern. Aber die Aranda lebten im übrigen in gänzlicher Unwissenheit dahin, sie verstanden weder, sich tjurunga zu verfertigen, noch Kultus-Handlungen aufzuführen. Da kamen von Norden zu verschiedenen Zeiten und nach verschiedenen Orten große Häuptlinge, um sie zu belehren. Von Lákabara, Línjalenga und Katukankara war im vorigen Abschnitt schon die Rede.

Ein anderer großer Häuptling, der ein sehr hohes Ansehen unter den Aranda genießt, war der tjilpa-Totem-Gott K u l u r b a in Innapapa im Norden, der seinen Sohn Malbanka aussandte, um die im Süden wohnenden Aranda zu belehren, wie sie sich tjurunga verfertigen und Kultushandlungen aufführen sollten (s. pag. 51).

Ein Häuptling, der den Aranda Belehrung gab, war R e m a l a, ein ibara-Vorfahr, der, von Norden kommend, dem Laufe des Finke folgte (s. pag. 75).

Ein Häuptling, namens U r b u r a [kleine Elster], kam vom Nordwesten und belehrte die im Südwesten wohnenden Leute.

Ein Häuptling endlich, den die um Hermannsburg herum wohnenden Aranda als ihren Lehrer ansehen, war Putiaputia, ein Wallaby (putaia)-Totem-Gott, der von Motna (d. i. Wallaby-Platz) im fernen Norden aufbrach und nach dem berühmten Totem-Platz ʿRama am oberen Finke kam. In welcher Weise Putiaputia die Aranda belehrte, erzählt die folgende Tradition:

Putiaputia wanderte mit einer Tasche (tnatoa), Steinmesser (banga), Steinbeil (ilapa) und Opossum-Zähnen (imōra detja) vom Norden nach dem Süden und ließ sich in der Nähe von ʿRama nieder. Bald darauf entfernte er sich von seinem Lagerplatz und hieb mit seinem Steinbeil einen mbultjita (wilden Orangenbaum) um, klopfte die Rinde ab, bearbeitete das Stück Holz mit dem spitzigen Ende seiner mēra, glättete dasselbe (jerriuka) und kratzte mit seinem Opossum-Zahn Zeichen (ilkinja) in dasselbe; doch die Zeichen gerieten ihm nicht auf dieser Holzart, deshalb warf er dieses mbultjita-Holz als unbrauchbar fort.

Darauf fällte er einen Gummibaum (para), verfertigte sich aus demselben ein Stück Holz in Gestalt einer tjurunga und versuchte, Zeichen in dasselbe einzugravieren — doch auch dieser Versuch mißlang.

Auch ein weiterer Versuch, den er mit dem alknäta [Fichte oder pine]-Holz anstellte, fiel nicht zu seiner Zufriedenheit aus, weshalb er auch dieses Holz wegwarf.

Hierauf ging Putiaputia fort und fällte einen ititja [Mulgabaum], bearbeitete ein Stück, glättete es und machte mit Hilfe seines Opossum-Zahnes Zeichen darauf. Dann bohrte er ein Loch an dem einen Ende der tjurunga, befestigte eine Schnur (ulera) in demselben und ließ die tjurunga schwirren; dieselbe gab einen weithin hörbaren, brummenden Ton von sich. Zufrieden mit seinem Werk, steckte er diese tjurunga in seine Tasche. Darauf verfertigte er sich auch tjurunga von a r a n k u i a [wilde Kirsche]-Holz, kratzte Zeichen ein und ließ sie schwirren; auch diese gaben einen deutlichen Laut von sich. Zuletzt hieb er einen t n i m a -Strauch um und fertigte sich auch aus diesem Holz Schwirrhölzer an, die ebenfalls zu seiner Zufriedenheit ausfielen.

Nachdem er diese tjurunga in seine Tasche gesteckt und letztere in der Nähe versteckt hatte, rief er die an diesem Platz wohnenden luta [Wallaby]-Männer herbei, ließ sie sich alle in einer Reihe auf dem Boden niederlegen, den Kopf in beide auf den Boden gestemmten Hände gestützt. Darauf ging er fort, um seine Tasche mit den tjurunga zu holen. Der Tasche entnahm er zuerst den Opossum-Zahn, wickelte denselben vorsichtig und umständlich aus seiner Umhüllung aus, ergriff darauf die rechte Hand eines vor ihm liegenden älteren Mannes (knaribata) und löste mit dem Opossum-Zahn dessen Nagel des rechten Daumens vollständig ab; darauf ritzte er ihm die Stirne und die Stelle über den Augenbrauen, so daß dessen ganzes Gesicht und die rechte Hand mit Blut überströmt war. Nachdem er diese Prozedur der Reihe nach an allen versammelten Männern vorgenommen hatte, zog er die tjurunga aus seiner Tasche hervor und legte jedem eine in die aufgehaltenen Hände. Mit dem Laut trrr brachten alle Männer ihren Körper in eine sitzende Stellung mit vor sich übereinandergeschlagenen Beinen, auf die Putiaputia darauf die tjurunga legte und ihnen die Zeichen erklärte. Hierauf zog er eine tjurunga aus seiner Tasche hervor, auf der noch keine Zeichen eingraviert waren und zeigte den Männern der Reihe nach, wie sie mit dem Opossum-Zahn die Zeichen einkratzen könnten, wobei er ihnen anfangs die Hand führte; darauf mußten sie sich selber von ititja-Holz die tjurunga verfertigen. Putiaputia gab einem jeden von ihnen einen Opossum-Zahn, mit welchem sie selber die Zeichen eingravierten; am Schluß sagte er zu ihnen: So sollt Ihr immer die tjurunga herstellen; doch sollen nur die Männer dieselben sehen; den Weibern und Kindern sollt Ihr sie nicht zeigen. Nun bestrich Putiaputia die angefertigten tjurunga mit rotem Ocker und trug dieselben zu einer in der Nähe befindlichen Steinhöhle, wo er sie auf eien Unterlage von trockenen Zweigen (tnelelta) niederlegte und mit Gras und Gummirinde (ntuäba) bedeckte.

In den Lagerplatz zurückgekehrt, schickte Putiaputia die Männer auf die Jagd nach grauen Känguruhs und ließ sich von einem Mann schmücken. Derselbe zog ihm mit Kohle einen breiten Streifen um den Leib und je einen Streifen, der von der Stirn über das Gesicht und den Oberkörper bis an sein Knie lief, und klebte zu beiden Seiten des schwarzen Streifens Vogeldaunen (deba andata) an. Als die Männer von der Jagd zurückkehrten, hielt Putiaputia seine hohle Hand vor den Mund und brachte den bekannten, weithin hörbaren, langgezogenen Laut hervor (raiankama), worauf die Männer ihre Beute auf eine Baum-Unterlage (taninta) ausbreiteten und auf Putiaputia zuliefen, der auf dem Boden sitzend mit kleinen Gummizweigen im Takt seine Oberschenkel schlug und zitternd seinen Oberkörper hin und her bewegte, worauf die Männer um den Darsteller einige Male herumgingen mit den taktmäßig hervorgestoßenen Lauten wá, wá, wá — jaijaijaijaijai — trrr, worauf einer den Darsteller umfaßte und die Zeremonie zum Abschluß brachte. Darauf sagte Putiaputia zu den Versammelten: Dies ist tjurunga malbanka, d. h. die tjilpa [wilde Katzen]-Aufführung. Darauf wurde das Fleisch herbeigeholt und gebraten. Putiaputia teilte dasselbe unter die Versammelten aus mit der Mahnung, nichts von diesem Fleisch den Weibern und Kindern zu geben. Den Männern, die das Fleisch verschafft hatten, gab er aus Gras-Sämereien hergestelltes Brot. Nachdem Putiaputia ihnen noch verschiedene Kultus-Aufführungen gelehrt hatte, sandte er je zwei Männer nach Südosten, den Finke entlang, je zwei Männer nach Osten und zwei Männer nach Westen, die ihre empfangenen Kenntnisse auch den Bewohnern der übrigen Lagerplätze mitteilen sollten.

Die beiden nach Südosten gehenden Boten kamen zuerst nach Jikala am Finke-River, wo sie die unter dem Häuptling Jukara lebenden rakara-Männer versammelten. Nachdem sie denselben die Nägel der rechten Daumen abgelöst und die Stirn geritzt hatten, zeigten sie denselben, wie sie ihre tjurunga-Hölzer anzufertigen und ihre Zeremonien aufzuführen hätten. Nachdem die beiden Boten auch die Bewohner von Ntarea [Hermannsburg] und Umgegend unterrichtet hatten, gingen sie weiter nach Pmákaputa in dem Ellery Creek; da die dortigen Bewohner schon von dem Häuptling Boiaboia unterrichtet waren, verließen sie diesen Platz und kamen nach Latara, wo sie die dortigen Enten (ibiljakua)-Männer versammelten und ihnen die Kunst zeigten, tjurunga zu verfertigen etc. Auf ihrer Weiterwanderung unterrichteten sie auch die Bewohner von Irbmankara [Running Waters] und die Känguruh-Männer von Albelta und kamen hierauf nach Tunga [Henbury] am Finke River; die Bewohner dieses Lagerplatzes hatte jedoch der tjunba [große Eidechse]-Totem-Gott schon unterwiesen; auch die Bewohner des weiter südlich liegenden Lagerplatzes Lutawolla hatten schon früher Unterweisung empfangen. Nachdem die beiden Boten bis nach Lurulbmara [úlbmara = weich und lura (lara) = Fluß] am unteren Finke vorgedrungen waren, kehrten sie nach ᶜRama zurück und berichteten dem Putiaputia, wie sie ihren Auftrag ausgerichtet hatten.

Die zwei Boten, die Putiaputia nach Westen aussandte, kamen zuerst nach Tnorula [Gosses Range]; da die dortigen ingunanga-Männer bereits galtja d. h. „klug" waren, so wanderten die Boten weiter nach Inkutukwatji, wo sie die unwissenden Emu-Männer unterrichteten. Nachdem sie darauf in Wakitji den Hunde-Männern und in Putinga den grauen Känguruh-Männern ihre Kenntnisse mitgeteilt hatten, kamen sie nach Tunkuba [Wallaby-Platz] im fernen Westen; da die Bewohner dieses Platzes ihrer Unterweisung nicht bedurften — ihr Häuptling Tunku [(L) Wallaby] hatte dieselben schon unterrichtet — kehrten die Boten Putiaputias nach ᶜRama zurück.

Die nach dem Osten gesandten Männer kamen zunächst nach Depata in dem Ellery Creek, belehrten die Bewohner dieses Lagerplatzes und auch die hier durchziehenden jerramba-Männer; von hier wanderten sie bis nach Wollambia [große Gorge] im Norden von Owen Springs und kehrten dann nach ᶜRama zurück.

Nachdem so Putiaputia seine Aufgabe ausgerichtet hatte, wanderte er nach seiner im Norden gelegenen Heimat (Motna) zurück.

IV. Die bösen Wesen.

1. Die erintja.

Tief in der Erde befindet sich eine ungeheure Höhle, in welcher sich viele böse Wesen, erintja[1]) genannt, aufhalten, die auf die Erde kommen, um den Menschen zu schaden und sie zu töten. Der Eingang zu dieser Höhle, der mit ineinander verwachsenen Baumwurzeln verdeckt ist, findet sich im fernen Westen und wird Tatara genannt. Diese bösen Wesen selbst sind von verschiedener Gestalt und werden deshalb mit verschiedenen Namen bezeichnet.

Die kokolura [die Hundegleichen] treten in Hundegestalt auf, sie haben jedoch Menschenhände und Känguruhbeine (aranga-lupara), sehr lange Ohren und Zähne, sowie lange Haare am Kinn und auf der Nase. Ihr Rücken ist weißbehaart, während der Bauch rot gefleckt ist. Die alten kokolura bleiben in ihrer Behausung, Inkura [geschlossener

---

[1]) erintja oder arintja (ND), abgeleitet von ata = zornig, böse, bissig.

Raum] genannt; einer von ihnen hält am Eingang der Höhle Wache, während die jungen kokolura in der Nacht in der Nähe der menschlichen Niederlassungen umherstreifen, um die einsam wandernden Leute zu erfassen und in Stücke zu zerreißen; ihre Seelen schleppen sie nach Tatara, wo sie dieselben verzehren.

Andere böse Wesen schleichen in Menschengestalt umher; sie haben große, runde Ohren, eine aufwärtsgebogene, hakenförmige Nase, sehr langes Haar und krumme Beine. Da sie unter großen Felsplatten (ilka) hervorkommen, so werden sie ilkarinjatua [die unter Felsplatten Wohnenden] genannt.

Die mangaparra [„Fliegenschwänze"] dagegen fliegen in Gestalt von großen, schwarzen Vögeln mit einem menschenähnlichen Gesicht und langem, schwarzem Haar in der Luft umher und stellen besonders kleinen Kindern nach, die sie mit Stöcken (tnauia) erschlagen und ihnen die Seele, das Fett und die Leber aus dem Leibe reißen, worauf die Kinder sehr krank werden und nach einigen Tagen sterben. Wie gewisse böse Wesen in Heißwinden kommen und mit ihrer Beute nach Tatara zurückfliegen, wird im nächsten Abschnitt beschrieben werden.

Andere böse Wesen, rellinja, d. h. die „Boten" des Bösen genannt, erscheinen in Gestalt von inkaia [rabbit-bandicoot] mit langen Ohren und Zähnen, um die Menschen zu beißen.

In Gestalt von Weibern mit langem Haar, in das sie Knochen geflochten haben, erscheinen andere böse Wesen, tjimbarkna[1]) genannt. Diese kommen vom Norden und nähern sich, einen dicken Stock in der Hand haltend, mit langgezogenen Klagelauten (ō, ō, ō) einem Menschen, umwickeln seine Seele (guruna) fest mit Garn, worauf sie sich entfernen. Im Versteck führen sie darauf den Frauentanz auf (ntáperama), wobei sie ihre Mulden gleichmäßig auf- und niederbewegen (jibelama). Der Mensch, dessen Seele mit Garn umwickelt ist, wird augenblicklich krank und magert zusehends ab. In der nächsten Nacht kommen die tjimbarkna wieder und ziehen schwach an der Schnur, worauf sich der Kranke erhebt und ein wenig umhergeht. Am dritten Abend ziehen sie kräftig an der Schnur, so daß ihr Opfer plötzlich stirbt. Die Zauberdoktoren geben vor, diese tjimbarkna zu sehen, doch sind sie unfähig, die Schnur zu lösen; sie sagen zu den Verwandten des Kranken: tjimbarknala nana erkuma, d. h. die tjimbarkna sie [d. i. die Schnur] festhält.

Andere böse Wesen, die in den Leib des Menschen eingehen, sind die imararinja,[2]) die sich in Mistelzweigen aufhalten. Dieselben sind von der Größe einer Fledermaus, behaart und von grüner Farbe. Sie gehen in das Herz des Menschen ein, worauf sich der letztere zu erbrechen anfängt. Doch gelingt es dem herbeigerufenen Zauberdoktor, sie zu entfernen. Nachdem er den Kranken untersucht [befühlt] hat, setzt er seinen Mund an die schmerzende Stelle und saugt die imararinja aus, die er vor den Augen der Versammelten in Stücke zerreißt und verzehrt.

Andere böse Wesen sind die wonnamba [die Schlangenähnlichen], die vom Westen oder vom Süden kommen. Es gehen immer zwei wonnamba zu gleicher Zeit in den Körper eines Menschen ein, der plötzlich sehr krank wird. Sobald der Zauberdoktor sich dem Kranken nähert, verlassen beide wonnamba eilig den Körper desselben und gehen in der Nähe des Krankenlagers in den Boden ein. Dem Zauberdoktor gelingt es nur, eine kleine Schlange, die eine der beiden wonnamba im Körper zurückgelassen hat, durch

---

[1]) tjimbarkna, von tjima = Haarflechte, barkna = herunterhängend, tjimbarkna = die mit herunterhängenden Flechten.

[2]) imara = Mistelzweig, imararinja = Mistelzweigbewohner.

Saugen zu entfernen, die er dann den Umstehenden mit den Worten zeigt: erai, apma nana ta ulbautjika, d. h. seht, Schlange diese ich herausgezogen habe. Trotz dieser Operation stirbt der Kranke aber doch. Auch in Gestalt einer großen, grünen Schlange, die vom Süden kommt, geht ein böses Wesen in den Menschen ein und verzehrt seine Eingeweide, worauf der Mensch stirbt. Dieses böse Wesen wird tjitara, d. h. der Kleinköpfige, genannt.

Wenn ein Mensch dreimal nacheinander von ein und demselben inbarka [Tausendfuß] gebissen wird, so ist er überzeugt, daß er sterben wird, da dies kein gewöhnlicher Tausendfuß, sondern ein böses Wesen in Gestalt eines inharka ist.

Endlich erscheint ein böses Wesen auch als tnatata [Skorpion], der in der Nacht, aus der Erde kommend, den Menschen sticht. Nachdem der Gestochene vergebens nach dem tnatata gesucht hat, legt er sich wieder schlafen; nach kurzer Zeit wird er zum zweitenmal gestochen. Trotzdem er nun seinen Lagerplatz verändert, sticht ihn das böse Wesen in Skorpiongestalt zum dritten- und viertenmal, was seinen Tod zur Folge hat.

2. Der Wirbelwind (rubaruba) und die anderen Winde (wurinja).

Wirbelwinde sind eine sehr häufige Erscheinung in Zentral-Australien. Dieselben sind oft von solcher Stärke, daß sie die Hütten der Eingebornen teilweise abdecken, große Grasbüschel in die Höhe wirbeln und ganze Staubwolken mit sich führen, so daß ihr Herannahen schon von einer weiten Entfernung aus wahrgenommen werden kann. Es ist daher nicht verwunderlich, daß sich mit dieser Erscheinung abergläubische Vorstellungen der Eingebornen verbinden.

Der Wirbelwind, rubaruba genannt, ist ein böses Wesen, das mit dem Kopfe nach unten dahergefahren kommt, mit seinem langen Haar (gola) den Staub aufwirbelnd, während es seine langen, spindeldürren Beine in die Luft streckt. Der rubaruba hat einen sehr dicken Kopf, lange Zähne, einen sehr dünnen Leib, knöcherige Finger mit langen Fingernägeln und Füße, die in lange Zehen auslaufen.

Auch in den Stürmen fahren böse Wesen daher, die die Absicht haben, den Menschen zu schaden und daher von den Eingebornen gefürchtet werden. Diese in den Winden kommenden bösen Geister treten in Tiergestalt auf, natürlich in fürchterlichen Dimensionen. In jedem Sturm fahren zwei böse Wesen, ein männliches und ein weibliches, die sich gegenseitig den Rücken zukehren, so daß z. B. in einem Sturm, der vom Westen daherbraust, das männliche böse Wesen sein Gesicht nach Osten, das weibliche dagegen nach Westen wendet.

Wenn der Sturm vom Norden kommt, so fahren in demselben zwei böse Wesen in Emugestalt (iliaka nimba); dieselben sind sehr mager und von weißer Farbe. Diese geisterhaften Wesen fahren zuweilen in die Erde und setzen in der Erde ihre Wanderung fort, um an einer anderen Stelle an der Erdoberfläche hervorzukommen. Aus ihren Exkrementen bricht Feuer hervor, das großen Schaden anrichtet.

In dem Westwinde fahren die kokolura (s. pag. 11); zu Zeiten kommt in demselben auch ein Schlangenpaar angefahren, die wonnamba (s. ebenda), aus deren Körper kleine Schlangen von schwarzer, roter oder weißer Farbe hervorgehen.

In dem gleichfalls vom Westen kommenden Heißwind kommt der marala oder mangaparra [Fliegenschwanz] (s. pag. 12) angeflogen. Derselbe kommt von Tatara und wandert in der Nacht umher, während er sich am Tage auf einem hohen Baum oder

Felsen ausruht. In der Nacht, wenn alle Menschen schlafen, sucht er die Lagerplätze heim. Findet er ein kleines Kind, das zwischen den Eltern friedlich ruht, so schiebt er den Vater und die Mutter desselben ein wenig beiseite, reißt aus dem Leibe des Kindes die Seele (guruna), die Leber (lama) und die beiden Nieren (topparka) heraus und läßt sich mit seinem Raube auf einen hohen Baum in der Nähe des Lagerplatzes nieder. Hier sagt er zu der Seele des Kindes: unta jingana iltai! = Du mich schilt, d. h. schilt mich! worauf die Seele des Kindes erwidert: ta, ta, d. h. Was? Was? [Was soll ich?] Darauf nimmt das böse Wesen die Seele, Leber usw. des Kindes und kehrt um nach Westen; mit Tagesanbruch läßt er sich auf einen hohen Felsen nieder, wo er schon auf seiner Herreise gerastet hat. Wieder befiehlt er der Seele des Kindes, ihn zu schelten, erhält jedoch dieselbe einsilbige Antwort: ta, ta. Gegen Abend fliegt er mit der geraubten Seele weiter, worauf das Kind, dem er die Seele geraubt hat, in der elterlichen Hütte stirbt.[1] Das böse Wesen gelangt mit seiner Beute unterdessen nach Tnorula,[2] von den Weißen Gosses Range genannt, wo er der Kindesseele verspricht, sie wieder zu den Eltern zurückbringen zu wollen, wenn sie ihn schelten würde; doch ohne Erfolg. Am folgenden Tage erreicht der Geist Merina, d. h. steiler Felsen, einen hohen Berg in den westlichen McDonnell Ranges, wo die Seele des Kindes schon so schwach ist, daß sie nur noch wimmern kann. Von hier setzt marala seine Wanderung fort und erreicht am nächsten Morgen Putinga[3] [harter Berg]; wieder befiehlt er der Seele: schilt mich! doch diese ist unterdessen ganz still geworden. In Pulimaru[4] [schwarzer Berg] ist letzterer vor Schwäche schon bewußtlos. In der folgenden Nacht erreicht marala endlich die Behausung der bösen Wesen und bringt die Kindesseele ins Innere der Höhle, Tjaljirkulanga[5] genannt, wo er dieselbe auf eine aus Baumzweigen hergestellte Unterlage legt und mit einem Stock (tnauia) erschlägt; nachdem er dieselbe gebraten hat, verzehrt er sie, ebenso die Leber und die Nieren des Kindes.

Am meisten gefürchtet sind jedoch die südlichen Stürme, die riesige Tausendfüßler (inbarka) und große, giftige Schlangen mit sich führen. Die Tausendfüßler haben gespaltene Füße und zwei große Zähne; wenn dieselben einem Menschen in die Beine beißen, so schwillt der ganze Körper und der Tod tritt auf der Stelle ein. Auch eine große, giftige Schlange mit langen Kopf- und Barthaaren, kulaia genannt, fährt in dem vom Süden kommenden Winde. Derselbe ist in dem Maße gefürchtet, daß Eltern ihren Kindern verbieten, während dieses Windes im Freien zu spielen; ja Erwachsene stecken einen Speerwerfer (mera) oder Gummizweige als Schutzmittel gegen diese bösen Wesen in ihren Gürtel.

In manchen Westwinden halten sich böse ratapa[6] auf, die den Versuch machen, in die Weiber einzugehen, die schon empfangen haben, weshalb sich die Weiber beim Herannahen dieser Stürme mit lautem Geschrei in ihre Hütten zurückziehen. Gelingt es dennoch einem solchen bösen Wesen, das aldoparinja [vom Westen kommend] genannt wird, in ein Weib einzugehen, so wird es gleich nach seiner Geburt umgebracht; es ist

---

[1] Der Körper eines Menschen, dem die Seele geraubt ist, wird ilbamba genannt; derselbe kann noch mehrere Tage ohne Seele weiterleben.

[2] tnorula = die Exkremente der ingunanga-Larven. Gosses Range ist ein großer Larven-Totem-Platz.

[3] Putinga (L), zusammengesetzt aus puti = stark, hart und inga = sehr; der sehr harte [Berg].

[4] pulimaru ist ein Loritja-Wort, von puli = Berg und maru = schwarz.

[5] tjaljira, ebenfalls ein Loritja-Wort = große Blätter oder Zweige und kulanga = ausgebreitet.

[6] ratapa = Kinderkeime.

stets das erstgeborene von Zwillingen. Dies wird zur Rechtfertigung des Zwillingsmordes vorgebracht.

Der Ostwind allein wird als ein guter Wind angesehen, da er meistens Abkühlung bringt und keinerlei böse Geister in ihm einherfahren.

V. Die Toteninsel (Itjarilkna-ala).

Im fernen Norden liegt, vom Meer (laia) umgeben, eine schmale, langgestreckte Insel, die (Itjarilkna-ala[1]) [Totenland] oder Itanaka tmara[2]) [Geisterplatz] genannt wird. Auf dieser Insel stehen ilumba[3])-Bäume mit weißer Rinde, ferner Bäume mit glockenförmigen Samenkapseln, namens kaluta; die Äste der im Totenreich wachsenden Bäume sind halb-kreisförmig (tentia) gebogen, so daß sie mit den Spitzen den Boden berühren. Weißgefleckte wilde Katzen und Bandikuts mit weißen Haaren, Eidechsen und Schlangen halten sich dort am Boden auf; weiße[4]) Kakadus und andere Vögel sitzen auf den Bäumen. Auf den Gewässern schwimmen Pelikane und verschiedene Entenarten, der Cormorana usw., während am Ufer Säbler (ulambulamba[5]) auf und absehreiten. Die Geister der Verstorbenen, die man sich als leichte, weiße Gestalten denkt, nähren sich im Geisterland von Eidechsen, Ratten, Schlangen und rohen Vogeleiern; auch verzehren sie auf dem Boden umherkriechende Larven, sammeln sich jelka, sowie Beeren usw. Des Nachts tanzen sie, wozu sie sich kleine Gummizweige (para ilbirba) an ihre Beine binden und mit Garn umwickelte Grasbüschel auf dem Kopf befestigen. Tagsüber schlafen sie.

Nachdem ein Mensch gestorben ist, hält sich sein Geist (Itana) für einige Zeit in der Nähe des Grabes auf; wenn jedoch die Totenfeier an seinem Grabe stattgefunden hat, geht derselbe nach der Toteninsel und bleibt dort zunächst, bis es auf Erden geregnet hat. Darauf wandert der Geist nach Süden, da er sich sehnt, seine Heimat wiederzusehen. Auf dieser Wanderung erblickt er einen ilumba mit weißer Rinde, vor dem er erschrocken zurück-weicht; auf einem anderen Wege gelangt er jedoch zu seinen lebenden Verwandten und spricht zu ihnen: rankara monjamonja narirai rankara jinga ngera namjitja! d. h. Seid vor-

       Ihr   vorsichtig   seid   ihr   mir   gleich sein werdet!

sichtig, damit ihr nicht werdet wie ich, daß euch nicht dasselbe Geschick trifft, das mich betroffen hat! Hat der Verstorbene einen oder mehrere Söhne auf der Erde zurückgelassen, so stellt sich der Geist hinter dieselben, erfaßt deren Schulter und geht in deren Körper

---

[1]) Itjarilkna abgeleitet von erilkna = tot; ala = Land, Erde.

[2]) Itana ist der endgültig vom Körper losgelöste Geist des Menschen während guruna die Seele bedeutet, die in Verbindung mit dem Körper steht, resp. ihre Verbindung mit demselben noch nicht völlig gelöst hat. Während des Schlafes wandern die Seelen der Männer nach Osten, um dort das Nierenfett kleiner Kinder zu verzehren, das die mitgewanderte Seele des Zauberdoktors aus dem Leib derselben herausreißt und den Seelen der Männer mitteilt, während die Seelen der Frauen ebenfalls nach Osten wandern, um dort jelka = Knollen (Cyperus rotundus) zu suchen. Ist die Seele sehr weit von ihren Körper fortgewandert, so kommt dies durch lautes Schnarchen zum Ausdruck. Ist die Seele von der Wanderung zurück in den Körper wieder eingegangen, so erwacht der Mensch.

[3]) ilumba, von dem Weißen lime-wood genannt, eine Art Eukalyptus. Es ist der Totenbaum der Aranda; die Herleitung dieses Wortes von iluma = sterben, ist offenbar.

[4]) Weiß ist die Trauerfarbe der Aranda.

[5]) ulambulamba = Wassersäbler (Recurvirostra).

naeh einander ein, wodureh das Waehstum derselben bewirkt werden soll. Sind jedoeh seine Söhne schon erwaehsen und haben selbst Kinder, so geht der Geist in die Enkel ein. Diese Einwohnung des Geistes in den Kindern oder Enkeln kann 1—2 Jahre dauern, sie kann aber auch von kürzerer Dauer sein. Darauf fährt der Itana wieder aus und geht zurüek auf die Toteninsel. Auf seiner Wanderung erblickt er Säbler am Ufer auf- und absehreitend. Ersehrocken flieht er vor ihnen und begibt sich auf den westliehen Teil der Toteninsel, wo er wieder einen Totenbaum sieht, denselben von allen Seiten betraehtet (tjilararama) und sieh fragt: Was ist das für ein Baum? Nun begibt er sich nach seinem Wohnplatz auf der Toteninsel zurüek und wartet auf Regen. Bald sieht er eine schwarze Wolke (kwatja ankala) im Westen aufsteigen und sprieht zu den Geistern seiner verstorbenen Freunde die er kennt: rankara jinga ngera nama, ebaltja nuka ntjarai, d. h. Ihr seid, was
Ihr   mir gleich seid Freunde mein viele
ich bin, meine Freunde; worauf sie zusammen auf die Jagd gehen und eine Sehlange fangen, die sie roh verzehren. Noch einmal verläßt der Geist die Toteninsel, um seine lebenden Verwandten zu sehen; letztere laden ihn ein, mit ihnen zu essen. Voll Entsetzen flieht er jedoeh von ihnen und begibt sich nun nach dem Osten der Toteninsel, wo andere Geister ihm zureden, bei ihnen zu bleiben. Naehdem er kurze Zeit bei ihnen verweilt hat, kehrt er nach seinem eigenen Lagerplatz auf der Toteninsel zurüek. Bald erblickt er eine große, sehwarze Regenwolke im Westen, die den Himmel überzieht. Ein in seiner Nähe stehender raljuka-Baum zieht seine Aufmerksamkeit auf sich. Da es heftig zu blitzen und zu donnern anfängt, so geht er immer im Kreise um den Baum herum, bis es dieht vor ihm einsehlägt. Ersehrocken maeht er mit den Händen eine abwehrende Geberde (ilbalama), bis ein weiterer Blitzstrahl sowohl den Baum zertrümmert, als auch den Geist selber vernichtet. Damit ist der Seele ein definitives Ende bereitet. Neben der Vorstellung, dass alle Itana naeh laia gehn und dort sehließlich vernichtet werden, findet sich noch eine andere Ansehauung, wonaeh die Seelen der „guten" Mensehen zu Altjira in den Himmel gehen und dort immer bleiben, während die Geister der „bösen" Mensehen nach dem Wohnsitz der atua ntjikantja (s. pag. 21) kommen und von diesen verzehrt werden.

VI. Sagen über die Totem-Vorfahren.

1. Die Sonne (lenga).[1])

Die Sonne ist eine große, mit göttlichen Kräften ausgestattete Frau, eine tnéera [d. h. die Schöne]; sie hat langes, weißes Haar. Ihr Wohnsitz war im fernen Osten an einem Orte namens 'Rarka [Sonne]. Da sie wegen ihrer feurigen Besehaffenheit kein Mann heiraten wollte, so ist sie, mit einem großen Feuerbrand (urakapa) in der Hand, auf einen hohen tnera-Baum hinaufgeklettert und zum Himmel aufgestiegen; von hier ist sie weiter nach Westen gewandert, wo sie abends in eine dunkle Höhle (ralpara genannt) eingegangen ist (irbuka); in der Naeht ist sie auf der Erdoberfläche nach 'Rarka im Osten zurüekgekehrt, sieh auf ihrer Wanderung unter der Armhöhle der Menschen verbergend. Diesen Lauf

---

[1]) Die Sonne (lenga) wird von den nordwestliehen Aranda alinga, dagegen von den östlichen Aranda rarka genannt.

legt die Sonne jeden Tag zurück. [Was das bedeuten soll, ist mir unverständlich geblieben; auch die Schwarzen vermochten keine Erklärung zu geben. In der Mondsage findet sich die gleiche Anschauung.]

Wenn eine Sonnenfinsternis[1]) eintritt, so stellt sich ein böses Wesen in Gestalt eines großen schwarzen Vogels, tia genannt, vor die Sonne. Die Strahlen der Sonne nennen die Aranda: lenga ntalta = Schamhaare der Sonne.

2. Der Mond (taia).

Über die Entstehung des Mondes finden sich zwei Traditionen.

Nach der einen Überlieferung trug zuerst ein Mann den Mond in Gestalt einer weißen Kugel umher, die ein helles Licht verbreitete. Auf seiner nächtlichen Wanderung kam der Mann mit dem Mond zu einem tjuanba-Baum, von den Weißen iron-wood genannt; auf demselben erblickte er beim Scheine der Mondkugel viele Opossums (imora). Darauf setzte er seinen Schild, in dem er den Mond trug, auf den Boden nieder und kletterte auf den Baum, um die Opossums zu erschlagen. Nachdem er seine Arbeit vollbracht hatte, stieg er wieder herab und ging zu einem andern tjuanba-Baum, wo er mit Hilfe des Mondlichtes wieder viele Opossums erschlug. Auf diese Weise wanderte er für längere Zeit jede Nacht umher, den Mond in seinem Schilde tragend, um Opossums zu fangen. Eines Nachts begegnete er einem von Osten kommenden Mann, welcher in seinem Schilde einen Stern in Gestalt einer kleineren Kugel umhertrug, die in wunderbarem Glanze leuchtete, während der Glanz der Mondkugel von einer Nacht zur andern abnahm. Als der Mondmann in dieser Nacht wie gewöhnlich seinen Schild mit dem Monde auf den Boden stellte und auf einen tjuanba-Baum kletterte, um zu jagen, lief der Sternenmann schnell hinzu, nahm den Mond aus dem Schilde und legte dafür seinen Stern hinein; darauf lief er davon. Schnell ließ sich der Mondmann vom Baum hinab und lief dem Diebe nach. Als er ihn eingeholt hatte, rangen beide miteinander um den Mond. Der Sternenmann entfloh und stieg mit dem Mond zum Himmel empor. Der Platz, wo beide um den Mond gerungen haben, wird genannt: Tninjala-relbarelbakaraka[2]) d. h. sie beide haben um den Mond gerungen. Der rechtmäßige Besitzer des Mondes nahm hierauf den Stern des andern und fuhr damit an einem Ort namens Ankinja[3]) [zuletzt] zum Himmel auf.

3. Mondsage der nordwestlichen Aranda.

Der Mond ist ein Mann, der früher zu dem Totem der Opossums (imora)[4]) gehörte. Sein ursprünglicher Wohnsitz war in Ekmalkna, nordwestlich von Hermannsburg, wo noch jetzt ein weißer, der Mondscheibe ähnlicher Stein gezeigt wird. Dieser Mondmann stieg mit einem Steinmesser zum Himmel auf und wanderte nach Westen, wo er auf die Erde hinabstieg, um Opossums zu jagen. Später kehrte er, sich wie die Sonne unter der Arm-

---

[1]) Nach einer andern Überlieferung bedeckt sich zuweilen die Sonnenfrau mit einer großen, härenen Decke, gultjakuara genannt, wodurch eine Sonnenfinsternis entsteht.

[2]) tninja wird der Mond von den östlichen Aranda genannt; relbarelbakarama kommt her von relbukama = entreißen und heißt: sich gegenseitig etwas entreißen.

[3]) ankinja = Inkanja (inkana) = zuletzt, weil derselbe zuletzt aufgefahren ist.

[4]) siehe auch pag. 63.

höhle der Menschen verbergend (s. pag. 17), nach Osten zurück. Dort steht ein großer arganka-Baum, von den Weißen blood-wood genannt; er kletterte auf diesen hinauf, um von neuem seine Himmelsbahn anzutreten. Da der Mondmann fortwährend viele Opossums erlegt und verzehrt, wird er sehr stark [taia knarerama = der Mond wird groß d. h. er nimmt zu]. Den Vollmond nennen die Aranda taia tnata knara, d. h. der Mond mit dem großen (knara) Bauch (tnata). Da der Mondmann um die Zeit des Vollmondes viele erlegte Opossums mit sich schleppt, so wird er bald müde (borkerama) d. h. er nimmt ab, bis er sich zuletzt in ein graues Känguruh (aranga) verwandelt, das von einigen jungen Männern gesperrt wird [Neumond]. Dieselben verzehren ihn, indem sie dabei um ein Wasserloch herumsitzen. Der jüngste Bursche wirft heimlich das Schlüsselbein (nitakataka) des Mondes ins Wasser. Auf Befragen leugnet er seine Tat und gibt vor, eine Kaulquappe (mbobulja) sei ins Wasser gesprungen. Aus diesem Schlüsselbein entsteht der Mond von neuem und ist als Mondsichel am Himmel zu sehen.

Zeigt sich ein Hof um den Mond, so spinnt derselbe Opossum-Haare, die er mit der flachen Hand auf seinem Oberschenkel zusammenrollt (womma). Zuweilen verhüllt der Mond sein Gesicht mit Opossum-Haaren; dann tritt eine Mondfinsternis ein.

4. Tmálbambaralénana, der Abendstern.

Vor langer Zeit begaben sich zwei Brüder, die im fernen Westen in Ulbulu [(L) weiche Erde] wohnten, in Begleitung ihres Enkels resp. Großneffen (tjimia)[1]) nach dem Osten und kamen zu einem Platz, namens Ruékana [schleichen[,[2]) wo sich Tmálbambaralénana, der eine der beiden Brüder in einer Höhle versteckte, da er die Absicht hatte, seinen Enkel von sicherem Versteck aus zu erschlagen und zu verzehren; der andere Bruder blieb in der Nähe jener Höhle, die sich am Fuße eines hohen Berges befand, sitzen. Bald nachdem der Enkel auf den Berg gestiegen war, um aroa [das große Wallaby] zu jagen, blickte sein Großonkel auf und sah, wie sehr viel Wild vom Berg herunterkam und Zuflucht in jener Höhle suchte, in der sich Tmálbambaralénana befand. Mit lauter Stimme rief er daher seinem Großneffen zu: tjimiai, pitjai, aroa ntjara intiuna irburiraka,[3] d. h. Großneffe, komm, viele Wallabys sind in die Höhle hineingegangen! Der Junge kam, begab sich in die Höhle und erschlug viele aroa; darauf legte er Spinifexgras (juta[4])) in den Eingang der Höhle, das er anzündete; durch den Qualm erstickte er alles noch lebende Wild und zog es heraus. Darauf sagte sein Großonkel zu ihm: Ich habe noch ein großes weibliches Wallaby hinten in der Höhle gesehen; geh hinein und hole es heraus! Der nichts ahnende Junge tastete sich in die dunkle Höhle hinein; bald hörte er ein Geräusch von Fußtritten und sah gleich darauf einen Mann, der ihm mit einem Steinbeil (ilapa) einen Schlag ins Gesicht versetzte. Schnell kroch der Junge heraus und sagte zu seinem Großonkel: tjimiai, dort in der Höhle ist ein Mann, der mich ins Gesicht geschlagen hat. Als ihm der Alte zuredete, noch einmal hineinzugehen, und genauer nachzusehen, erwiderte er: Geh Du

---

[1]) tjimia heißt nicht bloß Enkel resp. Großneffe, sondern bezeichnet auch den Großvater resp. Großonkel mütterlicherseits. Die beiden Brüder reden den sie begleitenden Jungen mit tjimia an, er die beiden Alten unterschiedslos tjimia.

[2]) ruékana wird der Platz genannt, weil sie vor Müdigkeit sehr langsam gingen, dahinschlichen.

[3]) tjimiai (Voc.), pitjai = komm, ntjara viele, intia Höhle, irburiraka gingen hinein.

[4]) juta, gewöhnlich porcupine-grass genannt, (Triodia) bedeckt oft ganze Bergketten im Innern Australiens.

hinein, Großonkel, ich fürchte mich. Darauf begab sich der Alte in die Höhle und sagte zu Tmálbambaralénana: Verstecke Dich anderswo, bis der Junge erwachsen ist, er möchte sonst Dich und mich erschlagen! Der Enkel, der das Gespräch der beiden Brüder belauscht hatte, fragte den Alten: tjimiai, mit wem sprichst Du? Darauf ging letzterer aus der Höhle heraus und zeigte dem Jungen ein Wallaby, das er in der Hand hielt, mit den Worten: Dieses Wallaby hast Du in der Höhle gesehen. Der Junge entgegnete: Nein, der Großvater hat sich in der Höhle versteckt. Der Alte erwiderte: Der Großvater ist gestorben, welche Worte bei dem Enkel jedoch keinen Glauben fanden.

Tmálbambaralénana wanderte nun allein weiter nach Osten[1]) und kam nach Kulatara[2]) [zwei Felsenwasserlöcher], wo er sich in einer Höhle niederließ und ein großes Feuer unterhielt. Als der Junge das Feuer von weitem erblickte, sagte er zu seinem Großonkel: Siehst Du das Feuer? Dort ist der Großvater. Der Alte rief darauf seinem Bruder zu, das Feuer auszulöschen. Dem Feuerschein nachgehend, kamen die beiden zu der Höhle, wo sich Tmálbambaralénana versteckt hatte. Hier wiederholte sich derselbe Vorgang wie in Ruékana. Wieder stieg der Junge auf den Berg, um zu jagen; wieder strömte von allen Seiten das Wild zusammen und lief in die Höhle, wo es von dem Jungen erschlagen wurde; wieder wurde letzterer von seinem Großonkel in die Höhle geschickt und erhielt von seinem Großvater einen Schlag ins Gesicht. Als ihm sein Großonkel wieder vorreden wollte, er habe nur ein großes Wallaby gesehen, forderte er denselben auf, im hintersten Winkel der Höhle selbst nachzusehen. Als beide Brüder in der Höhle miteinander verhandelten, rief der Junge, der dem Gespräch gelauscht hatte, in die Höhle hinein: tjimiai, ihr beide sprecht miteinander! Darauf zogen sich die Brüder in den Hintergrund der Höhle zurück und sprachen laut miteinander. Der Junge jedoch entfernte sich und holte einen großen Haufen Spinifexgras herbei, den er in den Eingang der Höhle steckte und anzündete. Vor dem Rauch zogen sich die beiden Brüder in die äußerste Ecke der Höhle zurück, von wo Tmálbambaralénana seinem Enkel zurief: Lösche das Feuer aus, wir müssen sonst ersticken! Während der Großonkel in dem äußersten Winkel der Höhle erstickte, ging Tmálbambaralénana dem Ausgang derselben zu und kam im Rauch um. Beide Brüder stiegen darauf zum Himmel empor, wo sie jetzt als Sterne zu sehen sind. Der hellere von ihnen ist Tmálbambaralénana[3]) [Lichtspender], der als Abendstern oder Morgenstern ein helles Licht verbreitet. Der Enkel jedoch nahm alles erlegte Wild und begab sich nach einem im Norden gelegenen Platz mit Namen Worrala-pitjintjika [d. h. der Knabe ist angekommen].

5. Das Siebengestirn (kuralja).[4])

In Kantala[5]) [Frost, Eis], einem Platz an dem Ellery Creek, der von den Eingebornen Laburabuntja[6]) genannt wird, waren in alter Zeit viele erwachsene Mädchen (kuralja), die

---

[1]) Durch diesen Zug der Tradition soll wohl angedeutet werden, daß Tmálbambaralénana auch als Morgenstern im Osten erscheint.

[2]) kula = tiefes Loch im Felsen, in dem sich Regenwasser ansammelt; tara = zwei.

[3]) tmalba = Flamme, Licht, und baralenana (von bartjima) = scheinen machen, d. h. ein großes Licht verbreiten.

[4]) kura = Mädchen, jetzt gewöhnlich kwara ausgesprochen, die Endung lja drückt die Mehrzahl aus.

[5]) kanta = Frost, Reif, Eis. So wird der Platz genannt, weil es dort im Winter sehr kalt ist und das Wasser oft zu Eis gefriert.

[6]) la, abgekürzt für larra = Fluß, bura = weit, und buntja = lang, demnach heißt Laburabuntja der weite lange Fluß.

ihren Körper mit roter Farbe (ulba) schmückten und eine Schnur mit daran befestigten Bandikutschwänzen (inkaia albitja) auf den Kopf setzten. Als es Abend geworden war, nahmen dieselben Feuerbrände in die Hand und führten den Frauentanz auf (ntaperama). Eines Morgens kam ein Mann in ihre Nähe, der einen erwachsenen Knaben namens Kutakuta[1]) am Arm führte. Nachdem sich die Mädchen alle in einer Reihe aufgestellt hatten, setzte sich der Mann vor ihnen nieder und legte über seine Schenkel einen Schild, auf den sich Kutakuta niederließ; die alten Männer saßen etwas abseits im Kreise. Darauf kam die ältere Schwester des Jungen, die sich unter den kuralja befand und gab ihrem Bruder Kutakuta, an dem die Beschneidung vollzogen werden sollte, einen Feuerbrand in die Hand und gebot ihm, sich von jetzt an draußen aufzuhalten und nicht zum Lagerplatz zurückzukommen. Nachdem sich auf Anordnung der Alten die kuralja zurückgezogen hatten, zeigten die Männer dem Kutakuta zum erstenmal einige ihrer geheimen Zeremonien. Einige von den Männern schmückten ihren Körper mit rotem Ocker und hieben sich Zweige von den Gummibäumen, mit denen sie, im Gänsemarsch schreitend (worrata lama) in gebückter Stellung zurückkehrten, dabei fortwährend mit dem Munde blasend. Der ältere Bruder Kutakutas, der die Aufsicht über ihn führte, hatte unterdessen den Kopf des letzteren auf den Boden gedrückt, damit er nicht sehen könnte, was um ihn her vorging. Als die geschmückten Männer sich näherten, richtete er den Kopf seines Bruders in die Höhe mit den Worten: Junge, sieh (worrai, erai)! Diese Männer legten sich alle kreuzweise auf Kutakuta, der sie auf Geheiß seines Bruders abschüttelte. Nun wurde ihm striktes Schweigen den Weibern und Kindern gegenüber aufgelegt. Würde er etwas verraten, so würden die alten Männer ihn töten. Von seinem Bruder hinweggeführt, wurde er während des Tages streng überwacht.

Gegen Abend kam die Mutter des Knaben mit manna [Pflanzenkost, Sämerei], das ein Vetter (ankalla) dem Knaben überbrachte. Nachdem er ein wenig davon gegessen hatte, wurde er zum Versammlungsplatz geführt, wo die kuralja wieder den Frauentanz aufführten. Die Mutter Kutakutas hatte einen Feuerbrand in Händen, den sie taktgemäß nach dem Boden zu bewegte, wobei sie die Laute ausstieß: r-r-r-r, während die ältere Schwester des Jungen einen Kopfschmuck (kanta mit inkaia albitja = Bandikutschwänze) über ihren Kopf schwang uud dabei rief: bāu, bāu, bāu. Hierauf zogen sich die kuralja von dem Versammlungsplatz zurück.

Nachdem dieselben an allen Zeremonien[2]) teilgenommen hatten, an denen noch heute eine Mitwirkung der Frauen bei dieser Festlichkeit erforderlich ist, zogen sich die kuralja nach ihrer Heimat, Kantala, zurück, von wo aus sie zum Himmel aufstiegen und noch jetzt als Siebengestirn zu sehen sind. Nicht ohne Grund wird die Beschneidung meistens in der Jahreszeit vorgenommen, wenn das Siebengestirn abends im Osten aufgeht und die ganze Nacht über am Himmel steht [wie dies in den Sommermonaten der Fall ist], so daß dies so bemerkenswerte Sternbild als Zuschauer der mit diesem Ritus verbundenen Festlichkeiten angesehen wird. In Kantala aber wird noch jetzt ein Haufe größerer Steine gezeigt, in die sich die Leiber der kuralja verwandelt haben, bevor sie zum Sternenhimmel aufgestiegen sind.

---

[1]) kutakuta, ein kleiner, roter Nachtvogel mit lockender Stimme; sein Ruf ist „kutukutukutu".
[2]) Hier folgt in der Tradition eine genaue Beschreibung aller bei diesem Ritus beobachteten Zeremonien, die ich gestrichen habe, da dieselben an anderer Stelle beschrieben werden sollen.

6. Die zwei Giftdrüsen-Männer (atua ntjikantja tara).

Tjikara[1]) tmela, Itirkawaranga[2]) leoa, atua ntjikantja[3]) ntjara nariraka. Etna
Tjikara im Lagerplatz, Itirkawara unterhalb Männer Giftdrüsen viele waren. Sie

garra ntapikna ilkula nariraka. Urbia ninta leoa laka Ruletna[4]) tmarauna, tana
Fleisch Fische aßen. Bote einer unterhalb ging Dickicht nach Lagerplatz, dort

ntjikantja tara arbuna naraka, putaia altjirangamitjina tuta. Era renalitjilaka, etna
Giftdrüsen zwei andere waren, graues Wallaby ewiger Unerschaffener auch. Er ließ sich nieder, sie

erina ntankaka manna lupaka.[5]) Era nana taka, ilkuka, era ankaka: Nuna ingunta
ihn rielen Sämerei Akazien. Er dies mahlte, aß, er sagte: Wir morgen

lariritjika Tjikara tmaraka. Etna kala ingutnala kameralalamala etna pitjiriraka
gehen wollen Tjikara nach Lagerplatz. Sie schon morgens aufgestanden waren, sie kamen

Rabea[6]) tmarauna etna renalitjilariraka. Ingunta etna wotta pitjiriraka Tjikarauna.
Rabea nach Lagerplatz, sie ließen sich nieder. Morgen sie wieder kamen nach Tjikara.

Tjikararinja etna rala nariraka: atua ntjara pitjima. Tmara itinjaka etna renalitjilariraka,
Die Tjikara-er sie sahen Männer viele kommen. Lagerplatz zum nahen sie sich niederließen

ingula inditjalburiraka.[7]) Alkamala etna apma kulaia[8]) rala nariraka, kaputa urbula
in der Nacht lagen sie. Mit Tagesanbruch sie Schlange kulaia sahen Kopf schwarz

nana kwatjintjanga knaranga rataka. Etna atua tarauna ankaka: Mbala arugula
dieser Wasseransammlung aus der großen herauskam. Sie Männer zu zweien sagten: Ihr beide zuerst

apma tutjika larai! Eratara laramanga rala nariraka apma knara indora; ilina
Schlange zu erschlagen geht! Sie beide gehend sahen Schlange groß sehr; wir beide

janna tula narama. Eratara wotta topperala naraka. Gurunga etna ankaka: Tara
nicht können erschlagen. Sie beide wieder umkehrten Darauf sie (pl.) sagten: Zwei

[1]) tjikara heißt: zerspalten, zerrissen, weil sich dort ein Felsenspalt findet.
[2]) itirkawara d. h. kleine Geschwüre im Fleisch, verfault. Hier lebte in alter Zeit ein großer Häuptling namens Ltjeljera [Itjeljera ist eine Eidechse mit kopflörmigem Schwanz, Nephrurus spec.]; derselbe heiratete seine nächsten Blutsverwandten [Töchter, Tante und Schwiegermutter], weshalb er am ganzen Leibe Geschwüre (itirka) bekam und schließlich in einen großen Sandsteinfelsen verwandelt wurde, der von den Weißen Chambers Pillar, von den Eingebornen Itirkawara genannt wird: der Name Idracowra, mit dem jetzt eine in der Nähe gelegene Station bezeichnet wird, ist eine Korruption des richtigen Namens Itirkawara.
[3]) ntjikantja sind die Giftdrüsen der Schlangen.
[4]) ruletna, abgeleitet von rula = Holz und munta = dicht, bedeutet Dickicht. Mit diesem Namen wird Crown Point am unteren Finke bezeichnet.
[5]) lupa ist der allgemein im Innern Australiens als Akazie bekannte Busch mit hellen Blüten, dessen schotenförmige Früchte von den Eingebornen gesammelt, geröstet und gegessen werden.
[6]) rabea, auch erilja genannt, ein kleiner Strauch mit länglichen Blättern, gelben Blüten und schotenförmigen Fruchtkapseln.
[7]) inditjalbuma, zusammengesetztes Verbum, von indama = liegen und albuma = umkehren, inditjalbuma = bei der Rückkehr [an diesem Ort sich zum Schlaf] niederlegen.
[8]) kulaia ist eine mythische Wasserschlange, die nach der Tradition als Meteor vom Himmel in die tiefen Wasseransammlungen fällt (s. pag. 25).

arbuna   laritjika.   Eratara laramanga iltja bulalabulalerala naraka, tnauia   inamala,
andere sollen gehen.   Sie beide   gehend   Hände   spuckten,   Stöcke genommen habend,

itinja laraka, ankaraka tuta: ilina   janna tula   narama: eratara makerala naraka, wotta
nahe gingen,   sagten auch: Wir beide nicht könnend erschlagen; sie beide   unterließen,   wieder

albula naraka.   Eratara atua ntjarauna albmelaraka: ilina   erina   janna tula   narama,
umkehrten.   Sie beide Männer   vielen   meldeten: Wir beide   sie   nicht könnend erschlagen

knara indora namanga. Wotta etna   Ruletnarinja   ntjikantja tarauna ankaka: mbala
groß   sehr   seiend.   Wieder sie (pl.) die von Crown-Point Giftdrüsen zu den zwei sagten: Ihr beide

apma   tutjika larai!   Eratara urkia[1]) tara inala naraka, eratara   apmauna pitjilaraka,
Schlange zu erschlagen geht! Sie beide Speer   zwei   nahmen,   sie beide zu der Schlange gingen,

eratara   iltja bulalabulalerala naraka, eratara   kataratja   tnaraka,   itia arugula
sie beide Hände   sich spuckten,   sie beide in einer Reihe sich stellten, der jüngere Bruder zuerst

tnaka,   kalja tnatangala   tnaka.   Itiala   tnoëraka era apma   turkura tantaka,
stand, der ältere Bruder hinten stand. Der jüngere Bruder zielte,   er Schlange Genick   stach,

eratara   apma kaputa loltaraka   urkialela,   gurunga apma, era kanta   namala,
sie beide Schlange Kopf niederdrückten mit dem Speer, daraul Schlange, sie Kugel gewesen war,

raūeraka, inkana   apma iluka. Eratara apma tjarinala naraka, eratara atua inkarakana
aufrollte, zuletzt Schlange starb. Sie beide Schlange   zogen,   sie beide Männer   alle

tangitjala tjarinitjika ntankalala naraka; apma nana tjenja indora namanga. Etna inkarakala
zu Hilfe   zu ziehen riefen zu sich; Schlange diese lang sehr   seiend.   Sie   alle

tjarinala nariraka, matja-ilirtja knarilariraka, erultja knara wollilariraka, alknantelariraka, matja
zogen,   Feuer-Grube großmachten, Reisig groß   häuften,   anzündeten,   Feuer

antakiula nariraka, apma matjauna renariraka, erina matja-tabala goltala nariraka, erina
ausbreiteten,   Schlange aufs Feuer legten,   sie heiße Asche   bedeckten,   sie

tjerala nariraka tuta. Etna   wolja   ntjara kariraka,   wolja   nanauna apma renala
brieten   auch.   Sie grüne Zweige viele abhieben, grüne Zweige auf diese Schlange legten

nariraka, etna tnata erinjakariraka, andara knara indora indaka. Apma tmulpura knaribata
sie Bauch aufschlitzten, Fett   groß   sehr   lag.   Schlangen-Hals der Alte

Inkelabala[2]) lupatilaka. Etna apma tjalka, andara, urba   tuta ilkula nariraka. Etna
Inkelaba   behielt.   Sie Schlange Fleisch, Fett, Rückgrat auch   aßen.   Sie

ilkumala,   etna urkia tjenja inkainala nariraka matja ekunjauna. Ntjikantja lenatara
gegessen habend, sie Speer lange   steckten   Feuer in die Asche. Giftdrüsen jene zwei

urkia nkelaka inkainala naraka tuta. Urkia tjenjala atua tara-ma-tara kuta injilinjilaworaka.
Speer neben   aufstellten   auch. Speer am langen Männer zwei je zwei immer hinaufkletterten.

---

[1]) urkia ist ein starker, schwerer Speer, mit dem gewöhnlich Feinde gespeert werden, derselbe
wird verfertigt aus irkapa (desert-oak) Casuarina Decaisneana. F. v. M.
[2]) Inkélaba == Breitfuß, von inka = Fuß und laba = breit, da dieser Alte einen breiten Fuß hatte.

Ntjikantja tara urkia dorradorrala injilalaraka alkiraka. Inkelabala urkia dorradorra
Giltdrüsen zwei Speer am kurzen hinaufkletterten zum Himmel. Inkelaba Speer kurz

ulbantjika, nana era alauna renaka. Gurunga ntjikantja inkaraka wotta urkia tjenjala
auszog, diesen er auf die Erde legte. Darauf Giftdrüsen alle wieder Speer am langen

lulitjikalariraka, kuta tara-ma-tara. Ntjikantja tarala katarala naraka, urkia ekuratara alala
herabstiegen, immer zwei je zwei. Giftdrüsen zwei hinuntersahen, Speer ihr beider auf der Erde

indamanga. Eratara tunala naraka: rankara urkia ilinaka wotta inkainarirai, ilina
liegend. Sie beide befahlen: Ihr Speer unser beider wieder aufstellt, wir beide

lulitjikalaritjika. Etna itja inkainaka, etna albmelaka: Urkia tjenjala mbala lulintjilarai!
herabsteigen wollen. Sie nicht aufstellten, sie erwiderten: Speer am langen ihr beide herabsteigt!

Eratara ankaraka: Itja, urkia tjenjala ilina janna lulala narama; rankara alala
Sie beide sagten: Nein, Speer am langen wir beide nicht könnend hinabsteigen; ihr auf der Erde

kuterarirai, rankara keïntitjeritjerai, ilina nala kuta inkara naritjina. Etna inkana
bleibt, ihr Sterblichen, wir beide hier immer unsterblich sein werden. Sie (pl.) zuletzt

urkia tjenja alauna renala nariraka tuta. Eratara alkiela kuta narama, eratara lata
Speer lang auf die Erde legten auch. Sie beide am Himmel immer sind, sie beide jetzt

ntailpara tara narama alkiela. Tana eratara matja knara etala naraka, matja-kwata nana
Sterne zwei sind am Himmel. Dort sie beide Feuer großes anzündeten, Feuer-Rauch diesen

etna albmelama: Kulbmura-ilkalama.[1])
sie (pl.) nennen: Rauch steigt auf.

    Freie Übersetzung. In Tjikara, das unterhalb Itirkawaras liegt, hielten sich viele Giftdrüsen-Männer auf. Sie nährten sich von Fischen. Ein Bote von ihnen ging hinab nach Crown Point, wo zwei andere Giftdrüsen-Männer waren, auch ein Wallaby-Totem-Gott hielt sich dort auf. Er (der Bote) ließ sich dort nieder, worauf sie ihn einluden, Akaziensamen zu essen. Er mahlte denselben, aß ihn und sagte: Wir wollen morgen nach Tjikara gehen. Nachdem sie schon früh am Morgen aufgestanden waren, kamen sie nach dem Platz Rabea, wo sie sich niederließen. Am andern Tage gingen sie nach Tjikara. Die Bewohner von Tjikara sahen viele Männer ankommen. In der Nähe des Lagerplatzes ließen sie sich nieder und schliefen dort in der Nacht. Mit Tagesanbruch sahen sie eine Wasserschlange, deren schwarzer Kopf aus dem großen Wasserloch hervorragte. Sie sagten zu den zwei Männern: Geht ihr zuerst hin, um die Schlange zu erschlagen! Als sie hingingen, sahen sie, daß die Schlange sehr groß war; sie sagten, wir können sie nicht erschlagen und kehrten wieder um. Darauf befahlen sie zwei anderen, hinzugehen. Als diese hingingen, spuckten sie sich in die Hände und nachdem sie Stöcke genommen hatten, gingen sie nahe heran und sagten untereinander: Wir können die Schlange nicht erschlagen, worauf sie unverrichteter Dinge wieder umkehrten. Sie sagten zu den Männern: Wir können sie nicht erschlagen, da sie zu groß ist. Darauf sagten sie zu den zwei von Crown Point gekommenen Giftdrüsen-Männern: Geht ihr, die Schlange zu erschlagen. Diese nahmen zwei starke Speere und begaben sich zu der Schlange; sie spuckten sich in die Hände und stellten sich der eine hinter den andern, der jüngere Bruder stand vorn, der ältere Bruder stand hinten. Der jüngere Bruder zielte und stach die Schlange ins Genick und drückte den Kopf der Schlange mit dem Speer nieder, worauf sich die Schlange, die zusammengerollt gewesen war, aufrollte; endlich starb die Schlange. Die beiden zogen an der Schlange und riefen alle Männer, um ziehen zu helfen, da die Schlange sehr lang war. Sie alle zogen sie heraus, machten eine große Grube für das Feuer, sammelten viel trockene Sträucher, zündeten dasselbe an,

---

    [1]) Der Rauch der beiden Feuer sind die bekannten Nebelflecken [Magellans Wolken] am südlichen Himmel, während zwei in der Nähe derselben stehende Sterne die beiden Giftdrüsen-Männer (ntjikantja) sind.

— 24 —

breiteten das Feuer aus und legten die Schlange auf das Feuer, und bedeckten sie mit heißer Asche und
brieten sie. Darauf hieben sie viele grüne Zweige ab, auf diese Zweige legten sie die Schlange und
schlitzten ihren Bauch auf; sie hatte sehr viel Fett. Den Hals der Schlange behielt der Alte, Inkelaba.
Sie verzehrten das Fleisch und Fett der Schlange, sogar das Rückgrat. Nachdem sie gegessen hatten,
steckten sie einen langen Speer in die heiße Asche. Die beiden Giftdrüsen-Männer steckten einen kürzeren
Speer daneben. An dem langen Speer kletterten immer zwei und zwei Männer zugleich hinauf. Die
beiden Giftdrüsen-Männer, die die Schlange erschlagen hatten, kletterten am kurzen Speer zum Himmel
hinauf. Inkelaba zog den kurzen Speer heraus und legte ihn auf den Boden. Darauf stiegen wieder alle
Giftdrüsen-Männer am langen Speer herab, immer zu zweien. Die beiden Giftdrüsen-Männer von Crown
Point sahen hinunter und bemerkten, daß ihr Speer auf dem Boden lag, worauf sie den Männern befahlen:
Stellt unsern Speer wieder auf, damit wir herabsteigen können. Die Männer stellten den kurzen Speer
nicht auf, sondern erwiderten: Steigt am langen Speer herab! Die beiden sagten: Nein, am langen Speer
können wir nicht hinabsteigen, bleibt ihr auf der Erde, ihr Sterblichen, wir werden hier für immer unsterblich sein. Die Männer legten den langen Speer zuletzt auch auf den Boden nieder. Die beiden blieben
am Himmel und sind jetzt zwei Sterne am Himmel. Dort zündeten sie ein großes Feuer an; der Rauch
desselben wird genannt kulbmura-ilkalama.

7. Ngapatjinbi,[1] die dunklen Stellen in der Milchstraße.

Einst lebten in Tunkuba[2] [Wallaby-Platz], westlich von Glen Helen, viele putaia-[3]
Männer. Dieselben versammelten sich eines Tages, um an einem Jungen die Beschneidung
zu vollziehen. Während die Frauen den herkömmlichen Tanz aufführten (ntaperama), wozu
die Männer den Takt schlugen, lag der Knabe wie gewöhnlich auf der Erde hingestreckt,
das Gesicht dem Boden zugekehrt und mit seinen ineinander verschränkten Armen dasselbe
bedeckend. Nachdem die Frauen die ganze Nacht hindurch getanzt hatten, zogen sie sich
zurück, während der kalja [älterer Bruder oder älterer Vetter] und die Schwester (arumba)
des Knaben ausriefen: bāu, bāu, damit kein böses Wesen (erintja) herankäme, um den
Knaben zu beißen. Nachdem sich die Weiber entfernt hatten, zeigten die versammelten
Männer den beiden Jungen einige geheime Zeremonien usw. Am nächsten Abend wurden
die Weiber wieder gerufen, um zu tanzen; als diese dann weggeschickt waren, vollzogen
die Männer die Beschneidung an den beiden Jungen und gaben einem jeden einen
ngapatjinbi. Nachdem sie den beiden befohlen hatten, bei dem Lagerfeuer zu bleiben,
entfernten sich die Männer. Zwei Mädchen jedoch, die versprochenen Frauen der Be-
schnittenen, hatten sich trotz des Verbotes der Männer im nahen Gebüsch versteckt, um,
von Neugierde getrieben, der Zeremonie zuzusehen. Sobald die Männer den Platz verlassen hatten, kamen die beiden Mädchen aus dem Versteck hervor, nahmen die beiden
jungen Männer auf ihre Schulter (unjika renama) und stiegen mit ihnen zum Himmel auf.
Als sie in der Milchstraße angelangt waren, verlangten die beiden jungen Männer, auf den
Boden gesetzt zu werden, da sie sich fürchteten, von den Männern erschlagen zu werden.
Die Mädchen setzten dieselben bei Metwara [(L) Milchstraße] ab und steckten die zwei
ngapatjinbi in den Boden. Als die Männer am nächsten Tage die beiden jungen Männer
suchten, konnten sie sie nirgends finden. Letztere jedoch blieben mit ihren versprochenen
Frauen am Himmel und wurden in Sterne verwandelt. Sie sind jetzt als zwei helle Sterne

[1] ngapatjinbi ist ein im Westen gebräuchlicher Schmuckgegenstand, der aus zwei langen, kreuzweise übereinander gelegten und mit Garn umwickelten tjurunga-Hölzern besteht, über die, wie bei den
wonninga, Garn gezogen wird. Dieser Schmuck wird bei Festlichkeiten im Haar getragen.
[2] Tunkuba, ein Loritja-Wort; tunku = putaia, graues Wallaby, und ba die Bezeichnung des Platzes.
[3] putaia ist ein kleines graues Wallaby.

in der Milchstrasse zu sehen, während zwei dunkle Stellen in der Nähe derselben den Platz bezeichnen, wo die ngapatjinbi stehen.

8. Der Komet (worbilinja)[1]) und die Meteore.

In der Vorzeit hatte ein Mann eine der alknarintja-Frauen, die nicht heiraten durften, sich zur Frau genommen, die keine Liebe zu ihm hatte und sich fortwährend widerspenstig zeigte. Um seine Frau gefügig zu machen, nahm er seine Zuflucht zur Zauberei. Er glättete (jerriuka) einen kleinen Stab mit der mēra, d. h. mit dem an dem Speerwerfer befestigten spitzen Stein und bespuckte diesen Stab, während er Flüche über denselben murmelte. Daraufhin wurde seine Frau mager und schrumpfte ganz zusammen. Nun zeichnete er mit Hilfe seines Speerwerfers die Umrisse (imbara) einer Frau auf den Boden, bespuckte auch dieses Frauenbild und zündete überall in dem Umriß viele kleine Feuer an; darauf nahm er eine Anzahl kleiner Speere, tjitatja genannt [mit denen gewöhnlich die Kinder spielen] und warf Spieße nach der Zeichnung, dieselben blieben ganz dicht nebeneinander im Boden stecken. Nach einigen Tagen zog er die Speere heraus und warf dieselben zum Himmel empor; mittelst seiner mēra [Speerwerfer] warf er auch das an allen Seiten brennende Frauenbild hinauf; letzteres erscheint am Himmel als der Körper des Kometen, während die hinaufgeworfenen Speere den Schweif desselben darstellen. Nach einiger Zeit, als seine Frau zum Skelett abgemagert war, empfand er Mitleid mit ihr und rieb ihren Körper mit Fett ein, worauf sie sich wieder erholte und ihm in Zukunft gehorsam war; zu gleicher Zeit entfernte er auch ihr Bild vom Himmel [das Verschwinden des Kometen].

Die Meteore sind große giftige Schlangen, kulaia genannt, mit großen, feurigen Augen, die durch die Luft fliegen und in tiefe Wasserlöcher fallen, welch letztere von den Eingebornen daher gemieden werden.

Sonderbar ist, daß sich an ein so hervortretendes Sternbild, wie das südliche Kreuz, keine Tradition knüpft. Dasselbe wird von den Aranda eritjinka oder Adlersfuß [eritja = Adler und inka = Fuß, Bein] genannt.

9. Die Regen-Männer (atua kwatja) und der Regenbogen (mbulara).

In Kaporilja[2]) [Wasserwelle] etwa 5 Meilen westlich von der Station Hermannsburg in den Krichauff Ranges gelegen, befindet sich eine aus Felsen hervorsprudelnde Wasserquelle, die ein kleines Felsenbecken mit frischem Wasser füllt. An diesem Platze lebten vor Zeiten viele Regen-Männer (atua kwatja) unter den beiden Häuptlingen Tnamina[3]) [Hagelkorn] und Kantjira[4]) [weiße Wolke]. Diese Regen-Männer hatten große Säcke (taua),

---

[1]) worbilinja bedeutet: verzweigt, von einem Mittelpunkt ausgehend; worbilinja ist z. B. der von einem Kometen ausgehende Schweif, die von einem Baumstumpf hervorsprossenden vielen Schößlinge, die von der einen Hand ausgehenden Finger etc.

[2]) kaporilja, abgeleitet von kape (L.) = Wasser und rilja = bewegt, wogend, Welle, bedeutet das vom Wind bewegte Wasser.

[3]) tnamina, = Hagelkorn Schloße; bei Kaporilja wird noch jetzt ein Felsen gezeigt, in den sich ein Hagel-Mann verwandelt hat.

[4]) kantjira = die weiße Wolke, die bei Gewitterschauern den schwarzen Wolken vorangeht; jetzt werden die weißen Wolken kalbalba genannt.

in die sie Wolken (kwatja ankala), Blitze (urkulta),[1]) Hagel (inbotna), takula [weiße Muscheln] usw. steckten; mit diesen Säcken versehen, stiegen sie zum Himmel auf und schütteten dieselben unter furchtbarem Gebrüll [= Donner] aus, so daß der Regen auf die Erde niederströmte; auch ließen sie es blitzen, indem sie takula auf die Erde warfen; von Zeit zu Zeit warf der atua kwatja einen brennenden Känguruh-Schwanz (ara-parra) von der Höhe herab, der auf der Erde zündete [es schlug ein].

Andere Regen-Männer wohnten in Ntakatna[2]) in der Nähe von dem heutigen Owen Springs. Einmal, als es die Regen-Männer von Kaporilja in der Nacht fortwährend wetterleuchten (larkama) ließen, machte sich ein Regen-Mann von Ntakatna, namens Ltala d. h.

Der Hagel-Totem-Platz.

die kleine Wolke, auf, um seine Freunde im Westen zu besuchen. Da er letzteren ein Zeichen von seiner beabsichtigten Reise zu ihnen geben wollte ließ er es gleichfalls blitzen. Am ersten Tage kam Ltala nach Karilkala[3]) [Sodabusch-Ebene], wo er es wieder im Westen stark wetterleuchten sah. Von hier gelangte er nach Araára[4]) [Känguruh-Gras], wo er sich zum

[1]) urkulta = die zickzackförmigen Blitze.
[2]) ntakatna d. h. erhobener Hals, von inta — Hals, Genick (OD) und katna = oben, aufgerichtet, weil dort ein Regen-Häuptling sein erstarrtes Haupt wieder aufgerichtet hat nachdem er vor Kälte sein Haupt niedergebeugt hatte.
[3]) karilka, zusammengesetzt aus kara = Ebene und ilkala — Sodabusch.
[4]) ara-ara [wörtlich: Känguruh-Känguruh], eine lange Grasart, deren Halme sich rötlich färben, wie das Fell eines Känguruh.

Schlafen niederlegte. In Irétatja-urba¹) [schwarze Cikaden-Rücken], wohin er am nächsten Tage gelangte, sah er es abends ganz in der Nähe blitzen. Am folgenden Tage kam er nach Ragitia²) [Mund] an dem Ellery Creek; dort hielt sich ein alter Regen-Mann namens Jalakaka [der Sänger] auf, der die ganzen Nächte hindurch sang. Als der Regen-Mann Ltala den Alten erblickte, ging er zu ihm und umarmte ihn, worauf Jalakaka ein donnerndes Gebrüll erschallen ließ. Darauf stiegen beide mit ihren Regensäcken in die Höhe und schütteten dieselben aus, so daß ein starker Regen auf die Erde niederrauschte. Dann ließen sie sich wieder nieder und legten sich schlafen; in der Nacht blitzte es wieder im Westen. Am anderen Morgen sagte Ltala zu dem Alten:

Tjimiai, unta nala arugula nai, jinga tanauna litjinanga.
O Großvater, du hier zuerst sei, ich dorthin gehen werde = bleibe zunächst hier.

Ltala kam an diesem Tage nach Kaporilja, wo er die beiden Regen-Häuptlinge Tnamina und Kantjira, sowie die versammelten jungen Regen-Männer umarmte. Nach der Begrüßung fuhren die beiden Häuptlinge nach dem Himmel auf und schütteten unter furchtbarem Gebrüll³) solche Mengen Wassers auf die jungen Regen-Männer aus, daß dieselben erstarrten (borkeraka). Als sich Tnamina und Kantjira herabgelassen hatten, sagte Ltala zu ihnen: Wir wollen nach meiner Heimat Ntakatna gehen. Am folgenden Tage machten sie sich auf den Weg; sie kamen zunächst nach Ragatia, wo sie alle drei den Jalakaka umarmten. Ltala stieg darauf auf und schüttete seinen Regensack über sie aus, worauf Jalakaka erstarrte, mit Hilfe eines großen Feuers brachten sie ihn wieder zum Leben zurück. Am andern Tage wanderten alle weiter nach Erenkatna [Hundemist], wo Jalakaka in die Höhe stieg und solche Mengen Wassers über die Schläfer ausschüttete, daß sie erschrocken auffuhren und ihn anflehten: Tjimiai [o Großvater] hör auf, uns friert fürchterlich, zünde uns lieber ein Feuer an! Nachdem sie in der nächsten Nacht in Araára geruht hatten, gelangten sie am darauffolgenden Tage nach Karilkala. Während die drei Regen-Häuptlinge friedlich schliefen, stieg Ltala auf und goß den Inhalt seines Regensackes auf sie aus, so daß sie ihm bestürzt zuriefen:

Worra tjimiai, unta ntala nama? nunana imbai, unta iwuka nunana borkilama kwatja
Enkel, du wo bist? uns sein laß, du warum uns erstarren machst, Wasser

knara talamanga?
groß ausgießend?

d. h. Enkel, wo bist du? Hör auf! Warum machst du uns erstarren, da du soviel Wasser über uns ausgießest? Am folgenden Tage kamen sie nach Lolta [= Druck, weil der hier über sie ausgeschüttete Regen sie niederdrückte]. Nachdem sie sich zum Schlaf niedergelegt hatten, erhob sich Kantjira, die „weiße Wolke" und fuhr auf; er öffnete seinen Sack, worauf ein solcher Regen niederströmte, daß in allen Wasserläufen sich große Wasserfluten hinabwälzten. Die drei schlafenden Regen-Männer richteten ihre Augen erschrocken zum Himmel und riefen:

¹) Irétatja = eine lange schwarze Cikade, urba = Rückgrat.
²) ragatia, von ragata (SD) = Mund, weil sich dort eine Felsenhöhle mit einem maulförmigen Eingang befindet.
³) Der Donner ist das Gebrüll der Regen-Männer, weshalb der Aranda noch heutzutage sagt: kwatjinkama d. h. der Regen [Mann] sagt = es donnert. Nach einer anderen Tradition wird der Donner durch die Kaulquappen (mbobulja) hervorgerufen, die während des Regens geräuschvoll auf den Wolken hin- und herlaufen und mit dem Regen auf die Erde fallen.

Kantjirai, unta ntauna laka? unta matja knara etai!
O Kantjira, du wohin giugst? du Feuer groß anzünde!

d. h. O Kantjira, wo bist du hingegangen? zünde ein großes Feuer an! worauf Kantjira in der Luft brüllte: Wuu . . [Nachahmung des Donners]. Ermüdet von ihrer Wanderung kamen sie in die Nähe von Ntakatna, wo viele Regen-Männer wohnten, deren Häuptling Kararinja [der auf der Ebene Wohnende] war. In der Nacht stiegen Kantjira und Ltala zum Himmel auf und öffneten unter furchtbarem Gebrüll ihre Säcke, worauf ein wolkenbruchartiger Regen herniederrauschte, der alle Flußläufe mit ungeheuren Wassermengen erfüllte. Sie riefen den beiden Regen-Häuptlingen zu, herunterzukommen. Bald wälzte sich eine hohe Flut heran, die alle Regen-Männer hinwegschwemmte nach Ntakatna, wo sie in die Erde gingen (irbalakalaka) und in einen großen weißen durchsichtigen Stein verwandelt wurden, der sich noch jetzt in Ntakatna findet. Dieser Stein wird mit der Hand gerieben (turuma), wenn die dem Regen-Totem angehörigen Männer Regen hervorbringen wollen.

Anmerkung. Diese Tradition will offenbar eine Erklärung des Gewitters geben und beruht auf Beobachtungen dieser Naturerscheinung. Zuerst sieht man das Wetterleuchten im Westen, von wo gewöhnlich die schweren Gewitter heraufziehen; oft blitzt es gleichzeitig im Osten oder an anderen Stellen des Horizontes. Dann steigt eine kleine Wolke (Itala) auf, die immer näher kommt; sobald sich diese mit den von Westen kommenden Gewitterwolken vereinigt [umarmen], entlädt sich das Gewitter. Die atua kwatja sind ebenfalls altjirangamitjina, ihre Seelen sind an den Stellen, wo sie unter die Erde gegangen sind und ihre Körper zu Steinen wurden, noch vorhanden. Wird solch ein Stein gerieben, so steigt der atua kwatja aus der Erde hervor und schüttet seinen Regensack aus; sein Brüllen ist der Donner. Siehe auch pag. 27, Anm. 3. Der Eingeborne kennt keine Furcht vor Donner und Blitz; bei den dröhnendsten Donnerschlägen bricht derselbe oft in ein ausgelassenes Gelächter aus. Es ist auch wohl selten der Fall gewesen, daß ein Eingeborner vom Blitz erschlagen worden ist.

Der Regenbogen (mbulara) ist ein Mann, der für gewöhnlich in der Erde unter großen Lehmebenen wohnt. Wenn es ihm im Boden wegen des eindringenden Regens zu naß geworden ist, kommt er, nachdem er seinen Körper mit Farbe schön geschmückt hat, aus der Erde hervor. Der untere Reflex des Regenbogens ist sein Schwager (mbana), während der obere Abglanz seine Schwiegermutter (marra) vorstellt. Stellt sich der Regenbogen-Mann am östlichen Himmel auf, so vertreibt er den Regen; erscheint er dagegen im Süden oder Westen, so kündet er mehr Regen an.

10. Die zwei pattantjentja-Totem-Götter.

In der ältesten Zeit, als die Menschen noch zusammengewachsen (manerinja) waren und ein elendes Dasein führten, lebten in der Nähe der Finke Gorge, bei dem heutigen Knaritjalutna [des Vaters Stirn] zwei pattantjentja[1])-Männer. Dieselben verfertigten sich lange tjurunga-Hölzer, tnamura genannt; auch brachten sie Schilf und Rohr hervor, dessen Wurzeln sie zerklopften und zu Brot verbackten. Als sie sich einmal von ihrem Lagerplatz entfernt hatten, erblickten sie in einem Erdloch eine große Schlange, utnéa[2]) genannt. Sinnend stellten sie sich davor, drehten ihren Bart und denselben in den Mund nehmend,

---

[1]) pattantjentja ist ein kleiner, weiß und schwarz gefiederter, elsternartiger Vogel, der sich in der Nähe von Wasserlöchern aufhält und sich von Insekten und Käfern nährt. Derselbe klebt sein Nest aus Lehm (alarkna) an die Zweige der hohen Bäume (mud-mag-pie).
[2]) utnéa ist eine ca. 4 Fuß lange, gestreifte Schlange mit sehr kleinem Kopfe, nicht giftig.

bissen sie ihn nachdenklich. Dann gingen sie zu ihrem Lagerplatz zurück und kehrten mit zwei tjurunga inamura zurück, spuckten sich in die Hände und versuchten, die Schlange aus dem Loch zu ziehen, was ihnen jedoch nicht gelang; die Schlange zog sich vielmehr noch tiefer in das Loch hinein. Hand in Hand gingen die beiden pattantjentja-Männer nach ihrem Lagerplatz zurück und aßen manna inkua [Brot aus Schilfwurzeln]; alsdann kehrten sie mit einer Mulde (tmara) zu dem Ort zurück, wo sich die Schlange aufhielt und erweiterten mit der Mulde den Eingang des Loches. Als sie hineinsahen nahmen sie wahr, daß die Schlange noch tiefer hineingekrochen war. Wieder gingen sie nach Knaritjalutna zurück, um Nahrung zu sich zu nehmen. Bei ihrer Rückkehr bemerkten sie, daß die Schlange am Eingang des Loches lag. Sie stießen mit dem tjurunga-Holz nach der Schlange, die sich zurückzog, worauf eine andere, kleine Schlange herauskam, die sie erschlugen und in ihren Lagerplatz trugen. Dort brieten sie dieselbe und gaben das halb-rohe Fleisch derselben den rella manerinja [zusammengewachsenen Menschen], während sie sich mit dem Kopf und der Leber begnügten. So töteten sie viele kleine Schlangen nach-einander, mit deren Fleisch sie die unentwickelten Menschen ernährten. Eines Tages, als sich die Schlange tief in ihr Loch zurückgezogen hatte, verstopften sie den Eingang zu demselben und gruben an einer Stelle nach, wo sie die Schlange vermuteten; bald er-blickten sie auch die Schlange. Die beiden waren jedoch nicht im stand, die Schlange herauszuziehen; dagegen erschlugen sie wieder eine kleine Schlange, mit der sie auf die oben beschriebene Weise verfuhren. Als sie sich wieder an den Lagerplatz begeben hatten, sahen sie an Stelle der utnéa eine sehr lange Schlange mit schwarzem Kopf, njuratja genannt, die sehr giftig ist. Dieselbe erschlugen sie, brieten sie in ihrem Lagerplatz und gaben das Fleisch derselben den rella manerinja. Hierauf begaben sie sich wieder an den Schlangenplatz und erblickten die utnéa-Schlange am Eingang des Loches; schnell gruben sie mit ihrer Mulde nach, packten die Schlange an und zogen dieselbe mit Aufbietung aller ihrer Kräfte aus dem Loche; dieselbe war von ungeheurer Länge. In dem Loche aber erblickten sie einen kelupa[1])-Mann, der die utnéa-Schlange gehalten hatte. Nachdem die beiden pattantjentja-Männer die letztere herausgezogen hatten, verschwand der Schlangen-Mann im Boden und bildete dort einen kelupa-Totem-Platz; an der Stelle, wo die patt-antjentja die Schlangen gebraten haben, findet sich jetzt ein tiefes Wasserloch, das niemals austrocknet; dasselbe wird Uratangatanga[2]) [Feuerplatz] genannt. Die pattantjentja-Männer gingen nach Knaritjalutna[3]) zurück, wo sie in zwei Felsen verwandelt wurden, deren „Stirnen" noch heute in Gestalt von zwei aus dem Flußbett hervorragenden Felsen zu sehen sind.

II. Die Göttin Alknununja.

In der ältesten Zeit, als noch alle Känguruhs (ara = das rote und aranga = das graue Känguruh) und Wallabys (aroa) blind waren, lebten am Fuße des MtGiles in den nördlichen McDonnell Ranges zwei Känguruh (aranga[4])-Männer und eine alte blinde Göttin

---

[1]) kelupa eine lange, schwarze Schlange, giftig.

[2]) Uratangatanga, abgeleitet von ura = Feuer und etama = anzünden.

[3]) Knaritjalutna, von knaritja = Vater und lutna, latna = Stirn. Die beiden Felsen im Flußbett stellen die Stirnen derselben vor, während ihr Körper in der Erde verborgen ist.

[4]) Macrópus robustus Gould.

(tnéera) namens Alknununja[1]), d. h. die Trieläugige. In der Nähe ihres Lagerplatzes
befand sich ein tiefes Felsenwasserloch, das noch jetzt Tjauatjitnina[2]) d. h. das Wild fällt
hinein, genannt wird, da eine große Anzahl der blinden Känguruhs, die dort ihren Durst
stillen wollten, hineinfielen. Während die blinde Göttin immer im Lagerplatz sitzen blieb,
gingen die beiden Känguruh-Männer, die sie Ierra [Neffe] nannte, auf die Jagd und erschlugen mit ihren Stöcken (tnauia) viele graue Känguruhs (aranga). Nachdem sie das
Wild ausgeweidet (tnenaka) hatten, kochten sie das Fleisch und trugen es auf ihrem Kopf
nach dem Lagerplatz, wo sie der blinden tnéera die beiden Seitenstücke (ulta) und nur
sehr wenig Fett gaben. Als sie eines Tages in der Nähe viele Känguruhs mit ihren
Stöcken erschlagen hatten, sagte der jüngere Bruder (itia) zu dem äteren (kalja): Trag du
das Fleisch heim, ich werde bald nachkommen. Der jüngere Bruder kam darauf zu einer
Steinhöhle, in der er ein großes graues Känguruh erblickte. Nachdem er dasselbe gespeert
hatte, briet er es und fand, daß es sehr fett war. Spät abends kam er mit seiner Beute
zum Lagerplatz, wo er der blinden Göttin die beiden Seitenstücke und das Netzfett (ibarkna)
gab, das sie zuerst beroch und während die beiden Männer schliefen, sich damit das
Gesicht einrieb, worauf sie sehend wurde. Nun blies sie die im Lagerplatz liegenden
Känguruhknochen an und bespuckte sie, was zur Folge hatte, daß alle Känguruhs und
Wallabys sehend wurden und geräuschvoll davonsprangen. Als die beiden Männer in der
Nacht das durch den Fußaufschlag der Känguruhs hervorgerufene Geräusch hörten, wußten
sie sogleich, was geschehen war und faßten den Entschluß, die tnéera zu töten. Letztere
jedoch rief am nächsten Tage dieselben zu sich und hatte geschlechtlichen Verkehr mit
den beiden Neffen. Als Geschenk gaben sie der tnéera Speere (tjatta), Speerwerfer
(mēra) usw., während sie den beiden Männern zeigte, wie sie in Zukunft die nun sehenden
Känguruhs mit dem Speer erlegen könnten. In der Nacht, als alle schliefen, kam ein Sturm
einhergebraust, der den beiden Känguruh-Männern den Verstand raubte (itilaka), so daß
sie auf den hohen Berg [den MtGiles] liefen und heulten (jurankaka) wie der Sturm.
Als die alte Göttin, von dem Geheul aufgeweckt, die beiden Männer nicht im Lagerplatz
finden konnte, ergriff sie ihren Kopfschmuck (kanta) und eine lange Schnur (lipa) und lief
hinter ihnen her, indem sie ihnen zurief:

mbala itja tjenjeriritjika, mbala dorradorra nala naritjika!
ihr beide nicht hoch werdet, ihr beide niedrig hier sein sollt!

das heißt: Steigt nicht so hoch hinauf, sondern bleibt hier unten! Sie band darauf die
beiden Männer mit ihrer Schnur zusammen, worauf alle drei in Felsen verwandelt wurden.

12. Die Göttin Kaiala.

Auch alle Emus (ilia) waren am Anfang blind. Damals lebten in Umbañi,[3]) einem
Platz im fernen Südwesten, zwei indatoa oder „schöne" Männer mit ihrer blinden Tante,
der Göttin Kaiala, d. h. die Einsame. Die beiden indatoa gingen jeden Tag nach einer
andern Richtung auf die Jagd und erschlugen mit ihren Stöcken viele Emus. Darauf
machten sie Gruben in den Boden, in denen sie die Emus brieten. Nachdem sie zunächst

---

[1]) alknununja, von alkna = Auge und nununja = fließend, triefend.
[2]) tjauatjitnina, von tjauatja = Wild und tnina = fallen, hineinfallen, herunterfallen.
[3]) Umbañi, abgeleitet von umba = Urin, wird dieser Platz genannt, weil die Emus nach der
Tradition hier Harn gelassen haben.

die Eingeweide gegessen hatten, zogen sie ein Emu ab (bailkiuka), zerbrachen die Beine (lupara mbakaka) und das Rückgrat (urba ultakaka) desselben, legten das gekochte Fleisch auf grüne Zweige und verzehrten dasselbe. Die übrigen erlegten Emus banden sie zusammen, legten sich eine aus Gras zusammengedrehte, kranzförmige Unterlage, (nama ntjama)[1]) genannt, auf den Kopf, auf welcher sie ihre Beute heimtrugen. Der Kaiala gaben sie zwar genügend Fleisch, doch nur ein wenig Fett. Eines Tages verspäteten sie sich auf der Jagd und kamen erst nach Einbruch der Nacht heim; aus Versehen (balba) gaben sie der blinden Göttin ein weibliches Emu, das sehr fett war. Nachdem die Göttin das Fleisch gegessen hatte, entfernte sie sich vom Lagerplatz, kam jedoch bald wieder zurück, da sie sich einen Ast ins blinde Auge gestoßen hatte, so daß viel Wasser (alknolja = Träne) aus demselben floß. Sie salbte deswegen ihre Augen mit Fett ein und — wurde sehend. Als sie die fetten Emus im Lagerplatz erblickte, sprach sie vorwurfsvoll zu den beiden Männern: Ihr habt mir immer die fetten Emus vorenthalten, deshalb sollen von jetzt an alle Emus sehend werden. Mit diesen Worten ergriff sie einige Emuknochen, blies dieselben an und bespuckte sie. Sofort wurden alle Emus sehend und entfernten sich von diesem Platz, indem sie grunzende (nturuma) Laute von sich gaben. Als die beiden Männer am nächsten Tag wieder auf die Jagd gingen, liefen alle Emus davon, so daß sie ohne Beute zurückkehren mußten. Die Göttin Kaiala war unterdessen nach Westen gewandert und gelangte nach Wottarka.[2]) Am nächsten Tage verließen die beiden Brüder sehr früh mit Speeren bewaffnet den Lagerplatz und sahen ein männliches Emu, das die auf eine Unterlage von Gras, ntjinbinha genannt, gelegten Eier bebrütete. Der jüngere Bruder speerte das Emu in die Seite, das mit dem Speer davonlief. Die beiden indatoa-Männer verfolgten dasselbe und kamen mit Einbruch der Nacht nach Auuru,[3]) wo der ältere Bruder zum jüngeren sagte: Ich bin müde, ich kann nicht weiter; verfolge du das Emu! Der jüngere Bruder verfolgte dasselbe bis nach Ilarara[4]) [Binsen], wo der in der Seite des Emu haftende Speer abbrach und der indatoa-Mann das Emu einholte und mit einem Stock erschlug. Während er Feuer rieb (manpa woka)[5],) um das Emu zu braten, kam ein häßlicher Mann, leketaleka[6]) genannt, herangeschlichen und raubte ihm seine Beute. Zornig kehrte der indatoa-Mann um, nahm die im Emunest liegenden Eier und nachdem er seinen Bruder getroffen hatte, kehrten beide nach Umbañi zurück. Bald sahen sie viele leketaleka-Männer, mit Beute beladen, vorüberziehen; einer von ihnen trug auch das von dem indatoa-Mann erlegte Emu. Unwillig wandten sich die beiden indatoa-Männer ab und wurden, müde (borka) von der langen Wanderung, in Stein-tjurunga verwandelt (talkaréraka = zu Stein-tjurunga wurden).

13. Ngalunkuna kommt zu den rella ngantja.

In der alten Zeit hatten die in der Erde wohnenden Leute (rella ngantja) kein Feuer und mußten das Fleisch roh verzehren. Da ging eines Tages ein Mann, mit Namen

[1]) nama = Gras, ntjama = Unterlage, untergebreitet.
[2]) wottarka (L) = terka (A) Strauch mit langen, schmalen Blättern und gelben Blüten.
[3]) auuru (L) = imbara (A) = Zeichen, d. h. die mit Kohlen gezeichneten schwarzen Streifen, die sich die Emu-Männer auf dem Körper anbringen.
[4]) ilarara, jetzt larrabilarra = Binsen, die sich an diesem Platz finden.
[5]) manpa = die ersten Funken, die beim Reiben (woma) des Feuers auf das dürre Gras fallen.
[6]) leketaleka, häßliche, auf dem ganzen Körper behaarte Menschen mit einem steißartigen anus (wie bei Vögeln); letzteres ist die Bedeutung von leketaleka.

Ngalunkuna, d. h. Funke auf die Jagd und warf seinen Speer nach einem Wallaby (aroa), das mit dem Speer in der Seite davonlief. Ngalunkuna verfolgte dasselbe, bis es plötzlich in einem tiefen Loch verschwand. Der Verfolger legte seinen Speerwerfer (mēra) am Eingang des Loches nieder und ließ sich hinab. Er fiel immer tiefer, bis er an den Aufenthaltsort der rella ngantja gelangte, wo er von den dort anwesenden Frauen aufgefangen wurde. Er ging mit ihnen zum Weiber-Lagerplatz (tmara lukura), wo er sein angespeertes Wild fand. Als er mit demselben an die Oberwelt zurückkehren wollte, fand er den Ausgang verschlossen. Bald kehrten die atua ntjantja von ihrem Streifzug zurück und verzehrten das mitgebrachte Wild roh. Verwundert fragte Ngalunkuna zwei der anwesenden Frauen, ob sie hier kein Feuer hätten. Als sie diese Frage verneinten, ließ er sich einen Speerwerfer geben, machte auf der konvexen Seite desselben einen kleinen Einschnitt, legte trockenes Gras in letzteren und fing an, mit einem Stock von Mulga (ititja) in diesem Einschnitt hin und her zu reiben. Verwundert sahen ihm alle unterirdischen Leute zu. Als aber die ersten Funken in das dürre Gras fielen und er das Feuer durch Hin- und Herschwenken anfachte, liefen alle entsetzt davon. Ngalunkuna erklärte ihnen hierauf, daß dies Feuer sei und daß sie mit Hilfe desselben ihr Fleisch schmackhafter machen könnten. Als er seinen Wunsch aussprach, wieder in seine Heimat zurückzukehren, hieben die atua ngantja eine sehr lange Stange ab, an der er hinaufkletterte und wieder zu seinem alten Lagerplatz gelangte.

14. Ara, das göttliche Känguruh.

Ara[1]   tmara   Garrantjala[2]) naka patta Tjoritjanga[3]) untuara. Era pitjalbuka
Das Känguruh Lagerplatz in „Wild-Fett" war Berg „Gebirgszüge" jenseits.   Es kehrte zurück

jiraranga   karala,   era manna tnelja[4]) raka. Era iltja[5])   alauna renitjilbanaka, era
vom Norden auf der Ebene, es Pflanzenkost tnelja   sah.   Es Hände auf die Erde niedersetzte   es

manna mbakaka. Era ngurangurala pitjika Tnauutauna,[6]) era tmara tnatjalbuka[7]). Atua
Pflanze abbiß.   Es   gegen Abend kam nach Tnauuta, es Lagerplatz kratzte.   Mann

Ilbaltjala[8]) erina lunaka; atula   ritjilaka[9]),   ara   ankua indamanga. Era ramala,
Ilbaltja   es   jagte der Mann sehend kam Känguruh schlafend liegend.   · Er gesehen habend,

---

[1]) ära ist Macropus rufus Désm. Da dieser Totem-Gott in Känguruh-Gestalt umhergewandert ist, so wird von ihm als von einem wirklichen Känguruh gesprochen.

[2]) garrantja, kontrahiert aus garra = Fleisch, Tier, Wild und antja = Nierenfett, bedeutet: das Nierenfett des Wildes, nämlich des Känguruh-Totem-Gottes, das sich an diesem Ort findet.

[3]) tjoritja bedeutet: einzelne Gebirgszüge aus denen in der Tat die McDonnell Ranges bestehen, im Unterschied von den mehr einheitlich gestalteten Krichauff Ranges, welch letztere uruna d. h. Gebirgskette genannt werden.

[4]) tnelja ist eine Pflanze, die wie die Winde auf dem Boden rankt und von den Känguruhs gern gefressen wird. Manna ist ein vielumfassender Begriff und bezeichnet alle Pflanzenkost, mag dieselbe in Blättern, Knollen, Früchten oder Brot bestehen.

[5]) Die Vorderfüße eines Tieres werden iltja = Hände genannt.

[6]) tnauuta ist eine hohe Baumart, die sich an diesem Platze findet.

[7]) tnatjalbuka ist zusammengesetzt aus tnama = graben, kratzen und albuma = umkehren, heimkehren, tnatjalbuma = er kratzte auf seiner Heimkehr.

[8]) ilbaltja, zusammengesetzt aus ilba = Ohr und altjura = offen, bedeutet offenes Ohr, weil er sehr klug war.

[9]) ritjilaka, zusammengesetzt aus rama = sehen und lama = gehen, era ritjilaka = er ging und sah.

era ingutnala erakalalalaka.   Era raka   ara kameralbanakala.   Arala   atuna
er morgens sich heranschlich. Er sah   Känguruh aulgestanden war. Das Känguruh den Mann

ramala   era   teralaka,   era   karala   antakarakua laka;   atula   kuta erina
geschen habend es furchtsam lief, es auf der Ebene nach Süden ging; der Mann immer es (acc.)

lunaka.   Arala manna tnelja wotta   ritjilaka; nana   ilkumala   era tjilaraka   atua
verfolgte. Känguruh Pflanze tnelja wieder sehend kam; dieses gefressen habend es umsehaute Mann

itinja pitjimanga.   Ara   wotta antakarakua tnanbatnanbalbuka, era patta itinja raka, Itirka[1])
nahe kommend. Känguruh wieder nach Süden   hüpfte;   es Berg nahe sah, Itirka

retna ekura; era Itirkauna ngurangurala pitjika.   Era tmara ipita tnatjalbuka, era indaka,
Name sein; es nach Itarka gegen Abend kam.   Es Lagerplatz tief   kratzte,   es   lag,

atua itinja indaka. Ingutnala   ara   pattala   injentjika, era kara kurkauna tnanbuka,
Mann nahe lag.   Morgens Känguruh auf dem Berg heraulstieg, es Ebene in kleine   sprang,

era pitjika tmara   Iltarapattauna.[2]) Era manna tnelja ilkuka, era kuta natnawuka.
es kam Lagerplatz nach „Weißer Berg". Es Pflanze tnelja fraß, es immer weiterhüpfte.

Ingula era wotta tmara tnatjalbuka; atua itinjindora indaka. Ara kameralbanamala,
In der Nacht es wieder Lagerplatz kratzte; Mann sehr nahe lag. Känguruh aulgestanden seiend

manna tnelja ilkuka; atula   tueljilaka,   era manjerkulawuka, ara parpa indora lamanga.
Pflanze tnelja fraß; Mann legte Speer zurecht, er   vorbeiwarf, Känguruh schnell sehr gehend.

Ara anbara ulbaiala tnanbatnanbalbuka Mbularakana[3]) tmarauna. Arala   kwatja
Känguruh weiter in dem Creek hüpfend lief   Regenbogen — nach Platz. Känguruh Wasser

njumala, era karala   parpa indora laka; era ritjilaka nama kemba.[4]) Ngurangurala
getrunken, es aul der Ebene schnell sehr ging; es sah Gras Strohblume. Gegen Abend

ilkumala   era tmara ekura tnatjalbuka, era ankuka iwulitnanaka.   Ara
gefressen habend, es Lagerplatz sein   kratzte es zum Schlaf sich niederwarf. Känguruh

lentara   kameralalaka, era manna ilkumanga   lanbanga   tjilararaka,
früh [vor Sonnenaufgang] stand auf, es Pflanze fressend durch die Achselhöhle sich umschaute

atua itinjindora pitjimanga. Atula   tueljilamala,   ara   parpa laka; atua
Mann sehr nahe kommend. Mann Speer zurecht gelegt habend, Känguruh schnell ging; Mann

tnaueraka, era ankaka: apú!   Ara pitjika   Terkilarrauna,[5])   era manna tnelja
war enttäuscht er sagte: o weh! Känguruh kam nach der „grünen Creek", es Pflanze tnelja

---

[1]) itirka = terka, eine Strauchart mit ovalen Blättern, der dort wächst [L: watarka].

[2]) iltarapatta, von iltara = weiß und patta = Stein, Fels, Berg, bedeutet: Weisser Berg.

[3]) mbularakana, von mbulara = der Regenbogen, der nach der Tradition auf dem dortigen Platz gestanden hat.

[4]) kemba ist eine Art Strohblume, die nach einem Regen üppig hervorschießt und ein vortreffliches Futter bildet.

[5]) terkilarra, wörtlich: terka = grün und larra = Fluß, diese Creek ist ein Nebenfluß des Hugh-River

3

ilkumala inkanjala, era parpa indora pitjika Kaltanga[1])   tmarauna: atua inkana indora
gefressen am Mittag, es schnell sehr   kam „Kopfhaar" nach Lagerplatz; Mann zuletzt   sehr

pitjika.   Ara   ankua indaka; atua itinjindora indaka.   Atua kameralalaka ingutnala
kam.   Känguruh schlafend   lag; Mann   nahe sehr   lag.   Mann   erhob sich   morgens

indora; arala   manna   kemba   ilkumala,   atula   tjattana   alalelaka,[2])   era
sehr; Känguruh Pflanze Strohblume gefressen habend, Mann den Speer mit Erde rieb,   er

tueljilaka,   ntainitjika pitjika. Arala erina itinja indora tjilarelalaka. Atula
legte Speer zurecht,   zum Speeren kam. Känguruh ihn nahe sehr   beobachtete.   Mann

tjatta manjerkuka.   Ara   pattala   injentjika, era karantaka[3]) raka, era lulitjikalaka
Speer vorbeiwarf.   Känguruh auf dem Berg stieg,   es Ebene weite sah,   es   stieg herab

tjaiala,   alauna   tnanbuka tuta. Atula wotta kataraka, era ara mburka raka.
auf dem Wege, auf den Boden sprang auch. Mann wieder sah herunter, er Känguruh Körper sah.

Arala manna tnelja ilkumala Indanjinta[4]) tmela,   era ipita knara tnatjalbuka.
Känguruh Pflanze tnelja gefresen habend Indanjinta im Lagerplatz, es Loch groß   kratzte.

Atula nala tjurunga   kaputala ngaka; era ultutjeraka, wotta   tueljilaka,
Mann hier eine tjurunga auf dem Kopf trug; er Arm ausstreckte, wieder Speer zurecht legte,

manjerkuka tuta.   Ara laka tirkala,   era ulbaia kurkauna tnanbuka. Manna tnelja
warf vorbei auch. Känguruh lief auf Sandhügeln, es Creek in eine kleine sprang.   Pflanze tnelja

ngurangurala ilkumala,   era   pattintaiala   pitjintjika, era wotta ilirtja tnatjalbuka
gegen Abend gefressen habend, es in einem Gebirgstor ankam,   es wieder Grube kratzte in

Tnentinbakanala.[5]) Atua reoa itinjala pitjika; era ngalabuka tnauia, tjatta, tjurunga ninta
Tnentinbakana.   Mann Eingang nahe   kam; er trug bei sich Stock, Speer, tjurunga eine

tuta. Atua   indamala,   era kameralalaka, tjattana era wotta alalelaka; era
auch. Mann gelegen habend, er stand auf, den Speer er wieder mit Erde rieb; er

tueljilaka,   ara patta knarala injentjika.   Arala patta katninganga karantaka
Speer zurechtlegte, Känguruh Berg auf großen stieg.   Känguruh Berg von oben Ebene weite

raka. Era lulitjikalaka, era alauna tnanbunaka. Atula raka,   ara longa indora
sah. Es stieg herab, es auf die Erde sprang. Mann sah Känguruh weit sehr

lamanga. Arala patta kurka katningala worraworra[6]) ilkumala, inka ltoreraka, era ala
gehend. Känguruh Berg klein auf oben   worraworra gefressen habend, Fuß aufschlug, es Erde

[1]) kaltanga, jezt kaltala = Kopfhaar, weil dort in alter Zeit ein atua kutata mit langem Haar
sich aufhielt.
[2]) Der Speer wird mit Erde abgerieben, damit er nicht ausgleitet.
[3]) kara = Ebene, antaka = weit, kontrahiert: karantaka.
[4]) indanjinta, zusammengesetzt aus indama = liegen und jinta [jetzt junta] = Höhle, Vertiefung
im Boden, in der der Eingeborene schläft, indanjinta = vertiefter oder ausgehöhlter Schlafplatz. Platz in
der Nähe von Owen Springs.
[5]) tnentinbakana, von tnenta [OD] Fett, inbakana = zurückgelassen, weil das göttliche Känguruh
dort etwas Fett zurückgelassen hat, das tjurungeraka d. h. in Stein verwandelt worden ist.
[6]) worraworra [wörtlich: Knabe-Knabe] ein kleiner, auf Steinebenen wachsender Busch mit bläu-
lichen Blättern und zarten lila Blüten, „der Knabe" unter den Pflanzen.

urtnakaka tmela Ultunda-takalaka.[1]) Era tmara ekura ipitilaka, atua itinja indaka
lockere abtrat im Platz „Brocken-Abbruch". Es Lagerplatz sein tief machte, Mann nahe lag

ngaiala indora. Ara ingutnala kameralalaka, atula tnaûia iwutjika bulalabulaleraka,
hungrig sehr. Känguruh morgens aufstand, Mann Stock zu werfen (in die Hand) spuckte,

ara parpa indora laka; patta kurkanga era ulbaia knara katarakala, era ulbaiuna
Känguruh schnell sehr ging; Berg vom kleinen es Creek großen hinuntersah, es in den Creek

pitjikalaka. Atula raka, ara longa indora lamanga ulbaiala. Ara ngurangurala
hinunterging. Mann sah, Känguruh weit sehr gehend in dem Creek. Känguruh gegen Abend

manna ilkuka, atua nana ngaiala indora, borka tuta naka. Arala tmara ipita indora tnatjalbuka,
Pflanze fraß, Mann dieser hungrig sehr, müde auch war. Känguruh Lager tief sehr kratzte,

atula ingutnala tueljilaka, era manjerkuka. Ara pitjika ulbaiala Intéera[2]) tmarauna,
Mann morgens Speer zurechtlegte, er vorbeiwarf. Känguruh kam in den Creek „Höhle" nach Lagerplatz.

Tunganga[3]) nankara; atua borka indora, tjinba indora, ngaiala indora tuta naka. Tana
von „Vielleicht" diesseits; Mann müde sehr, langsam sehr, hungrig sehr auch war. Dort

ajua ntjara nariraka, etna wulta naka ala nankamanga. Ajua arbuna araltaka:
alte Männer viele waren, sie hörten Erde stampfend. Alter Mann anderer beschwichtigte:

Rankara tjukunjerarirai! ivuna nankamai nuna wurireai! Etna kankueraka, etna ankariraka:
Ihr ruhig seid! Was Stampfen wir hören wollen! Sie horchten, sie sagten:

Nturba jiraranga nankinjalbuma. Etna rala nariraka ara takaratungana, mburka nana
Gewiß von Norden Stampfen herkommt. Sie sahen Känguruh ungeheuer groß, Körper dieser

tataka. Arala ipita knara indora tnatjalbuka, era ankuka iwulitnanaka. Atua ntjarala
rot. Känguruh Loch groß sehr kratzte, es zum Schlaf sich niederwarf. Männer viele

tnaûia inala nariraka, iltja bulalabulalerala nariraka, etna ankariraka: Nuna tnaûialela tulta
Stöcke nahmen, Hände spuckten, sie sagten: Wir mit Stöcken nicht

nitjala imbeai! Etna itinja indora lariraka, tangitja pitjiriraka, ara kwana indora ankuindaka.
schlagen laß sein! Sie nahe sehr gingen, umstellend kamen, Känguruh drinnen sehr schlief.

Etna inkarakala arana erkula nariraka, nintala tjorrana erkuka, arbunala inangana erkuka,
Sie alle das Känguruh umfaßten(erfaßten), einer das Bein umfaßte, anderer Arm umfaßte,

arbunala kaputana erkuka, ara nana mainitjika. Atula nana ara lunanala, ulbmunta
anderer den Kopf umfaßte,Känguruh dieses um festzuhalten. Mann, dieser Känguruh gejagt, Staub

knara raka; era itinja pitjika; era ritjilaka, knaribata ntjarala arana erkuriramanga. Era tjatta
groß sah; er nahe kam; er sah alte Männer viele das Känguruh umfassend. Er Speer

inkainaka, era mēra renaka, era tnaûia tjurunga tuta inkainaka. Atua nala arana
aufstellte, er Speerwerfer hinlegte, er Stock tjurunga auch aufstellte. Mann dieser das Känguruh

---

[1]) ultunda-takalaka, zusammengesetzt aus ultunda = Brocken [Erde] und ultakalama = abbrechen.
[2]) inteera, jetzt intia = Höhle, die sich dort findet, in der jetzt viele tjurunga aufbewahrt werden.
[3]) Tunga s. pag. 8, Anm. 2.

erkuka tuta.   Arala   atua inkarakana alauna laleragunaka; atua inkaraka tjurungeraka,
umfaßte auch. Das Känguruh Männer   alle   in die Erde stampfte; Männer alle tjurunga wurden.

ara   tuta tjurungeraka.   Nana Intéera   tmara.
Känguruh auch tjurunga wurde. Dieses „Höhle" Lagerplatz.

Freie Übersetzung. Ein Känguruh hielt sich an dem Orte Garrantja auf, jenseits der
McDonnell Ranges. Es kehrte vom Norden auf einer Ebene zurück, wo es tnelja-Büsche sah. Es stellte
seine Vorderfüße auf den Boden und biß die Pflanze ab. Es kam gegen Abend nach Tnauuta, wo es
sich ein Lager zurechtkratzte; ein Mann namens Ilbaltja jagte dasselbe. Der Mann fand bei seiner Ankunft das Känguruh schlafend. Nachdem er es gesehen hatte, schlich er sich morgens an dasselbe heran
und fand, daß sich das Känguruh erhoben hatte. Nachdem das Känguruh den Mann gesehen hatte, floh
es und lief auf der Ebene nach Süden; der Mann verfolgte immer dasselbe. Das Känguruh sah wieder
tnelja-Büsche; nachdem es diese gefressen hatte, schaute es sich um und sah, daß der Mann in die
Nähe kam. Das Känguruh lief hüpfend weiter nach dem Süden, und sah in der Nähe einen Berg, namens
Itirka; es kam nach Itirka gegen Abend. Es bereitete sich einen tiefen Lagerplatz und legte sich hin,
der Mann, der es jagte, lag ganz in der Nähe. Am Morgen stieg das Känguruh auf den Berg und kam
auf der anderen Seite herab auf eine kleine Ebene, nach dem Platz Iltarapatta. Es fraß tnelja-Büsche,
indem es immer von einem Busch zum andern hüpfte. In der Nacht kratzte es sich wieder sein Lager
zurecht, während der Mann ganz in der Nähe lag. · Nachdem das Känguruh aufgestanden war, fraß es
tnelja-Büsche; der Mann aber legte den Speer in die mēra, warf jedoch vorbei, da das Känguruh sehr
schnell davonlief. Das Känguruh lief in dem Creek weiter nach dem Regenbogen-Lagerplatz. Nachdem
es dort Wasser getrunken hatte, lief es auf der Ebene weiter und fand Strohblumen. Nachdem es diese
gegen Abend gefressen hatte, grub es sich seinen Lagerplatz und warf sich nieder, um zu schlafen. Das
Känguruh stand vor Sonnenaufgang auf und sah sich beim Fressen durch die Achselhöhle nach seinem
Verfolger um und sah, daß der Mann ganz in der Nähe war. Nachdem der Mann den Speer in den
Speerwerfer gelegt hatte, lief das Känguruh fort; der Mann rief enttäuscht: O weh! Das Känguruh kam
nach Terkilarra, nachdem es mittags tnelja-Büsche gefressen hatte, ging es sehr schnell weiter nach
Kaltanga; der Mann kam weit hinter ihm. Das Känguruh schlief dort; der Mann lag ganz in seiner Nähe.
Der Mann erhob sich früh morgens; nachdem das Känguruh Strohblumen gefressen hatte, rieb der Mann
den Speer mit Erde ab, legte ihn in den Speerwerfer und näherte sich, um das Känguruh zu speeren. Das
Känguruh beobachtete ihn ganz in der Nähe. Der Mann warf den Speer vorbei. Das Känguruh stieg auf
einen Berg und erblickte eine weite Ebene; auf einem Pfade stieg es herab und sprang auf den Boden.
Als der Mann später heruntersah, sah er das Känguruh. Nachdem das Känguruh tnelja-Büsche gefressen
hatte in Indanjinta, grub es sich ein sehr tiefes Loch. Der Mann trug hier ein tjurunga-Holz auf dem
Kopf; mit einem Ruck streckte er seinen rechten Arm aus, legte den Speer zurecht und warf vorbei.
Das Känguruh lief über Sandhügel und sprang in einen kleinen Creek hinab. Nachdem es gegen Abend
tnelja gefressen hatte, kam es zu einer Felsenschlucht, wo es sich wieder eine Grube kratzte und zwar
in Tnentinbakana. Der Mann kam an den Eingang der Felsenschlucht, er trug einen Stock, Speer und
eine tjurunga. Nachdem der Mann dort geschlafen hatte, erhob er sich, rieb seinen Speer wieder mit
Erde ab und legte den Speer in die mēra, das Känguruh stieg auf einen hohen Berg, von dessen Höhe
es eine weite Ebene erblickte. Es stieg herab auf die Ebene. Der Mann sah, dass das Känguruh einen
großen Vorsprung vor ihm hatte. Nachdem das Känguruh auf einem kleinen Berg worraworra gefressen
hatte, hüpfte es geräuschvoll weiter und brach lose Erde ab an dem Ort Ultunda-takalaka. Es grub sich
einen tiefen Schlafplatz, während der Mann sehr hungrig in der Nähe lag. Das Känguruh erhob sich am
andern Morgen; der Mann aber spuckte sich in die Hände, um mit seinem Stock dasselbe zu werfen, das
Känguruh lief schnell fort; von einem niedrigen Berg erblickte es einen großen Creek, worauf es sich in
den Creek hinunterbegab. Der Mann sah, dass das Känguruh einen sehr großen Vorsprung vor ihm hatte.
Das Känguruh fraß gegen Abend tnelja-Büsche, während der Mann sehr hungrig und müde war. Das
Känguruh kratzte sich eine sehr tiefe Lagerstätte, der Mann legte am andern Morgen seinen Speer zurecht
und warf wieder vorbei. Das Känguruh lief in dem Creek weiter nach Inteera, diesseits von Henbury; der
Mann war sehr müde, ging sehr langsam, und war sehr hungrig. Dort waren viele alte Männer, welche
den Fußaufschlag eines Känguruhs auf den Erdboden hörten. Ein alter Mann ermahnte sie: Seid ruhig!
Lasst uns hören, was dies für ein Stampfen ist! Sie horchten und sagten: Wahrhaftig, dieses Stampfen
kommt vom Norden. Darauf erblickten sie ein ungeheures Känguruh mit rotem Körper. Dasselbe kratzte

sich ein sehr tiefes Loch und warf sich zum Schlaf nieder. Die Männer ergriffen ihre Stöcke, spuckten sich in die Hände, sagten jedoch: Wir wollen es nicht mit Stöcken erschlagen! Sie gingen hinzu, umstellten es, während das Känguruh drinnen im Loche schlief. Sie alle erfaßten das Känguruh, ein Mann erfaßte das Bein desselben, ein anderer den Vorderfuß, ein anderer den Kopf, um es festzuhalten. Der Mann, der das Känguruh gejagt hatte, sah einen sehr großen Staub; er kam näher und sah viele alte Männer das Känguruh halten. Er steckte seinen Speer in den Boden, legte seinen Speerwerfer hin, stellte seinen Stock und tjurunga-Holz auf und faßte auch das Känguruh an. Das Känguruh jedoch stampfte alle Männer in den Boden, worauf alle Männer in tjurunga verwandelt wurden, das Känguruh auch. Dies geschah zu Tneera.

15. Das rote und das graue Känguruh (ara aranga¹) tara²)).

Ara naka jirarala Tatitja³) tmela, aranga tuta tana naka. Eratara
Rotes Känguruh war im Norden Tatitja im Lagerplatz graues Känguruh auch dort war. Sie beide

pitjintjiraka antakarakua, eratara manna mbangara⁴) kuta mbakala naraka, ilkula naraka tuta.
kamen nach Süden, sie beide Pflanze mbangara immer abbissen, aßen auch.

Eratara tmara Albolauna⁵) pitjintjiraka. Eratara ipita knara ankuka tnatjalburaka, eratara
Sie beide Lagerplatz nach Albola kamen. Sie beide Loch groß zum Schlaf kratzten, sie beide

inditneraka tuta. Atua tara inkana pitjilaraka, atua tjilparatjilpara,⁶) eratara tjatta
lagen auch. Männer zwei zuletzt kamen, Männer Tjilparatjilpara, sie beide Speer

tueljitjalaraka. Eratara itinja wara pitjilaraka, arangala arana kamalelaka, eratara
in die mēra legten. Sie beide nahe nur kamen, graues Känguruh rote Känguruh weckte, sie beide

purpa arirala naraka. Eratara itinja wara pitjilaraka patta-ntaritja knarauna, Latarka⁷) retna
schnell rannten. Sie beide nahe nur kamen Berg steil zum großen, „Grüne Stirn" Name

ekura, eratara patta itéela manna mbangara kurka ilkula naraka. Gurungatjina eratara
sein, sie beide Berg am Abhang Pflanze mbangara klein fraßen. Darauf sie beide

tmarauna Ntakitjia⁸) pitjintjiraka, tana knulja kutata ntjara nariraka. Knuljala arana,
nach Lagerplatz „Rippe" kamen, dort Hunde ewige viele waren. Hunde das rote Känguruh,

arangana tuta rakalanga, etna erinatara lunariraka; etna arangana utnula
das graue Känguruh auch gesehen habend, sie die beiden verfolgten; sie das graue Känguruh bissen,

¹) Aranga ist das graue, auf Bergen sich aufhaltende Känguruh, Euro genannt (Macropus robustus Gould).
²) Ara aranga tara heißt wörtlich: das rote Känguruh, das graue Känguruh [die] zwei (tara).
³) tatitja, hergeleitet von tata = naß, feucht, bedeutet der nasse Platze. Dieser Ort liegt nördlich vom MtSonder.
⁴) mbangara = ein Busch mit roten Früchten.
⁵) álbola (jetzt álbala) = Schambedeckung, weil der Känguruh-Totem-Gott dort seine Schambedeckung angelegt hat.
⁶) tjilparatjílpara = ein sehr kleiner Vogel, Flügel grün, Bauch weiß.
⁷) latarka, von ula = Stirn und tarka (jetzt terka) = grün, weil die „Stirn" des Berges mit Grünem bewachsen ist. Dieser Platz liegt jenseits von Glen Helen, nordwestlich von Hermannsburg.
⁸) ntakitjia = Rippe, weil dort die Hunde das aranga bis auf die Knochen [Rippen] gefressen haben.

nariraka, ilkula nariraka tuta.　　　Ara　　　patta katningala injitjinjika　　tmela　　Renkul-
fraßen　　auch.　Das rote Känguruh Berg　auf hohem　　stieg　im Lagerplatz　„Aus-

indama.[1])　　Arala　　　janna　　kataraka　era ankaka:　　Itia　　nuka　jiraka.
schau halten".　Das rote Känguruh nieht könnend hinuntersehen es sagte: Jüngerer Bruder mein versehwand.

Era kataraka aldolakua, era kataraka　jirarakua; era itja raka.　　Ara　　nana
Es sah hinunter nach Westen, es sah hinunter nach Norden; es nicht sah. Das rote Känguruh dieses

ankuindamanga, era wuka ltora, era　kataraka　　aranga　　mburkanta, nana knuljala
schlafend,　es hörte Fußtritte, es sah herunter das graue Känguruh　Körper　diesen Hunde

kala　ilkumala,　wotta alkaukala tuta.　　Ara　　lulalakalaka, era ritjilaka　aranga
schon gefressen hatten, wieder ausgebrochen auch. Rote Känguruh stieg hinab,　es　sah graues Känguruh

mburka ctata namanga.　Arala　　albmelaka: Unta　　aranga　　kunna nakala, knuljala
Körper lebend seiend. Rotes Känguruh sprach:　　Du graues Känguruh schlecht warst, die Hunde

ngana utnukalanga.　Eratara　　antakarakua pitjilaraka ulbaia knara itinjauna; eratara
dich gebissen habend. Sie beide　nach Süden　gingen　Creek　groß　in nahe; sie beide

ulbaiuna　Ntetnama[2]) tnanbutjikalaraka, eratara nala indaraka.　Eratara ingutnala wotta
in den Creek Ntetnama　hinuntersprangen, sie beide hier　lagen.　Sie beide morgens wieder

pitjilaraka llapakutjauna,[3]) nana Latnimanga[4]) untuara indama.　Eratara manna mbangara
kamen　nach llapakutja,　dies von Glen Helen　jenseits　liegt.　Sie beide Pflanze mbangara

ilkumala,　eratara pitjilaraka ngurangurala Inelkalauna.[5]) Eratara tmara　tnatjalbumala
gefressen habend, sie beide　kamen　gegen Abend　nach Inelkala. Sie beide Lagerplatz gekratzt habend

ankuindaraka.　Eratara ingutnala kameralalaraka, ulbaia Ntakaratakala[6]) manna mbangara
schliefen.　Sie beide morgens　aufstanden,　Creek　südlichen　Pflanze mbangara

knara indora ilkula naraka, eratara pitjilaraka Lakala-intaueraka[7]) tmarauna.　　Arala
groß sehr　fraßen,　sie beide kamen　Lakala intaueraka nach Lagerplatz. Das rote Känguruh

nala　arangana　　unjikilaka, era ankaka　　arangauna:　　Erai, tmara　ilinaka
hier das graue Känguruh hochhob,　es　sagte zu dem grauen Känguruh: Sieh, Lagerplatz unser beider

itinja nama.　Eratara ingutnala kameralalaraka,　kuta　laraka, patta　knarala injitjinjiraka,
nahe　ist.　Sie beide morgens　aufstanden,　immer　gingen, Berg auf großen　stiegen,

---

[1]) renkulindama = nach allen Selten sich umsehauen, weil sich hier das Känguruh nach allen Seiten nach seinem Begleiter umgesehen hat.

[2]) ntetnama = auf dem Boden hocken wie ein Känguruh, das sich umsieht.

[3]) llapakutja [Beile-Sammeln], hergeleitet von ilapa = Steinbeil und kotjima = sammeln, weil hier viele Steine für Beile gesammelt wurden.

[4]) Latnima, von den Weißen Glen Helen genannt, hergeleitet von alatara = eratara = die beiden und tnima = fallen, weil nach der Tradition hier zwei rakara-Männer hingefallen sind, als sie von einem bösen Wesen verfolgt wurden.

[5]) inelkala = sich besinnen, da sich hier die beiden Känguruhs besonnen haben, welchen Weg sie einschlagen sollten.

[6]) Ntakarataka, von antakara = Süden.

[7]) Lakala-intaueraka, von alaka, gen. von alatara = eratara, die beiden und intaueraka = entfallen, bedeutet: den beiden entfiel, zu ergänzen: eine tjurunga. An diesem Orte verloren sie nämlich eine tjurunga.

eratara patta katninganga katarala naraka kara knara, eratara lulitjika-laraka,   alauna
sie beide Berg   von oben   hinuntersahen   Ebene große, sie beide stiegen herab, auf die Erde

tnanbutjikalaraka, eratara manna mbangara ilkula naraka, ulbaia knarauna tnanbula naraka,
sprangen hinunter, sie beide Pflanze mbangara   fraßen.   Creek in großen   sprangen,

Ulbura[1]) tmela.   Eratara ilirtja tnatjalburaka borka indora naramanga.   Eratara kame-
Ulbura in Lagerplatz. Sie beide Grube   kratzten,   müde sehr   selend.   Sie beide standen

ralalaraka aldolakua, eratara Pinnapiti[2]) tmara ritjilaraka. Eratara tmara tnatjalburaka,
aul   nach Westen, sie beide Pinnapiti Lagerplatz sahen.   Sie beide Lagerplatz kratzten,

ingutnala itinja wara albula naraka, eratara   tirkala   manna itunbu[3]) rala naraka, eratara
morgens nahe nur   umkehrten, sie beide aul Sandhügeln Pflanze itunbu   sahen,   sie beide

angna knara ulela naraka. Lilika kwatja ankala ratintjilaka, kwatja knara indora   talalaka,
Frueht groß sammelten.   Bald Wasser Wolke aulstieg,   Wasser groß sehr sich ausschüttete,

lakina eratara borkerala naraka. Eratara kwatjala laraka antakarakua, eratara   kwatjinjanga
so die beiden   ermüdeten.   Sie beide im Wasser gingen nach Süden, sie beide Wasseransammlung

ritjilaraka.   Arala   albmelaka: Unta arugula kwatjauna tnanbai!   Aranga
erblickten. Das rote Känguruh sprach: Du   zuerst ins Wasser springe! Das graue Känguruh

arugula tnanbuka,   ara   inkana tnanbuka ipita   indorauna,   ara   kaputenta
zuerst   sprang, rote Känguruh zuletzt sprang   tief (= Loch) in sehr, rote Känguruh Kopf allein

gata nama, nana patta knara nama. Atua urturta[4]) inkata tana naka; era   arana
außerhalb war, dies Felsen groß ist.   Mann urturta Häuptling dort war; er das rote Känguruh

ba   arangana   inkalela labilaka.   Tmara   nana Multa[5]) nama.
auch das graue Känguruh mit Fuß hinuntertrat. Lagerplatz dies Arm   ist.

Freie Übersetzung. Ein rotes und ein graues Känguruh hielten sich im Norden in Tatitja
auf. Sie gingen nach Süden und fraßen mbangara-Pflanzen. Sie kamen nach dem Ort Albola. Sie
kratzten sich ein tiefes Loch zum Schlafen und legten sich nieder. Zwei tjilparatjilpara-Männer folgten
ihnen und legten ihre Speere in den Speerwerfer. Als sie ganz nahe kamen, weckte das graue Känguruh
das rote Känguruh und beide liefen schnell weiter. Sie kamen ganz nahe an einen steilen Berg, namens
Latarka, wo sie am Abhang des Berges ein wenig mbangara fraßen. Darauf kamen sie nach dem Lagerplatz Ntakitjia, wo viele ewige Hunde [Totem-Götter] sich aufhielten. Als die Hunde das rote und das
graue Känguruh erblickt hatten, verfolgten sie die beiden; sie bissen und fraßen das graue Känguruh.
Das rote Känguruh stieg auf einen hohen Berg bei Renkulindama. Das rote Känguruh konnte das Berg-
känguruh unten nicht sehen und sagte: Mein jüngerer Bruder ist verschwunden. Es blickte nach Westen,
es blickte nach Norden, es konnte nichts erblicken. Als das rote Känguruh schlief, hörte es Fußtritte;
es erblickte unten das graue Känguruh, das die Hunde gefressen und wieder ausgespieen hatten. Das

[1]) ulbura = hohler Gummibaum, da sich an diesem Orte, wie fast überall an Flußläufen, hohe
Gummibäume finden.
[2]) pinnapiti ist ein Loritja-Wort und bedeutet Ohrloch, pinna = Ohr (A. ilba) und piti = Loch.
Die beiden Känguruh-Totem-Vorfahren wandern von jetzt auf dem Gebiet der Loritja weiter, deshalb die
Loritja-Namen.
[3]) itunbu, ein Loritja-Name für einen Busch mit roten Früchten (A. mbangara).
[4]) urturta ist ein kleiner Habicht.
[5]) multa [jetzt malta] heißt Arm, weil das Känguruh seinen Arm, d. h. Vorderbein, auf den Boden ge-
stemmt hat. Dieser Platz Multa liegt südwestlich von der Gosses Range, an den westlichen Kriehaull Ranges.

rote Känguruh stieg hinab und sah das graue Känguruh selbst lebendig vor sich. Das rote Känguruh sprach: Du bist ein dummes Känguruh, daß du dich von den Hunden zerreißen läßt. Sie gingen hierauf weiter nach Süden und kamen zu einem großen Creek, der in der Nähe war; sie sprangen in diesen Ntetnama genannte Creek hinunter und legten sich dort nieder. Am nächsten Morgen gingen sie weiter nach Ilapakutja, welcher Platz jenseits von Glen Helen liegt. Nachdem sie mbangara-Büsche gefressen hatten, kamen sie gegen Abend nach Inelkala. Nachdem sie sich ihr Lager bereitet hatten, legten sie sich schlafen. Am Morgen standen sie auf und fraßen in dem Ntakarataka Creek sehr viele mbangara-Büsche, darauf kamen beide nach dem Platz Lakala intaueraka. Hier steckte das rote Känguruh seinen Kopf zwischen die Beine des grauen Känguruhs und hob letzteres empor, indem es sagte: Sieh, unsere Heimat ist in der Nähe. Des Morgens standen sie auf und liefen ohne Unterlaß weiter, sie kletterten auf einen hohen Berg, von dessen Gipfel sie eine große Ebene erblickten, sie stiegen darauf herab auf den Boden, fraßen mbangara-Büsche und sprangen in einen große Creek hinab, namens Ulbura. Sie kratzten sich eine Grube, obwohl sie schon ganz erschöpft waren. Des Morgens erhoben sie sich und gingen nach Westen und erblickten den Ort Pinnapiti. Sie machten sich ihr Lager zurecht und gingen am nächsten Morgen nur ein kleines Stück weiter; auf den Sandhügeln sahen sie itunbu-Pflanzen und sammelten sich viele Früchte. Bald stieg eine Regenwolke auf und ein schwerer Regen ergoß sich über sie, so daß sie ganz erschöpft waren. Während des Regens gingen sie weiter nach Süden und erblickten ein großes Wasserloch, worauf das rote Känguruh sagte: Spring du zuerst ins Wasser! Das graue Känguruh sprang zuerst hinein, dann folgte das rote Känguruh. Dasselbe sprang in eine sehr tiefe Stelle, so daß nur sein Kopf sichtbar ist; dies ist jetzt ein großer Felsen. Ein urturta-Mann war dort Häuptling; er trat mit seinen Füßen das rote und das graue Känguruh in den Boden hinein. Dies geschah bei dem Ort Multa.

16. Aranga, das graue Känguruh.

Ein großes graues Känguruh, Lurknalurkna [das Sehnige] genannt, hielt sich vor Zeiten in Irtjoata,[1] einem Platz nordwestlich von der Finke Gorge gelegen, auf; es fraß die Halme des porcupine-Grases (juta wolja) und schlief des Nachts in einer Höhle (intia). Eines Tages kam ein Mann von Westen, namens Lakalia,[2] der dem Totem der grauen Känguruh angehörte, nach Irtjoata, um mit einem großen Stock (tnauia) das Känguruh zu erschlagen. Letzteres lief davon; es trug auf seinem Kopf, ebenso auf seinem Rücken ein großes tjurunga-Holz. Es floh nach Osten und kam zunächst nach Irtjarkirtja,[3] wo es sich mit seinen „Händen" einen Platz zum Schlafen herrichtete, wurde jedoch von seinem Verfolger Lakalia gestört, der so nahe herangekommen war, daß er schon seinen Stock erhob, um das Känguruh zu werfen. Dieses rannte schnell weiter und kam zu einem Wasserloch, das Indata, d. h. das stille, ruhige, genannt wird; hier verlor es die eine große tjurunga, die es auf dem Rücken getragen hatte. Von hier lief es weiter nach Alkatua,[4] fortwährend verfolgt von Lakalia, der an diesem Ort seine Zauberhölzer (nuanja) hervorholte, um mit diesen das Känguruh zu stechen (utnuma).[5] Das letztere legte jedoch ruhig seine „Hände" auf den ebenen Stein und sah sich nach seinem Verfolger um. Darauf lief es weiter und kam zu einem großen Creek, namens Erenga-rumeraka,[6] wo sich ein böses

[1] Irtjoata von irtja (ND) = artja, weit auseinander, gespreizt, weil dort das Känguruh mit weit auseinandergespreizten Beinen stand.

[2] Lakalia, abgeleitet von lama = jagen, wegscheuchen; lakalia bedeutet Jäger, Verfolger.

[3] irtjarkirtja, ebenfalls wie [1] abgeleitet von artja, ist eine Verdoppelung dieses Adjektivs (irtja-ka-irtja) und hat dieselbe Bedeutung wie irtjoata.

[4] alkatua = ein ebener Stein, auf dem Sämereien gerieben werden, ein Mahlstein.

[5] utnuma = beißen, stechen, die stechenden Bewegungen mit den Zauber-Hölzern und -Knochen machen.

[6] erenga wird das graue Känguruh (aranga) von den nördlichen Aranda genannt; rumerama = sich zeigen, zum Vorschein kommen. Erenga-rumeraka bedeutet: das graue Känguruh zeigte sich.

— 41 —

Wesen in Gestalt einer Echidna aufhielt, das sowohl das graue Känguruh als auch dessen Verfolger herankommen sah. Schnell erfaßte das böse Wesen sein Steinbeil, um das Känguruh zu erschlagen; dieses ergriff die Flucht und kam zu einem im Norden gelegenen Platz namens Raljaranga;[1]) hier sah es sich um und als es seinen Verfolger Lakalia hinter sich erblickte, lief es nach Osten weiter und kam zu einer Felsenhöhle, Manaltja[2]) genannt, in der es Zuflucht suchte. Unterdessen war Lakalia herangekommen, spuckte sich in die Hände und warf seinen Stock nach dem Känguruh, verfehlte aber sein Ziel. Das Känguruh lief in östlicher Richtung weiter und berührte auf dieser Flucht die Orte Utala,[3]) wo es sich ein tiefes Loch kratzte, um darin zu schlafen, Erenga-altjutnama,[4]) wo es sich niederbückte, um zu fressen, Tnauuta,[5]) sowie Iltarapatta,[6]) welche Orte jetzt alle kleine Totem-Plätze sind. Nach längerem Besinnen, welche Richtung es nun weiter einschlagen sollte, wählte es schließlich die östliche Richtung und kam zu einer großen Gorge mit fließendem Wasser. Es folgte dem Laufe derselben und gelangte nach Tanginta,[7]) als schon die Sonne tief im Westen stand. Hier erblickte ein junger Mann (rukuta)[8]) das Känguruh, verstellte demselben den Weg und warf seinen Stock nach ihm; das Känguruh jedoch duckte sich (ilbalama), so daß der Stock über es hinwegfuhr und griff seinerseits den rukuta an, den es an sich preßte und ihm seine Knochen zerbrach. Den hilflos Daliegenden fand Lakalia und verband ihn. Das graue Känguruh war unterdessen nach Imianga[9]) gekommen, wo sich viele Weiber unter der Leitung einer Frau, namens Detjera[10]) aufhielten. Als die Weiber die stampfenden Fußtritte (nankama) des sich nähernden Känguruhs hörten, verhielten sie sich ganz lautlos, um ihre Anwesenheit nicht zu verraten. In der Nähe der Weiber angekommen, machte dasselbe Halt und scharrte sich ein Loch, um sich niederzulegen. Die Weiber ergriffen jetzt kleine Mulden (tjelja), umstellten im großen Bogen das Känguruh und warfen ihre Mulden nach demselben; das Känguruh entkam und sprang in ein tiefes Wasserloch und lief unter dem Wasser weiter. Lakalia, dem die Weiber den Vorfall erzählten, nahm einen langen Stecken und durchsuchte mittelst desselben das Wasser, konnte jedoch das Känguruh nicht finden, da letzteres an einer anderen Stelle bereits aus dem Wasser herausgekommen war. Es lief von hier nach Tjuntula,[11]) wo sich viele junge Männer (rukuta) aufhielten, die gerade manna jipa[12]) [eßbare Wurzeln] aßen. Einer von ihnen, der etwas abseits stand, hörte den Fußaufschlag des herankommenden Känguruhs, stellte sich ihm in den Weg und warf demselben mit seinem Stock die Beine (tjorra) entzwei, worauf

[1]) raljaranga, abgeleitet von ralja = sumpfige Erde und ranga = dort, bedeutet den sumpfigen Lagerplatz.
[2]) manaltja = Schwanzlett des Känguruh, das dort in Gestalt eines langen Steines gezeigt wird.
[3]) utála = die aus dem Boden gescharrte Erde, die neben dem Loche liegt.
[4]) Erenga-altjutnama = das Känguruh bückt sich [zum Fressen].
[5]) tnauuta = ein Baum (spec.).
[6]) iltarapatta = weißer Berg.
[7]) Tanginta, abgeleitet von tanga = eine Baumart mit kleinen herabhängenden Blättern, ironwood genannt.
[8]) rukuta ist ein junger Bursche, an dem die Beschneidung (intunama) vollzogen ist und der sich versteckt halten muß.
[9]) Imianga = zusammengesetzt aus ima = Todesgefahr und jinga = ich, bedeutet: ich bin in Todesgefahr [das Känguruh nämlich war hier in Gefahr].
[10]) Detjera, von detja = Zahn, bedeutet die Kurzzahnige.
[11]) Tjuntula, von tjunta = Magen.
[12]) jipa = eine rankende Pflanze mit sehr kleinen Blüten und rübenartigen Wurzeln, die gegessen werden.

die übrigen jungen Burschen das Känguruh erschlugen und ihm die tjurunga von seinem Kopf lösten. Nachdem sie es ausgeweidet hatten, machten sie in einer Grube (ilirtja) ein Feuer an und packten alle das Känguruh an, um es aufs Feuer zu legen — konnten es jedoch nicht von der Stelle bewegen. Lakalia, der unterdessen herangekommen war, hob mit Leichtigkeit das Känguruh auf und legte es auf die Kohlen. Nachdem es ein wenig angebraten war, nahm er es vom Feuer, schabte die angesengten Haare ab und hieb mit einem Steinmesser die Beine und den Schwanz ab, den er für sich behielt, während er die Beine den jungen Burschen gab; dann legte er das übrige Fleisch auf die Kohlen zurück. Als dasselbe genug gebraten war, breitete er Baumzweige auf den Boden, zerlegte das Fleisch und legte die einzelnen Stücke auf die Unterlage von Zweigen. Während er das meiste Fleisch den jungen Burschen überließ, nahm er für sich den Känguruhrücken (toppalenba), den Schwanz und das Fett und kehrte nach Irtjoata zurück, wo er sich bei einer Steinhöhle niederließ. Nachdem er ein Feuer angezündet hatte, ging er zu einem Wasserloch, um dort Wasser zu schöpfen. Als er zurückkam, sah er zu seinem Erstaunen, daß alles Fleisch an dem Känguruh wiedergewachsen war. Er hieb deshalb Gummizweige ab und zerstückte das Känguruh von neuem. Müde von der Wanderung steckte er seine tnatantja an dem Eingang der Höhle in die Erde, warf sich auf den Boden nieder und wurde samt dem Känguruh-Totem-Gott in Stein-tjurunga verwandelt.

17. Die Emus (ilia).

Vor langer Zeit hielten sich viele Emus in Iliunba,[1] einem Platz im fernen Osten auf, wo sich ein Wasserloch in einem Creek befand. Unter Anführung eines alten männlichen Emu verließen dieselben ihren Lagerplatz, um in ihre Heimat im Westen zurückzukehren. Sie kamen auf ihrer Wanderung zunächst nach Iliaka-mannana,[2] wo sie inmota[3]-Pflanzen, kleine Steine und Kohlen fraßen; nachdem sie sich gesättigt hatten, liefen sie weiter nach Ininjilultaka,[4] wo ein böses Wesen in Menschengestalt, bankalanga[5] genannt, ein Emu speerte und verzehrte, worauf die anderen Emus die Flucht ergriffen und abends nach Lelertja[6] kamen. Am andern Morgen erhob sich der Emu-Vater [ilia-kata = das alte Emu] und weckte mit grunzenden (nturuma) Lauten die jungen Emus, die nun nach Westen weiterliefen; der Emu-Vater bildete die Nachhut. Sie durchschnitten in der Nähe von Tjoritja[7]

---

[1] Iliunba [abgekürzt: Liunba] zusammengesetzt aus ilia Emu und unba = Geruch, bedeutet = Emu-Geruch. Diese Emus waren Emu-Toten-Götter, die in Emu-Gestalt in ihre Heimat zurückkehrten.

[2] Iliaka-mannana, zusammengesetzt aus iliaka = des Emu und manna = Pflanzenkost, bedeutet: Emu-Futter.

[3] inmota (s. pag. 4, Anm. 1).

[4] Ininjilultaka, zusammengesetzt aus ininja = Feind und ultama = verschütten, erschlagen, weil hier vor Zeiten ein losgelöster Felsblock viele Feinde erschlagen hat.

[5] bankalanga, ein großes behaartes Wesen, das Menschen erschlägt und verzehrt.

[6] lelertja = Steingeröll.

[7] Tjoritja ist nicht bloß der Name für die McDonnell Ranges, sondern auch für Alice-Springs, das in den McDonell Ranges liegt. In neuerer Zeit wird Alice-Springs häufig Kapmanta genannt; kap ist eine Abkürzung von kaputa = Kopf und manta = dicht. Kapmanta heißt wörtlich: dichter Kopf. Gemeint sind: dichte Dächer (Dach = des Hauses Kopf) weil hier die Eingeborenen zuerst mit Wellblech gedeckte Dächer gesehen haben.

den Todd Creek[1]) bei Alice-Springs und gelangte über Tnorunja[2]) nach Tnaburuta,[3]) wo sie sich zum Schlaf niederbückten. Am andern Morgen erhob sich grunzend der Emu-Vater:

Bulupungañi[4]) bulupungañi.　　Jennaratjinka,　　　jennaratjinka!
Er grunzt,　　er grunzt.　　Wir wollen weiter laufen, wir wollen weiter laufen!

Nachdem sie zwei Tage weiter gewandert waren, kamen sie an einen Creek, namens Ulkuantja,[5]) im Norden von Owen Springs gelegen, wo sie wieder inmota-Pflanzen fraßen und sich zur Ruhe niederlegten; am nächsten Morgen flötete der Emu-Vater:

Ntaueritnenkama,[6]) ntaueritnenkama,　Rauinkama, rauinkama.
Er flötet,　　er flötet,　　Er lockt,　er lockt (zum Weitergehen).

Die Emus liefen in westlicher Richtung weiter, wurden jedoch bald von zwei wilden Hunden verfolgt, die sich am Wege versteckt hatten. Der eine Hund hatte schon ein Emu bei den Schwanzfedern (tnenbara) gepackt, die er ihm ausriß, worauf das Emu in die Erde hinein ging; die übrigen Emus aber liefen in solcher Eile weiter, daß ihnen die Kniemuskeln „knackten":

Erorutnalala ilbanabanama,　　　　Irbiltiltiltilta ilbanabanama.
Mit schnell (sich bewegenden) Muskeln laufen sie.　Mit Knacken des Kniegelenks laufen sie.

Eiligen Laufes kamen sie nach Nkitjinga,[7]) wo der Ellery Creek die McDonell Ranges durchbricht, liefen dann weiter zu einer Ebene, Jururkna[8]) genannt, wo sie angesammeltes Regenwasser tranken und kamen auf ihrer Wanderung nach Ilbamina,[9]) in der Nähe von Glen Helen, wo sie in eine große, mit Binsen und Rohr bewachsene Fläche gerieten und stolperten:

Ilarrabilarra[10]) ntjalbiwotnama,　　　Erorutnala ntjalbiwotnama.
In den Binsen　stolpern sie,　Mit schnell (sich bewegenden) Muskeln stolpern sie.

Von hier wandten sie sich nach Norden und kamen nach Tnata-irkinja,[11]) wo sie sich den Bauch kratzten und auf ihm sich mit rotem Ocker einen breiten Kreis machten, dies kommt in dem tjurunga-Gesang zum Ausdruck:

Mbatjamba iroaloala,　　　　Tjuntai iroaloala.
Das Bauchfett (bezeichnet) der Kreis,　Den Magen (bezeichnet) der Kreis.

Bald erblickten sie große, graue Raubvögel, inkeninkena genannt, vor denen sie sich fürchteten und davonliefen; in dem tjurunga-Lied heißt es deshalb:

Irbantara irtjakati,　　　　Ntaritjinbarala tangaltjatangaltja.
Mit dem Kniegelenk laufen sie fort,　über spitzige Bergzüge und über Steingeröll.

---

[1]) Der Todd Creek wird von den Eingeborenen Erorunja d. h. „sehr schnell" genannt, weil die göttlichen Emus diese Creek schnell durchlaufen haben.

[2]) tnorunja = die Exkremente der Emus.

[3]) tnaburuta = sich niederbücken zum Schlafen.

[4]) bulupungañi (L) = grunzen, knurren, (A): nturuma; jennaratjinka gleichfalls ein Loritja-Wort, kommt her von jennañi = gehen und ratjinka = weit fort. Diese im Text angegebenen 4 Worte, die beliebig oft in der angegebenen Reihenfolge wiederholt werden, bilden einen tjurunga-Gesang, der bei dem Emu-Kultus gesungen wird. Diese Tradition von den Emus, die noch weitere Gesänge enthält, ist deshalb von Wichtigkeit, weil sie deutlich die Entstehung und Bedeutung dieser tjurunga-Lieder zeigt; in denselben werden Episoden aus dem Leben und der Wanderung der Toten-Götter besungen.

[5]) ulkuantja = ilkunja d. h. Essen, Fressen, da die Emus hier gefressen haben.

[6]) ntaueritnenkama flöten (wie ein Emu); rauinkama, jetzt raiankama = rufen, locken.

[7]) Nkitjinga, von ankama = sprechen, weil die Emus hier mit einander gesprochen haben.

[8]) jururkna = ala urkna, der sumpfige oder breiige Boden.

[9]) ilbamina, jetzt ilbamanna = Pflanze mit eßbaren Blättern.

[10]) Ilarrabilarra ND = larrabilarra Binsen, ntjalbiwotnama = stolpern, straucheln, zu Fall kommen.

[11]) Tnata-irkinja, zusammengesetzt aus tnata = Bauch und irkama = jucken, irkinja = das Jucken, bedeutet demnach: Bauch-Jucken.

Sie liefen wieder in westlicher Richtung weiter und kamen an einen tiefen Creek. Als sie in das Flussbett hinabsprangen, brach ein altes Emu seine Beine entzwei:

Ultakaliá wonmatare,   Ndoltalia wonmatare;

Ich habe (meine Beine) entzwei gebrochen,   In der Mitte sind sie ganz durchbrochen;

weshalb dieser Platz Ultakaliá genannt wird. Während zwei junge Emus mit dem alten Emu, das sich die Beine gebrochen hatte, hier blieben und Kultushandlungen aufführten, liefen die übrigen Emus weiter und kamen an eine große Kiesfläche, die sie überschritten, indem sie den Hals bald nach links, bald nach rechts wandten, um einen besseren Pfad zu erspähen:

Urkataburkata lali,   Worralini antjalini.

Auf der großen Kiesfläche laufen sie,   Sie bewegen das Genick, sie bewegen den Hals.

Wieder kamen sie an einen Creek und sprangen vom hohen Ufer in das weiche Flußbett, so daß sie tief in den Sand einsanken:

Ulbinarala toppatakilia,   Larrala toppatakilia.

Im weichen Sand sinken sie ein,   In dem Flußbett sinken sie ein.

In der Nähe dieses Creeks befand sich ein hoher Berg, Nunta[1]) genannt, wo sich zwei Emu-Männer aufhielten, namens Makakúnna[2]) und Luntja,[3]) diese erblickten schon von weitem den von den ankommenden Emus aufgewirbelten Staub. Makakúnna stellte sich den Emus in den Weg, ergriff eines derselben und trug es davon, worauf die Emus in einer großen Steinhöhle Zuflucht suchten, die sich in der Nähe befand. Makakúnna holte dürres Gras herbei und zündete dasselbe in dem Eingang der Höhle an. Doch nur ein einziges Emu erstickte im Rauch; alle anderen fanden einen Ausweg und liefen unter der Erde weiter, bis sie an dem Ort ilia-urba[4]) aus der Erde hervorkamen. Nachdem sie eine lange Strecke auf der Erdoberfläche weiter gelaufen waren, verschwanden sie wieder in der Erde und kamen bei Pmokata[5]) heraus. Bald erblickten sie einen sehr hohen Berg, namens Paúara,[6]) von den Loritja Apauuru genannt, in dessen Nähe sie viele andere Emus erblickten, an denen sie unbemerkt vorbeiliefen; sie gelangten nach Ntjikantja,[7]) wo sie wieder in die Erde eingingen:

(L) Leora tarbana,   Manna kurikuri

Alle gehen sie (in den Boden) ein,   Die grüngeschwänzten,

Sie kamen wieder an die Oberfläche bei Mbatara,[8]) wo sich viele Emus aufhielten, deren Anführer Ngaiameria[9]) sie rief (raiankaka); sie gingen jedoch in die Erde ein und kamen bei einem großen Creek, namens Antala,[10]) wieder heraus. Nachdem sie hier geruht und gefressen hatten, kamen sie über Kulbitara[11]) und Jakajaka[12]) nach Ulturbma.[13]) Wieder gingen

[1]) nunta = Felsspitze.

[2]) Makakúnna, zusammengesetzt aus maka = Ellenbogen, kunna = schlecht; derselbe hatte einen krummen Arm, einen schlechten Ellenbogen.

[3]) luntja = langer Hals.

[4]) ilia-urba = Emu-Rückgrat.

[5]) pmokata, zusammengesetzt aus apma [Schlange] und kwata [Ei] = Schlangenei.

[6]) pauara, apauuru (L) = hoher Berg.

[7]) ntjikantja = Giftdrüse der Schlange.

[8]) mbatara = Bauchfett.

[9]) Ngaiameria = der Hungrige.

[10]) antala (L) = mit steilem Oberkörper auf dem Boden knien,

[11]) Kulbitara, von kulbi (L) = Höhle, bedeutet der Höhlenplatz.

[12]) jakajaka (L) = lose Erde.

[13]) ulturbma (L) = Art Kalkstein.

sie in den Boden ein und kamen nach langer Wanderung bei Tukuta[1]) hervor, wo sie müde (borka) in tjurunga verwandelt wurden; die dortige Steinhöhle wird Kalaia-tarbana[2]) genannt und gilt als großer Emu-Totem-Platz.

18. Die beiden Adler (eritja).

In den nördlichen McDonnell Ranges liegt zwischen zwei hohen Felsen ein tiefes Wasserloch, Alkutnama[3]) genannt. Hier lebten einst zwei Adler, die ihr Nest auf der Spitze des Felsens gebaut hatten; sie hatten zwei junge Adler in demselben, die sie mit Fleisch fütterten. Eines Tages flogen sie nach Westen, um mit ihren Speeren aroa [Wallaby] zu erlegen. Von der Spitze eines Felsens, auf den sie sich niedergelassen hatten, erblickten sie auf der Ebene im Süden einen Knaben, der auf dem Boden saß und sich bemühte, ein Stück Holz, das er sich in den Fuß gestoßen hatte, herauszuziehen. Der ältere Adler sprach darauf zu dem jüngeren, seinem Bruder: Wir wollen den Knaben zu uns rufen, damit er uns Gesellschaft leiste; der jüngere Adler jedoch entgegnete: Nein, wir wollen ihn erschlagen! Er nahm seinen Speer, rieb ihn mit Erde ab und legte ihn in seinen Speerwerfer; darauf ging er von hinten an den nichtsahnenden Knaben heran und speerte ihn in den Rücken, worauf letzterer sich umwandte und zu dem Adler sagte: Warum hast du mich gespeert, der ich doch dein Vetter bin. Der jüngere Adler entgegnete nichts, nahm vielmehr einen Stock (tnaüia) und schlug damit dem Knaben ins Genick, nahm ihn auf seine Schulter und trug ihn nach Alkutnama, wo er ihn auf Kohlen briet, zerstückte und auch seinem älteren Bruder davon anbot, der jedoch mit Entrüstung dieses Fleisch seines Verwandten zurückwies; die beiden Jungen fütterte der jüngere Adler mit diesem Fleisch. Des anderen Tages flogen beide Adler nach Osten, wobei sie dem Lauf eines Creeks, namens Inéeranga[4]) folgten; plötzlich hörten sie ein neugebornes Kind schreien, das von seiner Mutter gewartet wurde. Trotz der Abwehr des älteren Bruders, der in der Frau seine wonna [Tante] erkannte, ergriff der jüngere Adler seinen Speer, speerte damit das Weib in die Seite und ergriff das kleine Kind bei den Füßen und zerschlug seinen Kopf an einem Stein (ilatuma); hierauf brachte er die beiden Erschlagenen nach Alkutnama und briet sie dort. Diesmal bot er dem älteren Bruder ein Stück der gebratenen Leber an, derselbe kostete dasselbe und sprach: Das Fleisch schmeckt gut (kumia = süß), worauf beide das Menschenfleisch verzehrten. Am nächsten Morgen flogen sie wieder nach Westen, konnten aber kein Wallaby erspähen und mußten ohne Beute zurückkehren. In der Nähe ihres Nestes angekommen, hörten sie ein Geschrei; sie horchten. Plötzlich hörten sie einen lauten Schrei, den ihre Jungen im Neste ausstießen. Schnell flogen sie ihrem Neste zu, unter das sich in ihrer Abwesenheit ein Fledermaus (ulbulbana)-Mann niedergelassen hatte, der mit einem spitzigen Zauberknochen (ntjala) durch das Nest die beiden jungen Adler stach. Die beiden alten Adler, die nichts entdecken konnten, umfaßten das Nest und hoben es in die Höhe, aber auch jetzt konnten sie die Ursache des Geschreies nicht entdecken,

---

[1]) tukuta = Herz (des Emu), von den Loritja Kutukutu genannt.

[2]) Kalaia-tarbana (L) = die Emus gegen ein (in die Höhle nämlich); kalaia = Emu (A ilia).

[3]) Alkutnama, von alkuta = Schild und nama = auf dem Boden stehn, weil das Wasserloch die Gestalt eines auf dem Boden stehenden Schildes hat.

[4]) Inéeranga, abgeleitet von inea = nia = Schweiss und ranga = dort, bedeutet Schweißplatz, weil dort das Weib mit Schweiß das Kind geboren hat.

da sich der Fledermaus-Mann, der sich in eine Fledermaus verwandelt hatte, unten an dem Nest festklammerte, worauf das Adlersnest zerfiel. Da stieß der Fledermaus-Mann einen lauten Schrei aus. Plötzlich kamen aus dem Erdboden viele Ratten (urartja)- und Mäuse- (tokia)- Männer hervor, die mit ihren Bumerangs nach den Adlern warfen. Diese ergriffen die Flucht; der jüngere Adler floh zuerst, der ältere folgte hinterdrein, doch wurde ihnen von den zahlreichen Ratten- und Mäuse-Männern der Weg verstellt, so daß sich die beiden Adler in ein tiefes Wasserloch stürzten, das vor ihnen lag. Die Ratten- und Mäuse-Männer hieben nun lange Stecken ab, mit denen sie das Wasser durchsuchten, konnten aber die Adler nicht finden; deshalb verließen sie diesen Platz, nachdem sie die beiden jungen Adler gebraten und verzehrt hatten. Da sie einen Bumerang dort gelassen hatten, schickten sie einen Mann zurück, um denselben zu holen. Als derselbe ins Wasser sah, erblickte er die Kopffedern der Adler aus dem Wasser hervorragen. Schnell rief er die anderen Männer herbei, die mit ihren Bumerangs nach den Adlern warfen. Die beiden Adler gingen aus dem Wasserloch heraus und wurden verfolgt von den Ratten- und Mäuse-Männern, die zuerst den älteren, dann auch den jüngeren Adler erschlugen und dieselben auf einem kleinen Feuer brieten. Als sie dieselben verzehrten, sahen sie einen anderen Adler ange- flogen kommen, der sich von Eritjabuntja[1]) aufgemacht hatte, um seine Freunde in Alkutnama zu besuchen. Die Ratten- und Mäuse-Männer ergriffen ihre Stöcke (tnauia), um ihn zu werfen; schnell fuhr er in die Höhe und flog wieder nach Eritjabuntja, seiner im hohen Norden gelegenen Heimat zurück. Die Ratten- und Mäuse-Männer trennten sich nun. Ein Teil von ihnen ging nach Kaëla-ilkinja[2]) im Norden, indem sie fortwährend auf dem Wege schrieen: baū, baū, baū; der zweite Haufe wanderte nach Westen und kam nach Lalta,[3]) westlich von MtSonder, wo sie sich unter der Führung des Tekua[4]) niederließen, während der dritte Haufe nach Eritjakwata,[5]) einem nördlich von den McDonnell Ranges gelegenen Platz kamen, wo sie zwei Adlereier fanden, die ein Echidna-Mann vergiftet hatte; müde von der Wanderung wurden sie hier in tjurunga verwandelt.

19. Die Fische (irbanga).

Mit einer grossen Flut, die von Tnenjara,[6]) einem im Norden der McDonnell Ranges gelegenen Nebenfluß des Ellery Creeks ihren Anfang nahm, kam eine große Schar von Fischen, unter denen alle Arten vertreten waren, den Ellery Creek herabgeschwommen. Diese Fische wurden verfolgt von einem Krebs (iltjenma), der dieselben vor sich her trieb, während ein Cormoran (nkebara)-Totem-Gott sich am Ufer aufstellte, und mit einem kurzen Speer (inta) einige vorbeischwimmende Fische speerte, ans Ufer warf, auf Kohlen briet und verzehrte. Als die Fische vorbeigeschwommen waren, lief der Cormoran der Flut voraus

---

[1]) Eritjabuntja, zusammengesetzt aus eritja = Adler und untja = antjua = Nest, bedeutet: Adlersnest.
[2]) kaëla-ilkinja, [ilkinja = Geschrei, Rufen] bedeutet: Geschrei der Bluträcher, die nach vollbrachter Tat mit dem Ruf: bau, bau, bau, heimkehren.
[3]) lalta = Späne, weil die Rattenmänner hier viele ulbatinja mit der mêra glatt geschabt haben.
[4]) tekua ist eine Ratte (spec.)
[5]) eritja = Adler, kwata = Ei.
[6]) Tnenjara, von etna [sie] und ntjara = viele, bedeutet: sie die vielen [Fische] oder könnte es von tnenja = Öffnung [einer Höhle] abgeleitet werden. Beide Ableitungen wurden mir von verschiedenen Schwarzen angegeben.

und kam nach dem Ort Tolera,[1]) wo er eine große Menge Gras ins Wasser warf, um die Fische aufzuhalten; doch gelang es ihm nur, einige kleine Fische zu fangen, da die großen Fische das Hindernis hinwegschoben. Nachdem er die gefangenen Fische verzehrt und die Nacht an diesem Platze geschlafen hatte, rannte er am andern Morgen wieder dem Flutwasser voraus und stellte sich an einer besonders engen Stelle auf, warf sehr viel Gras in das ankommende Wasser und speerte einige Fische. Nachdem er dieselben gebraten und gegessen hatte, lief er nach Ndentja,[2]) wo er wieder nur einige kleine Fische fing. Am andern Morgen sah er, daß sich die Flut schon verlaufen hatte; schnell eilte er nach Ntamintana,[3]) und legte Gummizweige ins Wasser, um den Fischen den Weg zu versperren. Er fing auch hier nur wenige, da die Schaar der Fische das Fischwehr hinwegschob. Derselbe Vorgang wiederholte sich in Iltarapatta,[4]) wohin er am nächsten Tag gelangte. Von hier kam er nach Ntapikna,[5]) wo er wieder eine Wehr im Wasser herstellte, über das aber die Fische hinwegschwammen:

<blockquote>
Alkanbubanbai, alkanbubanbai,   Antjula tnatala   reruberai!
Springe hinüber, springe hinüber,   Durch das Fischwehr schwimme hindurch!
</blockquote>

doch gelang es ihm, hier einen großen ntapikna zu fangen. Über Antjunba[6]) und Nkolera,[7]) in welchen Plätzen er gleichfalls einige kleinere Fische speerte und in der Nacht schlief, gelangte er nach Nkualbila,[8]) in der Nähe der Ellery Creek Gorge, wo der Ellery Creek die McDonnell Ranges durchbricht; hier fing er einige Fische, die sich in dem Wehr verwickelt hatten. Von hier lief der Cormoran nach Longulpura,[9]) am folgenden Tage kam er nach Kara-alkuta,[10]) am nächstfolgenden nach Antjulambia,[11]) wo der Ellery Creek in die Krichauff Ranges eintritt. Überall speerte er einige Fische und verzehrte sie. Von hier lief er über Latara,[12]) von den Weißen Boggy hole genannt, einem Platz am Finke nach Erunjanga[13]) und später nach Intalatjaritnaka,[14]) wo er vor Müdigkeit seinen Speer nachschleppen ließ. Nachdem er hier, wie an allen erwähnten Plätzen, die jetzt Fisch-Totem-Plätze sind, einige kleinere Fische gespeert und gegessen hatte, kam er nach Iltjenmalatnaka,[15]) wo sich der Krebs ein Loch in den Schlamm kratzte. Über ꞌRirka-ilba[16]) und Raltaralta[17])

[1]) tolera = die Ebene.
[2]) ndentja = gieb her, weil hier der Cormeran zu dem Krebs sprach: Gieb die Fische her.
[3]) ntamintana, eine kleine Fischart mit silbergrauen Schuppen und schwarzen Querstreifen. (Therapon percoides Günther.)
[4]) iltarapatta = weißer Berg.
[5]) ntapikna, eine kleine Fischart. (Chatoessus horni zietz.)
[6]) Antjunba, von antjua = Fischwehr, bedeutet: Fischwehr-Platz.
[7]) nkolera = Fischfett.
[8]) nkualbila ist der auf Tafel XVI, Figur 7 des Report of the Horn Expedition (1896) II abgebildete Fisch, dessen Name ich aber dort nicht angegeben finde.
[9]) longulpura (Eleotris larapintae zietz).
[10]) Kara-alkuta, zusammengesetzt aus kara = Ebene und alkuta = Schild, bedeutet: schildförmige Ebene.
[11]) antjulambia = das große Fischwehr.
[12]) latara, = eratara die beiden.
[13]) erunjanga = dunkle Erdhöhle.
[14]) Intalatjaritnaka, zusammengesetzt aus inta = Fischspeer und tjaritnaka = er ließ nachschleppen.
[15]) Iltjenmalatnaka, zusammengesetzt aus iltjenma = Krebs und tnaka = kratzte, bedeutet: der Krebs kratzte.
[16]) ꞌRirka-ilba, zusammengesetzt aus rirka = Sandhügel und ilba (SD.) ebenfalls = Sandhügel, bedeutet: die vielen Sandhügel.
[17]) Raltaralta, eine kleine Fischart (Nematocentris tatei zietz).

lief er weiter nach Takalalama,[1] auf der anderen Seite von Henbury, wo das Flutwasser sein Fischwehr hinwegschwemmte. Wieder lief er dem Wasser voraus und kam nach Kutindama;[2] am folgenden Tage nach Mbontuma,[3] wo der Finke sehr weit ist. Endlich erreichte er Ultja[4] am unteren Finke, wo er ein starkes Wehr errichtete. Als die große Flut dahergebraust kam, schwemmte sie den Cormoran mit sich fort; dieser sowohl, als auch der Krebs und die Fische versanken in die Tiefe und wurden in tjurunga verwandelt: an dieser Stelle befindet sich jetzt eine große Wasseransammlung.

20. Die zwei renina-Schlangen.

Zwei große renina[5])-Schlangen, die sich lange Zeit in Iloara,[6] nordwestlich von Pauara von Rohr- und Schilfwurzeln genährt hatten, wanderten nach Osten und kamen zu einem Platz namens Latara,[7] der an dem schwarzen Creek (larra imarukua) im fernen Osten liegt, wo sich viele renina-Männer aufhielten, die die beiden Schlangen verfolgten. Zornig banden sich die beiden renina-Schlangen ihre Schnüre um den Kopf, befestigten ihre Schilde auf dem Rücken und ergriffen die Flucht. Die jüngere Schlange sprach zu der älteren: Bruder (kalia), du bist stärker als ich; geh du hinter mir! Bald erblickten sie vor sich eine große Wasseransammlung; sie sprangen hinein und gingen unter dem Wasser weiter. Als sie am andern Ufer ans Land stiegen, sahen sie sich nach ihren Verfolgern um, erblickten jedoch niemand. Um nicht von einander getrennt zu werden, banden sich beide Schlangen mit Schnüren zusammen und gingen nach Latara zurück. Nachdem sie hier ihren Körper mit Vogeldaunen (deba andata) geschmückt hatten, tauchten sie im Wasser unter, da sie wieder von den Feinden verfolgt wurden, die ihnen nachriefen: Geht nach Urbaratja![8] Sie befolgten diesen Rat und kamen nach Urbaratja, wo sich eine große Höhle befand. Vor dem Eingang derselben steckten sie ihre Speere in den Boden, hingen ihre Schilde an denselben auf und gingen in die Höhle hinein. Müde von der Wanderung, warfen sie sich nieder, schlitzten sich den Bauch auf (erinjakalaka) und streuten ihr Fett auf dem Boden umher; sie selbst wurden in zwei große Holz-tjurunga verwandelt.

21. Die zwei erulanganana-Schlangen.

In Tnima,[9] einem ca. 8 Meilen westlich von Hermannsburg am Finke gelegenen Platz, hielten sich einst zwei erulanganana[10])-Schlangen auf, namens Wommingana[11]) und

[1] takalalama = zerbrechen.
[2] Kutindama, zusammengesetzt aus kuta = immer und indama = sein, liegen, weil hier ein utnea [Schlange spec.]- Totem-Gott sich aufhielt.
[3] Mbontuma, von mbonta = groß, breit; auch der Finke selbst wird larra-mbonta [großer Fluß] genannt.
[4] ultja (altja) = verbunden, weil hier der vom Westen kommende Wotarra Creek sich mit dem Finke vereinigt.
[5] renina, eine ca. 4 Fuß lange, nicht giltige Schlange.
[6] iloara = Salzsee, Salzlagune.
[7] latara, jetzt erátara = sie beide.
[8] Urbaratja, zusammengesetzt aus urba = Rückgrat und aratja = gerade, bedeutet: gerades Rückgrat, wie es Schlangen haben.
[9] tnima ist ein Strauch mit länglich-ovalen Blättern und gelben Blütenkätzchen.
[10] erulanganana, eine sehr lange, giltige Schlange.
[11] Wommingana, ein Loritja-Name, von wommi = Schlange [in der Dieri-Sprache: wommal und ngana = weiß, bedeutet: die weiße Schlange.

Inkutaïlkuni.[1]) Diese beiden Schlangen wanderten eines Tages nach Westen und kamen nach Antjakuera,[2]) wo sie die Schoten der inkuta-Sträucher · sammelten, zerklopften und mit Wasser zu einem Brei (urkna) verrührten, den sie tranken. Am nächsten Tage gingen sie in die Erde hinein und wanderten unter der Erde weiter, bis sie im Süden bei Tarkankilungu[3]) herauskamen; als sie dort Wallabys (aroa) fraßen, blieb der älteren Schlange ein Knochen in der Kehle stecken, an dem sie erstickt wäre, wenn nicht die jüngere Schlange die Kehle der älteren gedrückt und ihr Wasser zu trinken gegeben hätte, worauf sie den Knochen ausspie. Von hier wanderten beide in östlicher Richtung weiter und kamen nach Lalba,[4]) wo sie wieder inkuta-Brei tranken, den sie jedoch wieder von sich gaben. Nach dem Süden sich wendend, kamen sie nach Ngamina[5]) an dem Palm Creek, wo sie wieder vielen Brei tranken und in der Nacht ruhten. Am nächsten Morgen gingen sie weiter nach Süden und kamen nach Ralkama[6]) wo sie sich wieder erbrachen. In Jinbiritara[7]) sammelten sie sich Mulga (ititja)-Samen, der ihnen gut bekam. Von hier wanderten sie weiter nach Ilumbartja[8],) wo sie sich das an der Rinde des ilumba-Baumes klebende Gummi sammelten, kneteten und fraßen; nach Westen sich wendend, kamen sie zu einem Wasserloch, an dessen Ufer viele mulga-Bäume standen, deshalb Ititjikwatji[9]) genannt. Als sie eine Strecke weiter gewandert waren, vermißten sie ihren Schild, den sie im letzten Lagerplatz zurückgelassen hatten; deshalb kehrte die jüngere Schlange zurück, um denselben zu holen. Als sie mit demselben zurückkehrte, sah sie, daß eine grosse Anzahl Fliegen (manga)-Männer die ältere Schlange angegriffen hatte. Entschlossen stellte sich Inkutaïlkuna vor seinen älteren Bruder, um ihn zu decken; doch mussten die Schlangen der Uebermacht weichen und ergriffen die Flucht. Sie stürzten sich in zwei dicht nebeneinander liegende tiefe Wasserlöcher; an der Stelle, wo die ältere Schlange, die von den Fliegen-Männern angespeert worden war, im Wasser verschwand, steht jetzt ein hoher Gummibaum. Dieses Wasserloch, Bokka[10]) genannt, befindet sich im Süden von dem Palm Creek; kein Eingeborener traut sich an dasselbe heranzugehen, aus Furcht von der Schlange in die Tiefe gezogen zu werden.

22. Die knarinja-Schlange.

Einst lebte eine große knarinja[11])-Schlange in Ulbalinaka,[12]) nördlich von der Finke Gorge. Diese stieg eines Tages auf die Spitze eines hohen Berges, richtete ihren Kopf in

---

[1]) Inkutaïlkuna, zusammengesetzt aus inkuta = eine kleine Strauchart mit hellgrünen, nadelförmigen Blättern und breiten Schoten und ilkuna = der Fresser, bedeutet: die inkuta-fressende [Schlange].
[2]) Antjakuera, von antja = Kehle, antjakuera = begehrten [zu fressen].
[3]) Tarkankilungu, (L), zusammengesetzt aus tarka = Knochen, und ilungu = starb, erstickte, bedeutet: sie erstickte am Knochen.
[4]) lalba, eine Strauchart mit ovalen, um den Stengel sich schließenden Doppelblättern.
[5]) ngamina = große jelka-Zwiebeln.
[6]) ralkama = Maul aufsperren [um sich zu erbrechen].
[7]) Jinbiritara, von jinbara, eine Strauchart, die zur Speerbereitung verwandt wird, bedeutet: mit jinbara bestanden.
[8]) ilumbartja = Gummi des ilumba (lime-wood).
[9]) Ititjikwatji, ein loritjisiertes Wort, von ititja = mulga und kwatja = Wasser.
[10]) bokka (L), bedeutet: stinkend (A: intita), weil die Wunden der Schlange stinkend waren.
[11]) knarinja, eine lange rötliche Schlange, nicht giltig.
[12]) Ulbalinaka, zusammengesetzt aus ulba = roter Ocker und inaka = nahm, holte, bedeutet: er holte roten Ocker, weil von diesem Platz viel roter Ocker geholt wurde.

die Höhe und sah sich nach allen Richtungen um, ob sie nicht ihre Heimat erspähen könnte. Dann schoss sie wie ein Speer (tjatta) durch die Luft und ließ sich in Utátnera[1]) nieder, wo sich ein tiefes Felsenwasserloch befand; doch merkte sie bald, dass dieser Platz ihre Heimat nicht war. Am nächsten Morgen streckte sie wieder ihren Kopf in die Höhe, schoss dann durch die Luft und ließ sich in Tanga,[2]) einem nördlich von den McDonnell Ranges gelegenen Ort nieder; aber auch dies war ihre Heimat nicht. Als sie ihren Irrtum bemerkte, stieg sie auf einen Berg, richtete sich auf und roch nach allen Seiten; sie fand, daß ihre Heimat weiter im Westen liegen müßte. Schnell schoß sie durch die Luft und ließ sich in Putalunga,[3]) einem etwa 16 Meilen westlich von Hermannsburg gelegenen Platz nieder, wo sie sich zusammenrollte (kantakanteraka) und sich erbrach. Von hier flog sie weiter nach Norden und gelangte nach Uratangatanga,[4]) dem großen Wasserloch in der Finke Gorge, das sie als ihre Heimat erkannte. Sie befestigte ihren Schild auf ihrem Rücken und tauchte in das tiefe Wasserloch unter und rollte sich am Boden desselben zusammen. Nach dem Glauben der Schwarzen hält sie sich noch jetzt auf dem Grund des Wassers auf; dort ist jetzt ein großer knarinja-Totem-Platz.

23. Die zwei kelupa-Schlangen.

Zwei kelupa[5])-Schlangen, die sich in Albaljangalja[6]) jenseits des MtSonder aufgehalten hatten, wanderten nach Süden und kamen an einen großen Creek, namens Lukarea[7]) wo sie sich zusammenrollten und die Nacht zubrachten. Am nächsten Tage wanderten sie weiter nach Ntalua,[8]) wo sie je ein Wallaby verschlangen. In Ntalka,[9]) dem nächsten Lagerplatz sahen sie wieder Wallabys; sie sperrten ihr Maul auf (arágata arálkaka), worauf ihnen je ein Wallaby ins Maul lief, das sie verschlangen. Hierauf gelangten sie nach Tonanga,[10]) einem Berge, wo sie wieder Wallabys verschlangen. Sie wandten sich nun nach Westen und kamen nach Italtjana;[11]) nachdem sie hier viele Heuschrecken (indaltja) gefressen hatten, gingen sie am nächsten Tage weiter und stiegen auf einen Berg, Pmembatja,[12]) wo sie viele Wallabys verschlangen. Von hier wanderten sie zu einer Gorge mit Namen Inkabartja d. h. Fußspur (inka-imbara), da sie hier die Fußspuren eines jungen Mannes (rukuta) erblickten. Nachdem sie hier die Nacht zugebracht hatten, kamen sie am nächsten Tag an einen hohen Berg, auf den sie hinaufkletterten; sie gingen dort in eine Höhle und

[1]) utátnera = mit der Seite Eindrücke in den Boden machen.
[2]) tanga ist ein Baum, von den Weissen: iron-wood genannt.
[3]) putalunga= Herz [seltener gebraucht als tukuta], weil sie hier mit ihrem Herz einen Eindruck auf den Boden gemacht hat.
[4]) Uratangatanga = Feuerplatz (s. pag. 29, Anm. 2).
[5]) kelupa ist eine lange schwarze Schlange, giftig.
[6]) albaljangalja = sich aufrollen, sich ausstrecken [Schlange], nachdem sie zuerst zusammengerollt dagelegen hatten.
[7]) Lukarea, zusammengesetzt aus luka = australische Fichte und irea = iria = Salzbusch, = ein mit Fichten und Salzbusch bewachsener Hügel.
[8]) ntalua = ntäla = untätig, da sie hier den ganzen Tag ausruhten.
[9]) ntalka = ndolka = Ast.
[10]) tonanga = Larve einer geflügelten Ameisenart.
[11]) italtjana = indaltja = Heuschrecken.
[12]) Pmembatja, abgekürzt aus apma = Schlange und impatja = Spur, bedeutet Schlangenspur.

wurden in tjurunga verwandelt, nachdem sie sich zusammengerollt hatten. Dieser Platz
wird Kanta [zusammengerollt] genannt.

24. Der tjilpa-Mann Malbanka.

In der alten Zeit lebte ein tjilpa[1])-Mann, namens Malbanka[2]) in Italana,[3]) einem
Platz im fernen Südwesten. Derselbe faßte eines Tages den Entschluß, mit seinen beiden
Weibern und vielen jungen Männern (iliara),[4]) deren Häuptling er war, in seine Heimat im
hohen Norden zurückzukehren. Nachdem sie gegessen hatten, befahl der tjilpa-Mann den
jungen Männern, sich vom Lagerplatz zu entfernen. Als sich dieselben versteckt hatten,
bemalte Malbanka sein Gesicht und seinen Oberkörper mit Kohle, beklebte sich mit Vogeldaunen (deba andata, wörtlich: Vogelblumen) und rief seine Novizen herbei, indem er
seine hohle Hand vor den Mund hielt und weit hörbare vibrierende Laute erzeugte (raiankama).
Als die jungen Männer diese Laute hörten, kamen sie auf ihn zugelaufen. Während nun
Malbanka auf dem Boden sitzend seinen Körper in zitternde Bewegung setzte, liefen seine
Novizen im Kreis um ihn herum wobei sie im Takt die Laute: wá, wá, wá — jaijaijaijaijai
— trrr ausstießen (warkuntama). Zuletzt hielt einer der jungen Männer den Malbanka an
den Schultern fest und streifte ihm seinen tjurunga-Schmuck ab, worauf diese Zeremonie
zum Abschluß kam. Malbanka erhob sich hierauf, steckte alle jungen Männer in eine, aus
einem Känguruhfell gefertigte Tasche[5]) (eraka), die er unter seinen linken Arm nahm, während
er seine beiden Weiber in einer Tasche unter dem rechten Arm trug; er legte seine
tnatantja d. h. die zusammengewickelten Speere über seine Schulter und wanderte nach
Norden. Er kam zuerst nach Toppata,[6]) einem Platz im Süden der westlichen Kriehauff
Ranges, stieg auf einen hohen Berg und setzte sich auf einen Felsblock. Da er viele
Wallabys auf dem Berge erblickte, öffnete er seine Tasche und ließ die jungen Männer
heraus, die mit Stöcken bewaffnet die Wallabys im Kreise umstellten und erschlugen. Sie
brachten ihre Beute zu Malbanka, der eine Grube (ilirtja) im Boden grub, in derselben ein
Feuer anzündete und die Wallbys briet. Als ihm die jungen Männer von dem auf dem
Feuer liegenden Fleisch zunächst nur ein wenig Fett und die Gedärme gaben, wie es Sitte
ist, äußerte Malbanka seine Unzufriedenheit, worauf die jungen Männer ihren Anführer
schalten: Mula méninjeméninje, kuka pallata mala ngalkula![7]) d. h. du behaarte Nase, iß
zuerst dieses Fleisch — das übrige Fleisch muß erst gar braten! Nachdem sie auch das
übrige Fleisch verzehrt hatten und Malbanka eben seine tjurunga-Handlung, die er täglich
aufführte, beendet hatte, kam ein böses Wesen in Gestalt eines bankalanga zu ihnen.

---

[1]) tjilpa ist die wilde Katze, braun mit weißen Flecken (Dasyurus spec.).
[2]) Malbanka = der mit einem großen Körper, weil er ein großer, starker Mann war.
[3]) italana (L), von itali = die Kniescheibe (A. tjala).
[4]) iliara werden die jungen Männer genannt, wenn an ihnen der Akt der Subincision (araltakama)
vollzogen worden ist.
[5]) Nach Anschauung der Schwarzen ist dieses Kunststück, die vielen jungen Männer in eine kleine
Tasche zu stecken, nicht schwierig. In dem Moment, als Malbanka die jungen Männer in die Tasche steckte,
wurden sie in kleine tjurunga-Hölzer von der Größe eines namatuna [kleines Schwirrholz] verwandelt;
sobald er sie herausholte, nahmen sie ihre ursprüngliche Gestalt wieder an; in derselben Weise trug er
seine beiden Frauen als tjurunga unter seinem andern Arm.
[6]) toppata = abgestürzter Felsblock.
[7]) Die jungen Männer schalten ihn in der Loritja-Sprache, da sie ja auf Loritja-Gebiet sich aufhielten.

4*

Schnell entschlossen steckte Malbanka seine Novizen in die Tasche, machte sich über das böse Wesen her und trat es mit seinen Füßen in den Boden (labilaka), daher der Name dieses Platzes: Tolbatakalanama [in den Boden stampfen]. Von hier wanderte Malbanka, anstatt nach Norden sich zu wenden, die Bergkette entlang und kam nach Jiraraballa [verkehrtes (balla) Norden (jirara)]. Um wieder auf den rechten Weg zu gelangen, ließ er sich in einem großen Felsenspalt nieder. Da dieser Pfad ungangbar war, stieß er seine tnatantja auf den Boden, worauf sich ein Weg vor ihm ebnete; daher der Name des Platzes: Tjaïïlatnia[1]) oder Tnatantjalitja.[2]) Auf der Weiterreise kam er an einen Creek, den er durchschritt, während er seine Novizen aussandte, um Wallabys zu jagen. Nachdem er den Creek durchschritten hatte, kam er nach Ltalultuma,[3]) von den Weißen Gilbert Springs genannt, wo er viele alknarintja[4])-Frauen erblickte. Er kehrte zu den jungen Männern zurück, ohne seine Begegnung mit den alknarintja zu erwähnen. Gegen Abend jedoch steckte er seine Novizen in seine Tasche und ging nach Ltalultuma, wo er die jungen Männer in der Nähe der Frauen aus seiner Tasche holte, die sich nicht wenig über die vielen schönen Männer wunderten. Nachdem jede alknarintja auf seinen Befehl ein besonderes Lagerfeuer angezündet hatte, gab er den jungen Männern die Erlaubnis, daß sich jeder eine alknarintja nehmen dürfe, während er es als sein Häuptlingsrecht ansah, drei alknarintja-Frauen in sein Lager kommen zu lassen, mit denen er geschlechtlichen Verkehr hatte. Mitten in der Nacht jedoch erhob er sich und steckte, während die alknarintja fest schliefen, alle seine Novizen in seine Tasche und wanderte weiter. Als die alknarintja am Morgen erwachten, waren sie erstaunt, daß all die jungen Männer verschwunden waren, ohne Fußspuren hinterlassen zu haben. Malbanka, der unterdessen einige Meilen dem Laufe des Creek entlang gegangen war, öffnete wieder seine Tasche und sandte seine Novizen aus, um Ratten-Känguruhs (tnunka) zu jagen. Nachdem sie ihre Beute verzehrt und eine Kultushandlung ausgeführt hatten, gab Malbanka seinen Novizen tjurunga-Hölzer und wollabanba [Schnüre, die die jungen Männer um den Hals tragen]. Auf ihrer Wanderung erreichten sie bald Totja,[5]) wo Malbanka mit seinem Fuße die Erde wegscharrte, worauf ein Frosch (injitjera)-Mann, namens Gultumuta[6]) aus dem Boden hervorkam. Beide, der wilde Katzen- und der Frosch-Mann wanderten weiter nach Arumbula,[7]) wo sich viele Frosch-Männer unter Leitung des Tinjula[8]) aufhielten; letzterer hatte sich mit roter Farbe bemalt und führte den Frosch-tjurunga auf, worauf Malbanka ihn an seinen Schultern festhielt und ihm seinen Schmuck abstreifte. Gultumuta holte hierauf eine große Mulde voll lalitja[9])-Beeren herbei, die er dem wilden Katzen-Mann schenkte. Am nächsten Tage setzte Malbanka seine Reise in nördlicher Richtung fort und kam zu einem steilen Berg, den er an dieser Stelle nicht erklettern konnte, weshalb derselbe Jentjima[10]) genannt wird. Nachdem er die jungen Männer auf die Jagd geschickt hatte, ging er eine Strecke weiter und stieg an einer andern Stelle auf

[1]) Tjaïïlatnia, von tjaïïlama = Weg machen, Weg bereiten.
[2]) Tnatantjalitja = tnatantjalela, d. h. mit der Tnatantja [hat er den Weg bereitet].
[3]) Ltalultuma, zusammengesetzt aus Itala = die Haare des Wildes und ultuma = iltama ausziehen, bedeutet: die Haare ausziehen, abstreifen, weil sie dort den Wallabys die Haare abgestreift haben.
[4]) s. pag. 7.
[5]) totja = funiculus spermaticus.
[6]) Gultumuta = der Kurze, der Kleine.
[7]) arumbula = tjurunga-Platz.
[8]) Tinjula, einer, der fortwährend kleine Stäbe aneinander schlägt, der Geräuschmachende.
[9]) lalitja, eine kleine schwarze Beere, an Sträuchern wachsend.
[10]) jentjima = janna injima = kann nicht hinaufsteigen.

den Berg; hier sah er viele arkularkua[1]) und irkalentja [brauner Habicht], die von den jungen Männern erlegt und gebraten wurden. Von hier wanderte er weiter nach Irkinjirkinja,[2]) wo er eine Ader an seinem Arm öffnete und das herausfließende Blut mit seinem Schild auffing; mit demselben besprengte er seine Novizen, um sie stark zu machen. Am nächsten Tage kam er zu einer hohen Bergspitze, die von inkeninkena [großer, grauer Habicht], umkreist wurde. Während die jungen Männer viele Vögel erlegten, stieg Malbanka auf der nördlichen Seite des Berges hinunter und fand in einem Creek latjia, die er ausgrub und auf Kohlen briet. Nachdem er abends wieder eine tjurunga-Handlung aufgeführt hatte, sandte er am nächsten Tage seine Novizen aus, um Wallabys zu erlegen; er selbst folgte dem Lauf des Creek und kam nach Ntakara,[3]) wo er einen kunkutukuta[4])-Mann erblickte, worauf er schnell zu seinen Novizen umkehrte, die eine große Anzahl von Wallabys am Feuer brieten. In der Nacht, als alle schliefen, stand Malbanka auf und versteckte ihnen das Feuer. Als sie dies am andern Morgen in Erfahrung brachten, schalten sie ihn einen schlechten Mann, der immer mürrisch und unzufrieden sei. Indem er weiter wanderte, erblickte er einen Haufen Weiber, die von Mannurkna[5]) nach Latara im fernen Osten gingen. Schnell steckte der tjilpa-Mann die jungen Männer in seine Tasche, damit sie die Weiber nicht sähen und stieg mit ihnen auf einen hohen Berg, namens Kaputa-albanga.[6]) Weiter nördlich in Ilba[7]) erblickte er viele rote Känguruhs, zu deren Verfolgung er die jungen Männer aussandte; dabei bemerkte er, daß er zwei tjurunga-Hölzer verloren hatte. Indem er seine Wanderung nach Norden fortsetzte, kam er in die Nähe eines großen Creek, wo er die schrillen Töne einer großen Cikadenart, alknénera[8]) genannt, vernahm; seine Novizen sammelten sehr viele Cikaden und brieten dieselben auf Kohlen. Nachdem er hier araltakama an einigen jungen Burschen vollzogen und ihnen eine albala [Schambedeckung], aroa parra [Wallaby-Schwänze] und wollabanba [Schnur] gegeben, ihnen auch inkuta-Büsche ins Haar gesteckt hatte, wanderte er weiter und sah große Scharen von grünen Papageien mit gelbem Halsband, ulbatja (Platycerus zonarius Shaw), die bei seiner Annäherung mit großem Geschrei aufflogen, worauf er zu seinen Novizen sagte: Diese Vögel schelten mich. Nach kurzer Wanderung gelangte er an den hohen Berg Rutjibma,[9]) den er nicht ersteigen konnte; er ergriff deshalb seine tnatantja und stieß mit derselben an den Felsen; darauf öffnete sich vor ihm ein Bergpfad, der nach oben führte. Während die jungen Männer auf dem Berge Wallabys jagten, stieg Malbanka in die nördliche Ebene hinab, wo er lalitja-Beeren sammelte. Nachdem er

[1]) arkularkua = Podargus spec.

[2]) irkinjirkinja, von irkanalama = sich kratzen; Malbanka kratzte sich hier.

[3]) ntakara, zusammengesetzt aus inta = Fels und kara = Ebene, bedeutet: Fels in der Ebene.

[4]) kunkutukuta (L) = kutakuta (A), Nachtvogel, s. pag. 20, Anm. 1.

[5]) mannurkna, zusammengesetzt aus manna = Pflanzenkost, Sämerei und urkna = Brei, bedeutet: Samenbrei.

[6]) kaputa-albanga bedeutet: der hohe (albanga) Kopf (kaputa).

[7]) ilba = Ohr.

[8]) alknenera sind sehr große, rötliche Cikaden mit langen Flügeln; das Männchen hat unten am Leibe zwei von Hautfalten gebildete Kammern, die mit einem Deckel verschlossen sind, vermöge deren es die schrillen Töne hervorbringt.

[9]) Rutjibma, der MtSonder, einer der höchsten Berge der McDonell Ranges, ca. 4496 Fuß über dem Meeresspiegel, so genannt, weil vor Zeiten ein Schlangen-Totem-Gott hier viele große Mulden (rutja) verfertigt hat.

— 54 —

mehrere Tage nach Norden weiter gewandert war, kam er nach Kula-nerra[1]) und stieg
auf engem Pfade zwischen Felsen hinab, um an diesem Wasserloch seinen Durst zu löschen.
Durch den reichlichen Genuß des Wassers hatte sein Leib einen solchen Umfang angenommen,
daß er zwischen den Felsen eingezwängt war und sich nicht von der Stelle bewegen
konnte. Auf sein Jammergeschrei eilten die jungen Männer herbei, die versuchten, ihn
herauszuziehen. Als ihre Bemühungen vergeblich waren, holten sie seine tnatantja herbei,
mit deren Hilfe sie die Felsspalte erweiterten und ihn aus seiner hilflosen Lage befreiten.
Nachdem er drei Tage weiter gewandert war, fand er rote und weiße Daunen, die der
Wind dorthin getragen hatte; auch eine tnatantja steckte dort im Boden, die einem andern
tjilpa-Mann, namens Nguaperaka[2]) gehörte; Malbanka rüttelte an dieser Stange, konnte sie
jedoch nicht herausziehen. Den Fußspuren des andern tjilpa-Mannes nachgehend, fand
Malbanka den Nguaperaka am Eingang seiner Felsenhöhle sitzen; derselbe gab ihm viel
Fleisch und kroch in die Höhle hinein, um noch mehr Vorrat zu holen. Malbanka jedoch
verschloß schleunig den Eingang der Höhle mit Steingeröll und Erde, brach dann die
tnatantja des in der Steinhöhle eingesperrten tjilpa-Mannes ab und nahm letztere, sowie
alle tjurunga-Steine desselben mit sich fort. Als er zu seinen Novizen kam, fragten ihn
dieselben: Wo bist du so lange gewesen? Er antwortete ausweichend: Ganz in der Nähe.
In der Nacht, als die jungen Männer schliefen, steckte er die gestohlene tnatantja in den
Boden, schmückte sich mit roter Farbe und brachte mit Hilfe der vor den Mund gehaltenen
hohlen Hand die bekannten vibrierenden Laute hervor. Als die aus dem Schlaf empor-
geschreckten jungen Männer die fremde tnatantja sahen, fragten sie ihn: Wo hast du diese
tnatantja her? Auf seine Antwort: Gestohlen, schalten sie ihn wegen seines Diebstahls.
Von hier wanderte er weiter nach Aralta,[3]) wo er sowohl an sich, als auch an den anderen
jungen Männern die Subincision (araltakama) wiederholte. In Inkerara,[4]) wo sich ein ein-
samer, sonderbar geformter Felsen befindet, der an beiden Enden dick, in der Mitte aber
sehr dünn ist, starb eine seiner Frauen, die er hier begrub. Dann wanderten sie weiter
und kamen an einen großen Creek, namens Tnenjara,[5]) wo sie viele agia[6])-Beeren aßen.
Am nächsten Tag kamen sie nach Arekua,[7]) wo ein weiter Creek war. Mitten in der
Nacht hörten sie plötzlich das Schwirren einer tjurunga, die in der Heimat Malbankas geschwungen wurde. Früh am Morgen machten sie sich auf und kamen nach Innapapa,[8])
wo sein Vater, namens Kulurba,[9]) ihn schon erwartete. Letzterer hatte seinen Körper geschmückt und saß vor dem Eingang einer Höhle, wo er fortwährend die vibrierenden Laute
erschallen ließ (raiankama). Schnell lief Malbanka mit seiner Schar, die Hände auf und
nieder bewegend, mit den im Takt ausgestoßenen Lauten: wá, wá, wá — jaijaijaijaijai — trrr
auf seinen Vater zu und umarmte ihn. Malbanka, müde von der langen Wanderung, steckte
seine tnatantja in den Boden vor dem Eingang der Felsenhöhle, schickte sodann seine

[1]) kula ist ein ausgehöhlter Felsen, nerra ist das angesammelte Wasser in demselben, kula-nerra
ein Felsenwasserloch (rock-hole).
[2]) Nguaperaka, zusammengesetzt aus ingula = Nacht, Finsternis und paraka = hinderte, d. h. die
Finsternis in der Höhle hinderte ihn, daß er den Ausweg fand.
[3]) aralta = urethra.
[4]) Inkerara = ein Felsen, der in der Mitte sehr dünn (erara), oben und unten aber dick ist.
[5]) tnenjara = die vielen [Fische], s. pag. 46.
[6]) agia, eine kleine eßbare, schwarze Beere einer im Norden vorkommenden Baumart.
[7]) arekua = Felsenufer eines Creek.
[8]) innapapa, zusammengesetzt aus inna = Holz und papa = tjurunga, bedeutet: Holz-tjurunga.
[9]) kulurba = der große Häuptling.

Frau und die jungen Männer in die Höhle hinein, die erschöpft (borka) sich auf den Boden warfen; in ihre Mitte sank Malbanka hin; auf die in einer Reihe Liegenden warf sich der alte Kulurba sowie dessen Frau, woraul sie alle in tjurunga verwandelt wurden, und zwar Malbanka, dessen Vater und Mutter in Stein-tjurunga, während die Novizen zu Holz-tjurunga wurden. Diese Szene besingt das tjurunga-Lied:

Letoppetoppa indapindama

In einer Reihe liegen sie am Boden

Iloarala indapindama

Mit den weißen [Stirnbändern] liegen sie am Boden.

Der Platz Innapapa liegt westlich von der Überland-Telegraphen-Station Barrow Creek und ist dort ein großes tjilpa-Totem-Zentrum.

25. Der tjilpa-Mann Wontapare.

Ein anderer tjilpa-Mann namens Wontapare[1]) hatte sich lange Zeit in Wottarka,[2]) einem Platz im fernen Südwesten aufgehalten. Dieser trat mit vielen jungen Männern (iliara) die Rückreise nach seiner im Norden gelegenen Heimat an. Am ersten Tage kam er nach Ngalakiti,[3]) wo er die jungen Männer auf die Jagd schickte; nachdem sie viele Wallabys erschlagen, auf Kohlen gebraten und verzehrt hatten, bemalte ein junger Mann den Wontapare mit Kohle und beklebte dessen Oberkörper mit Vogeldaunen. Während der tjilpa-Mann zischte (tjiankaka) und seinen Körper in zitternde Bewegung setzte, kamen die jungen Männer herbeigelaufen und begannen zu warkuntama [s. pag. 51.]; am Schluß packte ein junger Mann den Alten bei der Schulter und streifte ihm seinen Schmuck ab. Am folgenden Tage wanderten sie weiter nach Norden; der tjilpa-Mann trug eine lange, mit Vogeldaunen beklebte tnatantja und einen Schild (alkuta). Sie kamen an einen hohen Berg, den der tjilpa-Mann erkletterte; oben angelangt, sah er viele Wallabys. Während er auf der Nordseite des Berges herabstieg, erschlugen die jungen Männer mit ihren Stöcken viele Wallabys; nachdem sie das Fleisch im Lagerplatz verzehrt hatten, bemalten sie wieder den wilden Katzen-Mann und machten eine kleine Grube im Boden, in die sich Wontapare setzte; darauf steckten sie die tnatantja hinter seinem Rücken im Boden, welche der tjilpa-Mann mit seinen Händen umfaßte und hin und her bewegte, während zwei junge Männer zwischen seinen Beinen saßen und fortwährend zischten; dabei bewegten sie im Takt die Hände. An diesem Platz verfertigte sich der tjilpa-Mann, in Abwesenheit der jungen Männer, die dem Wilde nachspürten, einen Bumerang, und versteckte denselben. Als die jungen Männer zurückgekehrt und Wontapare ihnen das Fleisch ausgeteilt hatte, wurde er, sowie ein anderer junger Mann geschmückt, und ließen sich nebeneinander in die Grube nieder; den Kopf auf ihren Ellenbogen gestützt, zogen sie fortwährend einen Stab hin und her, weshalb dieser Platz Ilinginama [(L), der Schwanz der wilden Katze] genannt wird. Am andern Morgen versammelte der Anführer die jungen Männer und zeigte ihnen den Bumerang,

---

[1]) wontapare (L) von wontapie = die runden Gummirindenstücke, mit denen Weiber und Kinder spielen; (A) labara oder ulabara.

[2]) wottarka (L), ein an den Ufern der Creeks wachsender Strauch mit langen, schmalen, lederartigen Blättern (A. terka).

[3]) ngalakiti (L), zusammengesetzt aus ngala = Stirn, (A. latna) und kiti = schwarz, auch Pech; bedeutet: schwarze Stirn, weil er sich hier einen schwarzen Streilen über die Stirn zog.

den er Tags zuvor verfertigt hatte. Dann wanderten sie weiter und kamen an eine große Ebene; hier warf er mit seinem Bumerang, der jedoch zerbrach, worauf der tjilpa-Mann viele Tränen vergoß und den zerbrochenen Bumerang seinen Novizen mit den Worten zeigte:

(L) Jakkó ngaiukumba   tuja,   kali   talbitumba   tuja,   jalla karkakarkareoai.
O weh, mein Bumerang ist zerbrochen, der Bumerang ist in Stücke zerbrochen wo (seid ihr)? kommt herbei.

Sie wanderten weiter nach Norden und erblickten viele wilde Enten (ibiljakua), die sie mit ihren Stöcken tot warfen. Am Abend kamen sie nach Ulabara,[1]) wo sie die erlegten Enten brieten. Hier schmückte Wontapare seine Novizen mit Vogeldaunen, stellte sie alle in einer Reihe nebeneinander auf und gab ihnen Baumzweige in die Hände, mit denen sie im Takt ihre Schenkel schlugen und das Entengeschrei (hó hó hó hó hó) nachahmten. Nachher legte der tjilpa-Mann seinen Novizen einen Speer aufs Genick (talkutanama) und streifte ihnen ihren Schmuck ab. Von hier wanderten sie weiter nach Ankarantanti,[2]) wo sie wieder eine Zeremonie aufführten. Wontapare beklebte die jungen Männer wieder mit Vogeldaunen, stellte sie nebeneinander auf, doch mußten sie diesmal die Hände über dem Genick falten, den Körper hin- und herbewegen und dabei zischen. Durch einen auf ihr Genick gelegten Speer brachte er diese Zeremonie zum Abschluß. Auf ihrer Weiterwanderung durchschritten sie ein wogendes Spinifex-Gefilde und kamen zu einem großen Wasserloch in dem Creek, in dessen Nähe eine Steinhöhle sich befand; deshalb wird der Platz Kulbitara[3]) genannt. Hier verlor der tjilpa-Mann eine tjurunga, die er nicht wieder finden konnte. Weiter wanderten sie und kamen an einen sehr hohen Berg. Der tjilpa-Mann kletterte hinauf und setzte sich auf einen großen Felsblock der oben lag; da erblickte er im Norden viele tmeljara,[4]) die mit großem Geschrei davonflogen. Von diesem Ort, Ipatakunka[5]) mit Namen, wanderte er weiter und sah in einer Felsenspalte einige Wallabys. Als er dieselben verfolgte, klemmte er sich in der Felsenspalte ein. Seine Novizen, die er zu Hilfe rief, stellten sich weinend um ihn herum, da sie ihn nicht aus seiner Lage befreien konnten. Auf seinen Befehl holten sie seine tnatantja herbei und zwängten sich mit derselben zwischen den senkrechten Felsen zu ihm hindurch:

(L) Nganka   mararare   mararare
Zwischen den steilen Wänden kriechen sie

Mbakambakanina   mbakambakanina.
Sie lehnen sich an die [Wände], sie lehnen sich an.

Der wilde Katzen-Mann erfaßte hierauf die Spitze seiner tnatantja und seine Novizen zogen ihn heraus. Von hier wanderten sie nach Merina,[6]) einem hohen Berg in den westlichen McDonnell Ranges. Da sie keinen Pfad über denselben entdecken konnten, stieß der tjilpa-Mann mit seiner tnatantja auf den Fels, worauf sich ein Pfad vor ihnen öffnete. Nachdem sie auf der nördlichen Seite hinabgestiegen waren, kamen sie über Mulati[7]) und Minburu[8])

---

[1]) s. pag. 55 Anm. 1.
[2]) ankarantanti, zusammengesetzt aus ankara = Baum (spec.) und ntanti = andata = Blüte, Blume.
[3]) Kulbitara (L.) von kulbi = Höhle abgeleitet, bedeutet: Höhlenplatz.
[4]) tmeljara = stone-curlew.
[5]) ipatakunka, zusammengesetzt aus ipita = Loch und kunka = kwana tief, bedeutet: tiefes Loch.
[6]) Merina bedeutet steiler Felsen s. pag. 14.
[7]) mulati (L) = Zwillinge.
[8]) minburu (= imbara) Zeichen, Spuren, die der tjilpa-Mann hier hinterließ.

nach Lunkatitjinna[1]), wo der tjilpa-Mann sich eine sehr hohe tnatantja verfertigte, an der Spitze Vogelfedern befestigte und eine Kultushandlung aufführte. Von hier wanderten sie weiter, durchschritten den Lunanga[2]) Creek und kamen nach Walugunama[3]), wo sich in einem Mulga-Dickicht viele iwuta[4]) [Wallabys] aufhielten, die sie erschlugen. Als sie am andern Morgen weiter wanderten, sahen sie eine große kulaia-Schlange und zwei kleine Schlangen vom Norden daherkommen, vor denen sie die Flucht ergriffen. Die Schlangen krochen weiter nach Süden, während die tjilpa-Männer nach einer großen Ebene kamen, wo Wontapare seine tnatantja fallen ließ. Nachdem sie die Nacht in Iliarka[5]) geruht hatten, kamen sie nach Ulitjirka[6]), wo sie wieder Wallabys jagten. Am nächsten Tage stiegen sie über eine Gebirgskette (ntaritja); auf der andern Seite angelangt, fanden sie agia-Beeren, die sie aßen. Nachdem sich hier ihr Anführer Wontapare mit roter Farbe bemalt hatte, überschritten sie den Iloara[7]) Creek, aßen dort viel jelka und gelangten nach dem großen tjilpa-Totem-Platz Innapapa[8]), gingen in die dortige Steinhöhle ein und wurden in tjurunga verwandelt.

26. Der tjilpa-Mann Kukatja.

Ein anderer tjilpa-Mann, namens Kukatja[9]) hielt sich nebst zwei anderen tjilpa-Häuptlingen und vielen jungen Männern (iliara) in Italana[10]) im fernen Südwesten auf. Unter seiner Führung machten sich diese tjilpa-Männer auf die Reise, um in ihre Heimat nach Innapapa (s. pag. 54) zurückzukehren. Sie schlugen zunächst die östliche Richtung ein und kamen nach Tatara[11]), einem Ort südlich von Henbury am Finke, wo sich eine tiefe Felsenhöhle befindet. Am folgenden Tag wanderten sie weiter nach Albelta[12]); hier verfertigten sie sich labara (s. pag. 55 Anm. 1), die sie spielend in die Höhe warfen. Dann gingen sie in nördlicher Richtung weiter und kamen nach Urburakana[13]), einem großen Creek, wo sie sich Holz-tjurunga verfertigten. Von hier gingen sie an einen großen Berg Tnarra[14]) genannt, vorüber nach Karilkala[15]), in der Nähe von Owen Springs gelegen. Nachdem die

---

[1]) lunkatitjinna (L) zusammengesetzt aus lunkata = Eidechse (spec.) und tjinna = Fuß, Fußspuren, bedeutet: die Fußspuren der lunkata.

[2]) lunanga, von luna = Brot, Pflanzenkost.

[3]) Walugunama, zusammengesetzt aus walu = waru (L) Feuer und gunama (A) = hineinstecken, verbergen, bedeutet: das Feuer verstecken.

[4]) iwuta ist das nail-tailed wallaby von Spencer und Gillen.

[5]) Iliarka, zusammengesetzt aus ilia = Emu, und arka = jarka = die alte Asche, bedeutet: die alte Asche der Emus, weil hier die Emu-Totem-Götter gerastet hatten.

[6]) Ulitjirka (ND), zusammengesetzt aus ula = Stirn und tjirka (terka) = grün, bedeutet grüne Stirn.

[7]) iloara = Salzsee.

[8]) Innapapa s. pag. 54.

[9]) Kukatja ist hier Eigennamen; es ist aber auch der Stammes-Name, den sich die Loritja beilegen. Loritja werden sie von den Aranda genannt.

[10]) Italana (L) = Kniescheibe.

[11]) tatara, tiele unterirdische Höhle, nicht zu verwechseln mit dem tatara im fernen Westen, der Behausung der bösen Wesen.

[12]) albelta = weißer Creek-Sand, s. pag. 8.

[13]) urburakana, hergeleitet von urbura (Craticus nigricularis Gould) bedeutet: Urbara-Platz.

[14]) tnarra = lockeres, loses Gestein (im Gegensatz zu festen Felsen).

[15]) karilkala, zusammengesetzt aus kara – Ebene und ilkala = Sodabusch, bedeutet: die Sodabusch-Ebene.

jungen Männer viele Wallabys erschlagen und ihre Beute verzehrt hatten, verfertigten sie sich wieder labara, mit denen sie spielten. Am nächsten Tage kamen sie nach Tnakitnöra;[1]) von hier wanderten sie nach Munknaranama[2]), wo sie ihr Haar mit Garn umwickelten. Da eine steile Gebirgskette vor ihnen lag, so fragten sie am nächsten Morgen den tjilpa-Häuptling: Wohin sollen wir jetzt gehen? Kukatja nahm seine tnatantja von der Schulter und schlug damit den Felsen, worauf sich derselbe spaltete und die tjilpa-Männer durch diesen Felsenspalt ihre Wanderung fortsetzen konnten. Während die jungen Männer viele Wallabys umstellten und mit ihren tnaüia erschlugen, gingen die drei Häuptlinge voraus und kamen nach Wongakana[3]), wo sie die erlegten Wallabys brieten. Am nächsten Tage erreichten sie Imianga[4]) nördlich von Owen Springs; dort hielten sich viele alknarintja-Weiber auf, denen sie Känguruhfleisch schenkten, wofür ihnen die Weiber als Gegengeschenk Gras-Samen (ntanga) anboten. In Lalkunga[5]) sahen sie ein graues Känguruh, das ein anderer Mann angespeert hatte; sie verfolgten dasselbe bis nach Ilbalinja[6]), wo sie dasselbe erschlugen und verzehrten. In Roulta[7]) spannen sie einen langen Faden, fuhren an demselben in die Höhe und ließen sich in Nkulaka[8]) nieder. Dort sahen sie viele Raben-Männer, deren Häuptling Nganka [der Rabe] war. Diese gaben den tjilpa-Männern manna etuta[9]) [Grassämereien]. Am nächsten Tage sagte der tjilpa-Mann zu Nganka: Bleibe hier, wir wollen weiter nach Norden wandern. Auf der Weiterwanderung sahen sie viele tnima[10])-Sträucher, aus denen sie sich Speere verfertigten. Dann kamen sie an einen großen Creek, Titja[11]) genannt, wo die drei Häuptlinge viel jelka sammelten, während die jungen Männer viele grüne Papageien (titjera)[12]) erlegten. Am folgenden Tage erblickten sie viele Bandikuts mit großen Ohren, tätja[13]) genannt, die sie erschlugen und verzehrten. Diesen Ort nannten sie Tatjala-mitimita.[14]) Von hier wanderten sie weiter und erreichten endlich das Ziel ihrer Wanderung Innapapa (s. pag. 54); ermüdet gingen sie in die Steinhöhle ein, warfen sich auf dem Boden nieder und wurden tjurunga.

---

[1]) Tnakitnöra, zusammengesetzt aus tnaka = er stand und tnöra = nururka Ferse, bedeutet: er stand auf den Fersen.

[2]) Munknaranama, von munknara = Garn und nama = sein, bedeutet: es ist Garn (mit dem sie sich das Haar umwickelt haben).

[3]) wongakana, von wonga = eine große Wasseransammlung, bedeutet: großer Wasser-Platz.

[4]) imianga s. pag. 41.

[5]) lalkunga ist hergeleitet von lolkuma = verweigern, nicht geben wollen.

[6]) ilbalinja, von ilbalama = den Speer abhalten (mit dem Schilde); hier übten sich die tjilpa-Männer im Speerwerfen.

[7]) roulta = sehr langer Hals.

[8]) nkulaka, von nkulea = schwarz, sehr dunkel, bedeutet hier: der schwarze Berg.

[9]) etuta ist eine Grasart, deren Samen wie die meisten Grassämereien gesammelt, zerrieben, zu Brei verrührt und in der Asche gebacken werden.

[10]) tnima = Strauch spec. s. pag. 48, Anm. 9.

[11]) titja = ilitja Mulga-Bäume, die sich an diesem Ort finden.

[12]) titjera (OD), im WD tirtjina = grüner Papagei (Melopsittacus undulatus Shaw).

[13]) tätja, ein Bandikut mit langen Ohren; die Füße sind mit zwei langen Hufen wie beim Schwein versehen (pig-toed-bandicoot), Chaeropus castanotis Gray, von den östlichen Aranda tabltja genannt.

[14]) tatjala-mitimita, zusammengesetzt von tätja und mitimita, ein Katitja-Wort, das Rückgrat bedeuten soll. Spencer und Gillen nennen die Katitja: Kaitish.

27. Die beiden tjilpa-Männer und die Jungen (worra) von Imanta.

In Imanta,[1]) einem Platz am Hugh River, lebten vor Zeiten zwei tjilpa-Häuptlinge und viele Knaben, an denen die Beschneidung nicht vollzogen worden war. Diese machten sich auf, um in ihre Heimat im fernen Norden zurückzukehren; die Knaben gingen voran, die Häuptlinge hinterdrein. Sie kamen zunächst nach Iriïmbata[2]) in der Nähe des von den Weißen als Dr. Stones bezeichneten Platzes, wo sich inmitten einer Landschaft von Sandhügeln zwei vereinzelte hohe Felsen erheben. Während sich die beiden Anführer gleich zu dem Lagerplatz begaben und dort ein Feuer anzündeten, gingen die Jungen auf die Jagd und erlegten mit ihren tnaūia viele Wallabys, die sie im Lagerplatz brieten und verzehrten. Darauf verfertigten sie sich labara (s. pag. 55, Anm. 1), mit denen sie spielten. Am andern Morgen wanderten sie weiter nach Norden, erlegten auf dem Wege viele Wallabys, die sie auf die Schulter nahmen und nach Irandakana[3]) trugen; hier hielten sich viele Moskitos auf, die sie rurbata nannten. Am nächsten Tage kamen sie nach Iwopataka,[4]) einem Platz zwischen Owen und Alice Springs, wo sie viele latjia ausgruben und auf dem Feuer brieten. In Wongakana[5]) erblickten sie viele graue Känguruhs, die sie mit Speeren und Stöcken warfen. Am nächsten Tage nahmen die beiden tjilpa-Männer ihre tnatantja auf den Rücken und wanderten weiter nach Marakana,[6]) wo sie ihre tnatantja in den Boden steckten. Auf der Weiterwanderung kamen sie zu einem kleinen Creek mit Namen Tneramba,[7]) und erblickten bald darauf einen großen Höhenzug vor sich liegen. Während sich die Häuptlinge hier niederließen, erschlugen die Jungen viele Wallabys. Von hier gelangten sie in ein Gebirgstal, in dem sich viele Ratten-Känguruhs (tnunka) aufhielten, die sie mit ihren Stöcken warfen. Dabei warf einer zufällig einem andern Jungen das Bein entzwei, der an dieser Verletzung starb. Nachdem sie den Jungen hier begraben hatten, wanderten sie weiter und rochen bald darauf, daß sich wilde Hunde hier aufhalten müßten, vor denen sie große Furcht hatten. Als die wilden Hunde (knulja itnora) die Jungen ankommen sahen, stellten sich die alten Hunde in einer Reihe nebeneinander auf, während die jungen Hunde wütend knurrten. Die Knaben warfen die Hunde mit ihren tnaūia tot, nahmen drei derselben mit und brieten dieselben in Utatjita.[8]) Am nächsten Tage erlegten sie viele grüne Papageien (tirtjina), während die Häuptlinge latjia ausgruben. Von diesem Platz, Arekua[9]) genannt, kamen sie nach Innapapa (s. pag. 54), wo sie, wie die andern tjilpa-Männer, in tjurunga verwandelt wurden.

28. Der aroa-Mann und seine beiden Verfolger.

Im fernen Westen, an einem Platz namens Waruparra,[10]) lebte ein aroa [Wallaby]-Mann mit einem tnunka [Ratten-Känguruh]-Mann zusammen. Einmal, als der tnunka-Mann

[1]) imanta = rula munta, Dickicht von Bäumen.

[2]) iriïmbata, zusammengesetzt aus iria = Salzbusch und mbata = Stengel, Strunk, bedeutet: Salzbuschstengel.

[3]) Irandakana, von iranda = schwarzer Kakadu mit Haube, bedeutet: der Platz der schwarzen Kakadus.

[4]) iwopataka = mit Spinngewebe überzogen. Von den Weißen wird dieser Platz Jay genannt.

[5]) wongakana s. pag. 58.

[6]) Marakana, von mara = gut, bedeutet: der gute Platz.

[7]) Tneramba, von tnera = ein Baum (spec.), weil hier viele tnera-Bäume standen.

[8]) utatjita, eine rankende Pflanze mit großen Früchten.

[9]) arekua = Felsenufer.

[10]) waruparra, zusammengesetzt aus waru (L) = Wallaby und parra (A) = Schwanz.

schlief, stahl der Wallaby-Mann alle tjurunga-Hölzer desselben und lief davon. Diesen Vorgang beobachteten zwei ininja[1])-Männer, die sich in der Nähe versteckt hielten. Als der tnunka-Mann erwachte, suchte er im ganzen Lager nach seinen tjurunga, konnte dieselben aber nirgends finden, bis er den aroa-Mann mit denselben davoneilen sah. Schnell lief er demselben nach und forderte ihn auf, die gestohlenen tjurunga herauszugeben. Doch der aroa-Mann lief weiter, bis er nach Kelkna[2]) kam; hier war der tnunka-Mann dicht hinter ihm und forderte ihn zum zweitenmal auf, die tjurunga zurückzugeben. Ohne ihm eine Antwort zu geben, lief der aroa-Mann mit seinem Raube weiter; da der tnunka-Mann zu müde war, um die Verfolgung fortzusetzen, rief er dem fliehenden aroa-Mann nach: Verliere die tjurunga nicht, sie gehören uns beiden, und kehrte nach Waruparra zurück.

Aroalirbaka (hier lebten die rella maneringa); in das dort befindliche Wasserloch (zwischen den Binsen) ist der Aroa-Totem-Vorfahre hineingegangen.

Der aroa-Mann gelangte abends nach Arankinja[3]) und legte sich dort zum Schlafen nieder. Als er sich am Morgen erhob, erblickte er die beiden ininja, die ihm bis hierher gefolgt waren, worauf er alle seine tjurunga-Hölzer zusammenraffte und weiter lief. Die beiden ininja verfolgten mit ihren Stöcken (tnauia) den aroa-Mann, der am Abend nach Kanta[4])

[1]) ininja ist ein Mann, der sich Federschuhe anzieht und darauf ausgeht, einen andern zu erschlagen.
[2]) kelkna = Felsenspalte.
[3]) arankinja, von arankama = schreien, bedeutet: Geschrei, Kindergeschrei, weil hier vor Zeiten sich viele Frauen aufhielten, deren Kinder sehr viel schrien.
[4]) kanta ist die aus Gras gedrehte, ringförmige Unterlage, auf der er die tjurunga trug.

kam, wo er die Nacht zubrachte. Am folgenden Tage lief er weiter nach Arambara;[1]) hier legte er seine tjurunga-Hölzer hin und wollte sich schon niederwerfen, als er die beiden ininja herankommen sah. Schnell lief er in südlicher Richtung weiter und kam nach Rutanea.[2]) Am nächsten Tage, als ihm die beiden ininja wieder ganz nahe gekommen waren, lief er nach Erouma[3]) und legte sich in einer Felsenhöhle nieder. In Lumanga,[4]) dem nächsten Lagerplatz, gaben die ininja die Verfolgung desselben auf und wandten sich nach Süden, während der aroa-Mann am Fuße der Bergkette weiter nach Aroatjenja[5]) lief. In dem nächsten Ort, den er erreichte, Ilumbipata,[6]) band er seine tjurunga-Hölzer auf dem Kopf fest, steckte sich eine lange tjurunga (tnamura) ins Haar und kam zu einer steilen Felsenwand auf der nördlichen Seite der Finke Gorge; durch eine fensterähnliche Offnung, die in der Felswand war, sprang er hindurch und gelangte an ein tiefes Wasserloch im Flußbett, setzte sich an dem Rande desselben nieder, nahm seine tnamura vom Kopf und tastete mit derselben im Wasser herum. Darauf nahm er alle seine tjurunga-Hölzer unter den Arm und ging ins Wasser ein. Dieser Platz wird Aroalirbaka[7]) genannt.

Die beiden ininja, die den aroa-Totem-Vorfahren verfolgt hatten, waren unterdessen nach Nukia[8]) gekommen, wo sie die Fußspuren einer sehr alten Frau (aragutja alkabara) erblickten. Den Fußspuren nachgehend, sahen sie bald die Frau selbst; sie nahmen ihre Stöcke und schlugen damit die Frau ins Genick, die sich erschrocken umwandte und fragte: jingana mbala iwuka tula narama? [Mich ihr beide warum schlagt?] Nachdem sie die Frau getötet, gebraten und aufgefressen hatten, legten sie sich nieder, mußten jedoch alles Genossene wieder ausspeien. Darauf wanderten sie weiter nach Süden und kamen nach Tnujunga,[9]) wo sie sich an dem dortigen Wasserloch niederließen. Als sie am nächsten Tage, einem Creek folgend, weiter wanderten, wurden sie von vielen Fliegen-Männern (atua mangarabuntja) angegriffen, die als Bluträcher von Latara[10]) im fernen Nordosten gekommen waren. Diese warfen mit ihren tnuia die beiden ininja tot, zerstückten und verzehrten sie; ja, sie zerklopften sogar ihre Knochen, um das Mark auszusaugen. Dies geschah in Urbalatuka.[11]) Die Fliegen-Männer wanderten darauf nach Tnimipita,[12]) setzten sich alle in einer Reihe (tjimara) nieder und flogen nach Latara; dort ließen sie sich nieder und wurden in tjurunga verwandelt.

[1]) arambara = überhitzt.

[2]) rutanea = mit dem Laut rrr hinwegscheuchen; er scheuchte nämlich die alknarintja (s. pag. 6), die sich hier aufhielten, fort.

[3]) erouma = zittern [vor Kälte].

[4]) lumanga = aus dem Versteck [einen beobachten].

[5]) aroatjenja, zusammengesetzt aus aroa = Wallaby und tjenja = lang, bedeutet das lange Wallaby.

[6]) ilumbipata, zusammengesetzt aus ilumba = Eukalyptusart mit weißer Rinde und ipata = ipita tief, Loch, weil an dem dortigen Wasserloch ein ilumba-Baum steht.

[7]) Aroalirbaka = das Wallaby ist hineingegangen, s. pag. 3.

[8]) nukia (nuka) = mein, d. h. mein Lagerplatz.

[9]) tnujunga, zusammengesetzt aus tnu(a) = Ferse und junga = Wasser in ausgehöhlten Felsen, weil das dortige Wasserloch die Gestalt einer eingedrückten großen Ferse hat.

[10]) s. pag. 48.

[11]) Urbalatuka, zusammengesetzt aus urba = Rückgrat und tuka = schlug. Sie zerschlugen das Rückgrat der ininja.

[12]) Tnimipita, zusammengesetzt aus tnima = Strauch (s. pag. 48, Anm. 9) und ipita = Loch, ist ein von tnima-Sträuchern umgebenes Wasserloch.

29. Der antana-Mann Tjalpara.

Einem Opossum- oder antana[1])-Mann, namens Tjalpara,[2]) der in Ebmalkna,[3]) in der Nähe von Glen Helen lebte, war seine versprochene Frau von einem andern Opossum-Mann, der fern im Süden lebte, entführt worden. Um diesen Eingriff in seine Rechte zu rächen, machte sich Tjalpara auf den Weg, nachdem er sich mit rotem Ocker einen Streifen (talkua) über seine Augen gemalt, einen Adlerknochen (tmeljalkara) in die durchbohrte Nasenwand gesteckt, seine Brust mit Kohle gezeichnet und weiße Vogelfedern im Haar befestigt hatte. Auf seiner Wanderung nach Süden fand er eine zuckerhaltige Masse auf den Blättern der lalba[4])-Sträucher, tataramba genannt, die er von den Blättern abstreifte, in einer Mulde knetete und verzehrte. Er kam am ersten Abend nach Uralbminja[5]) in der Nähe der Gosses Range, wo er übernachtete. Am andern Tage wanderte er weiter, sammelte sich unterwegs das an den lalba-Sträuchern klebende Gummi, malturamba genannt, und kam abends nach Ulbmara.[6]) Nachdem er auf seiner Wanderung in Ljinanga,[7]) Abintabinta,[8]) Amakarka,[9]) Ngutanima,[10]) Mbala[11]) und Abaratjinti[12]) seine Lager aufgeschlagen hatte, kam er nach Wollaru;[13]) dort färbte er sich sein Stirnband weiß, band sich eine andere Schnur (gultja) um seinen Arm, steckte seinen Nasenknochen wieder durch die Nase und wanderte nach Waiutakata,[14]) wo er frische Fußspuren von Männern erblickte, die ihn nach Tunguma[15]) führten; dort fand er viele Opossum-Männer. Sobald er dieselben erblickte, band er sein Haar am Hinterkopf mit einer Schnur zusammen, zog ein langes Steinmesser (karitja), das er bisher im Haar getragen hatte, hervor, und legte es in seinen Speerwerfer (mēra); darauf führte er hüpfende Bewegungen mit erhobenen Beinen aus (merilkneraka) und setzte sich in einiger Entfernung von den Bewohnern des Lagerplatzes nieder. Einer derselben ging hierauf zu Tjalpara und sagte zu ihm: Deine Frau hat ein anderer gestohlen, worauf ihm Tjalpara heuchlerisch erwiderte: Ich war ein schlechter Mann; dann hat sie ein guter Mann genommen. Er band sogleich seinen Gürtel fester um den Leib, um sich zum Kampf mit seinem Feinde zu rüsten. Letzterer jedoch rief ihm zu: Warte bis morgen,

---

[1]) antana wird das Opossum von den nördlichen Aranda genannt.

[2]) Tjalpara, abgeleitet von tjulberama = die Füße ausstrecken, bedeutet: der Ausgestreckte.

[3]) ebmalkna, jetzt ebmalkanga = dicht, ohne Risse, bedeutet: die dichte Felsplatte.

[4]) lalba, ein auf Sandhügeln wachsender hoher Strauch, auf dessen Blätter eine Raupe eine süße Masse (tataramba) niederlegt.

[5]) uralbminja, zusammengesetzt aus ura = Feuer und ilbminja = Asche, bedeutet: Aschenplatz.

[6]) ulbmara = weiche Erde.

[7]) ljinanga = Zahnlücke, da hier vor Zeiten ein Schlangen-Mann einem anderen einen oberen Schneidezahn entfernt hat.

[8]) abintabinta (L) = Quellwasser.

[9]) amakarka (L) = die abgeschälte Haut, weil sich hier die Haut an den Stellen abschälte, wo sich der Opossum-Mann am Lagerfeuer verbrannt hatte.

[10]) ngutanima, von ngota, ein Platz, wo in der alten Zeit Leute gewohnt haben.

[11]) mbala (L) = Hundeurin.

[12]) abaratjinti (L), zusammengesetzt aus abara = Speerspitze und tjinti = lang, da er sich hier einen Speer mit sehr langer Spitze machte.

[13]) wollaru (L) = Stirnband.

[14]) waiutakata (L), zusammengesetzt aus waiuta = Opossum und kata = Kopf, bedeutet: Opossumkopf.

[15]) tunguma = vielleicht (= tunga), da es fraglich war, ob er die Männer im Lager antreffen würde.

dann kannst du mich schlagen. Am andern Morgen zündete Tjalpara ein hellaulloderndes Feuer (matja tara) an, bemalte seine Brust mit Kohle, zog sich einen weißen Streifen von der Stirn bis über den Nasenrücken [Zeichen des Bluträchers] und ging auf seinen Gegner los, der sich nicht zur Wehr setzte, sondern vielmehr eingestand: Ich habe dir deine Frau weggenommen, schlage mich! Tjalpara warf zuerst einen Speer (urkia) nach ihm, der ihn verfehlte, worauf er schnell zu ihm lief, ihm seinen Schild auf das Genick drückte und mit einem Messer sein Rückgrat durchschnitt. Die übrigen Opossum-Männer gruben dann ein tiefes Loch in dem Creek und begruben ihren Freund, der in hohem Ansehen unter ihnen gestanden hatte. Tjalpara trat nun seine Heimreise nach dem Norden an, ohne seine rechtmäßige Frau mitzunehmen. In Uralbminja fand er eine alknarintja-Frau [s. pag. 6], die er zu heiraten wünschte. Er band sich zu diesem Zweck sein Stirnband um, nahm seinen Speerwerfer unter den Arm und näherte sich der Frau; als er jedoch ihren Arm umfaßte, biß sie ihm in die Hand, zum Zeichen, daß sie seinen Antrag zurückwies. Von hier wanderte er weiter nach Norden und traf in der Nähe von Ebmalkna den Mond (taia), der zu jener Zeit in großem Ansehen unter den Opossum-Männern stand. Tjalpara setzte sich vor dem Eingang der dortigen Höhle nieder, worauf der Mond und die andern Opossum-Männer ihn riefen und fragten: Wo bist du gewesen? Wo ist deine Frau? Mit den Worten: Meine Frau habe ich zurückgelassen, ging Tjalpara in die Höhle hinein, der Mond und die andern Opossum-Männer folgten ihm; alle warfen sich auf den Boden nieder und wurden in tjurunga verwandelt, so daß Ebmalkna ein großer Opossum-Totem-Platz ist.

30. Der tnunka-Mann Mallatukura.

In Larilara,[1]) westlich von Gilbert Springs gelegen, lebte in einer Erdhöhle ein tnunka- oder Ratten-Känguruh-Mann, namens Mallatukura,[2]) mit zwei jüngeren Bandikut-Männern zusammen. Letztere schüttelten sehr viele agia-Beeren von den Bäumen und trugen dieselben in einer großen Mulde dem Häuptling zu. Nachdem er selber gegessen hatte, teilte er den Rest unter die beiden jungen Männer aus. Hierauf führten sie eine Kultushandlung auf. Sie malten dem Mallatukura mit Kohle einen schwarzen Streifen um den Leib, brachten an seinem Oberkörper und Gesicht viele rote Striche an und beklebten ihn mit Vogeldaunen. Mallatukura hockte sich hierauf auf den Boden und fing an mit der Zunge seinen Handteller zu lecken, wobei er sich von Zeit zu Zeit nach rechts und links umsah. Die zwei jungen Männer fingen an zu warkuntama, bis zuletzt einer von ihnen den Darsteller am Oberkörper festhielt und ihm seinen Schmuck abstreifte, den er in seine Tasche steckte. Nach Beendigung dieser Zeremonie schickte der tnunka-Mann die jungen Männer fort, um tnunka zu jagen. Sie fanden eine große Anzahl derselben, die sich im Spinifexgefilde aufhielten, erschlugen dieselben mit ihren Stöcken (tnaũia), banden sie mit einer Schnur zusammen und brachten ihre Beute zu dem tnunka-Mann, welch letzterer unterdessen eine Mulde voll agia-Beeren gesammelt hatte. Nach der Mahlzeit fand wieder eine Aufführung statt, wobei der tnunka-Mann eine mit Garn umwickelte tnatantja,

[1]) larilara, abgeleitet von laĩlaierama = ungeduldig warten, weil hier der tnunka-Mann ungeduldig auf die Heimkehr seiner zwei Novizen wartete.
[2]) Mallatukura (L), malla (L) = tnunka (A) und tukura = Gott (A = Altjira); der Ratten-Känguruh-Totem-Gott.

— 64 —

an der oben Vogelfedern befestigt waren, die hinter seinen Rücken stand, umfaßte. Am anderen Morgen weckte der tnunka-Mann in aller Frühe die beiden jungen Männer und sandte sie wieder aus nach tnunka. Mit Beute beladen kehrten sie zurück. Nachdem sie das Fleisch verzehrt hatten, befestigten sie auf dem Kopfe des tnunka-Mannes kleine Baumzweige und Spinifex-Büschel. Wieder leckte er seine Hände und sah sich um, während die jungen Männer um ihn herum gingen mit den Lauten: wá, wá, wá, jaijaijaijaijai bis die Zeremonie in der gewöhnlichen Weise ihren Abschluß fand. Eines Tages gingen die jungen Männer in nördlicher Richtung aus um zu jagen, fanden aber nur ein einzelnes tnunka; da die Nacht hereinbrach, kehrten sie nicht zu Malatukura zurück, wanderten vielmehr am nächsten Morgen weiter nach Norden und kamen an einen Creek, namens Tnima[1]). An diesem Tage erlegten sie ebenfalls nur ein tnunka, das sie abends brieten. Am dritten Tage fanden sie gar kein Wild und mußten sich, ohne gegessen zu haben, zur Ruhe niederlegen. Müde und hungrig wanderten sie den folgenden Tag in östlicher Richtung weiter und ließen ihre tjurunga schwirren, deren brummenden Ton der tnunka-Mann vernahm. Bald darauf bemerkten sie Fußspuren eines wilden Hundes im Sande, denen sie nachgingen. Diese führten in eine Höhle; entschlossen erfaßten sie ihre Stöcke und warfen mit denselben in die Höhle hinein; doch der wilde Hund hatte schon vorher diese Höhle verlassen. Am folgenden Tage erblickten sie viele Hundespuren; indem sie denselben nachgingen, kamen sie nach Rotna[2]) am Finke, sahen dort die wilden Hunde, schlichen sich an sie heran und warfen ihre Stöcke nach denselben; sie warfen jedoch nur einigen Hunden die Beine entzwei. Auf deren entsetzliches Geheul liefen von allen Seiten wilde Hunde herbei, so daß die beiden jungen Männer Reißaus nahmen. Die Hunde, die in Wirklichkeit maliara d. h. junge Männer waren, verfolgten die beiden jungen Männer, bissen sie tot und fraßen dieselben auf. Der Kummer über das traurige Schicksal der beiden jungen Männer, sowie auch der nagende Hunger führte die baldige Auflösung des tnunka-Gottes Mallatukura herbei.

31. Die tnunka-Männer von Jaia.

In Jaia[3]), einem Ort im fernen Nordwesten, lebten einst drei alte und zwei junge tnunka-Männer. Während die jungen Männer viele Ratten-Känguruhs in den Spinifex-Gefilden erschlugen und dieselben nach dem Lagerplatz trugen, suchten die alten tnunka-Männer kürbisartige Früchte, jella genannt, die sie den jungen Männern gaben, während sie den Hauptanteil am Wilde für sich in Anspruch nahmen. Nachdem sie in allen Himmelsrichtungen gejagt hatten, sagten die beiden jungen Männer zu den Alten: Wir wollen uns jetzt einen anderen Lagerplatz suchen. Die alten Männer rieten ihnen, nach Putinga[4]) im Süden zu wandern. Sie traten die Wanderung an und erschlugen am ersten Tage zwei tnunka, die sie abends im Lagerplatz verzehrten. Am folgenden Tage erschlugen sie in der Früh wieder zwei tnunka und erblickten bald einen großen Berg, namens Winbarka[5]), den sie im Osten liegen ließen. Nachdem sie sich am andern Tag über die einzuschlagende Richtung vergewissert hatten, wanderten sie weiter und erblickten bald in der Ferne den Berg

[1]) s. pag. 48.
[2]) rotna = Kinnbacken.
[3]) jaia = Wassermoos, das auf dem dortigen Wasserloch wächst.
[4]) putinda (L) von puti = stark, fest, hart, bedeutet: der sehr feste oder harte Berg.
[5]) winbarka (L) abgeleitet von winba = Schnurren des Fadens, wenn derselbe gesponnen wird.

Putinga. In der Nähe desselben angekommen, sahen sie im Sande die Fußspuren zweier dort ansässiger tnunka-Totem-Götter. Sie folgten diesen Fußspuren, worauf sie zu einem Lagerplatz in Putinga kamen, wo sich viele tnunka-Männer aufhielten. In der Nähe dieser Niederlassung setzten sich die beiden jungen Männer hin, bis sie von den Bewohnern des Lagerplatzes gerufen wurden. Letztere fragten die Ankömmlinge: Wo kommt ihr her? Sie erwiderten: Von Norden. Die beiden jungen tnunka-Männer, die ganz erschöpft angekommen waren, sowie alle Bewohner dieses Lagerplatzes wurden hierauf mit Blindheit geschlagen (ingula etnana goltaka[1]) und in Felsblöcke verwandelt, die in der Nähe dieses Berges zu sehen sind. Die drei alten tnunka-Häuptlinge von Jaia, die sich aufmachten, um die jungen Männer zu suchen, wurden in der Nähe von Putinga ebenfalls mit Blindheit geschlagen und in Felsen verwandelt. Hier ist jetzt ein großer tnunka-Totem-Platz.

32. Die luta-Männer.

Etwa 15 Meilen nordwestlich von Hermannsburg, wo sich die Larra ulbmara[2]) mit dem Finke vereinigt, hielten sich vor Zeiten viele luta[3])-Männer auf, deren Anführer Laljinka[4]) war. Diese luta-Männer sammelten sich Akaziensamen (manna lupa), klopften ihn mit ihren Stöcken aus und brachten denselben, nachdem sie ihn mit Hilfe des Windes von der Spreu gereinigt hatten, zum Lagerplatz, wo sie ihn auf flachen, glatten Steinen zerrieben und mit Wasser zu einem Brei verrührten. Nachdem sie gegessen und geruht hatten, schmückten sie ihren Häuptling, indem sie seinen Oberkörper und Gesicht mit gelbem (terkaterka) Ocker bestrichen und ihm eine kurze tnatantja quer über den Kopf befestigten; darauf fand eine Kultushandlung in der herkömmlichen Weise statt. Eines Tages sah der luta-Häuptling einen andern luta-Mann vom Süden her ankommen, der die Bewohner von Larra ulbmara einlud, mit ihm nach dem Süden zu wandern. Nachdem auch der Ankömmling eine Kultushandlung aufgeführt hatte, brachen sie auf, gingen den Finke abwärts und kamen am Abend nach Rubula[5]); von hier wanderten sie über Erunjanga[6]) und Irbmankara[7]), letzteres von den Weißen Running Waters genannt, nach Rutjatuma[8]); dort verfertigten sie eine wonninga[9]) die sie mit gelbem Ocker bestrichen und ihren Häuptling damit schmückten, worauf sie wieder den luta-Kultus verrichteten. Darauf wanderten sie weiter nach Süden und kamen über Litjitjira[10]) nach Lutawolla[11]), einem südlich von Henbury gelegenen Platz; dort verzehrten sie übermäßig viel Akazien-Brei und gingen ganz erschöpft in den Boden ein.

[1]) ingula = die Nacht; etnana = sie (3 pers. pl. acc.); goltaka = bedeckte; d. h. die Nacht bedeckte sie.
[2]) Larra ulbmara bedeutet: der sandige (ulbmara) Creek (larra); derselbe liegt in der Nähe von 'Rama.
[3]) luta ist ein kleines Wallaby, das von den südlichen Aranda putaia genannt wird.
[4]) laljinka, kommt her von lalja = Mehl aus Akaziensamen.
[5]) rubula s. pag. 6.
[6]) Erunjanga = dunkle Erdhöhle s. pag. 47.
[7]) Irbmankara, zusammengesetzt aus urbma = Schote und ankara = breit, bedeutet: die breite [Akazien] Schote.
[8]) Rutjatuma, zusammengesetzt aus rutja = Mulde und tuma = schlagen, klopfen, bedeutet: die Mulde schlagen.
[9]) Spencer und Gillen schreiben Waninga.
[10]) Litjitjira, zusammengesetzt aus litji = ilitja grün, unreif und tjira = tjerama braten, weil sie hier die grünen Akazien-Schoten in der Asche brieten.
[11]) Lutawolla zusammengesetzt aus luta = kleine Wallaby und wolla = Haufe, Anzahl, bedeutet: ein Haufe von Wallabys.

5

33. Der kwalba-Mann.

In Wakitji[1]), einem im fernen Westen gelegenen Platz, lebte einst ein kwalba-[2]) oder Beutelratten-Mann, der sich entschloß, nach Osten zu wandern. Auf dem Wege fand er viele tnakitja[3])-Früchte, die er abpflückte, entkernte und in der heißen Asche briet. Darauf gelangte er nach Ngatari[4]), wo er sich zum Schlafen niederlegte; am nächsten Tage wanderte er nach Angnera[5]) weiter, dort legte er sich nach dem Essen in einer Höhle auf das Gesicht nieder. In Unkutukwatji[6]) fand er tnakitja-Früchte in großer Anzahl; von hier wanderte er weiter nach Labara[7]), wo er viele schwarze Männer vorfand, auch einen inkaia[8])- oder Bandikut-Mann, die in dem ankommenden kwalba ihren Onkel (kamuna) erkannten und untereinander sprachen: Seht, da kommt unser kamuna vom Westen! Sie gaben ihm Känguruh-Fleisch und latjia-Wurzeln; nachdem er gesättigt war, schmückten sie den inkaia-Mann und führten eine Kultushandlung auf. Darauf wanderten alle weiter nach Wollaru[9]) und ließen sich in der Nähe des dortigen Wasserloches neben einander nieder, worauf sie alle in Steine verwandelt wurden.

34. Die Echidna-Männer.

In Inalanga-läta[10]), diesseits von Running Waters am Finke, wohnten einst viele Echidna-(inalanga) Männer. Diese wanderten nach Norden, erreichten am ersten Tag Erunjanga[11]); bevor sie sich im Lagerplatz niederließen, suchten sie sich Ameisen (jerra) und weiße Ameisen (indarka) und verzehrten dieselben. Darauf wanderten sie den Finkefluß aufwärts und kamen nach Rubula[12]), gingen von da dem Ellery Creek entlang bis nach Pmakaputa[13]), wandten sich von hier nach Westen und lagerten sich an einem Creek, namens Tjamankura[14]). Am folgenden Tage wanderten sie über die nördlich von Hermannsburg gelegene Ebene, und kamen nach einem am Finke gelegenen Platz, namens Mbaëla-irbaka[15]). Von hier kamen

---

[1]) wakitji (L) = Haarflechte.
[2]) kwalba, graue Beutelratte von der Größe eines Kaninchens.
[3]) tnakitja, eine rote, an Bäumen wachsende Kernfrucht.
[4]) ngatari = Fremder, weil er als Fremder hier ankam.
[5]) angnera = Gesicht.
[6]) unkutukwatji von den Aranda inkutukwatja genannt, ist ein loritjisiertes Wort, zusammengesetzt aus inkuta (Strauch s. pag. 49, Anm. 1) und kwatja = Wasser, ein von Inkuta-Sträuchern umgebenes Wasserloch.
[7]) labara s. pag. 55, Anm. 1.
[8]) inkaia = kleines Bandikut, dessen Schwänze von den Weibern zu Schmuckgegenständen verwendet werden.
[9]) wollaru (L) = Stirnband.
[10]) inalanga-läta, zusammengesetzt aus inalanga = Echidna und läta (= läga) Stacheln.
[11]) Erunjanga, dunkle Erdhöhle s. pag. 47.
[12]) rubula = Vereinigung, Vermischung, s. pag. 6.
[13]) pmakáputa, zusammengesetzt aus apma = Schlange und kaputa = Kopf, bedeutet: Schlangen-kopf, ein Platz, in dessen Nähe der Ellery Creek die Kriehauff Ranges durchbricht.
[14]) tjamankura, zusammengesetzt aus tjama (tjima) = Haarflechte und nkura = die ältere Schwester: die Flechte der älteren Schwester.
[15]) mbaëla-irbaka, zusammengesetzt aus mbara = Maden und irbaka = gingen hinein, weil hier in alter Zeit die Maden in den Boden gegangen sind.

— 67 —

sie nach ᶜRama,[1]) einem wichtigen Totem-Zentrum am oberen Finke, ca. 15 Meilen nordwestlich von Hermannsburg. Dort hielten sich viele luta [Bandikut]-, manginta [eine Eulenart]-, arkara [weiße Vögel]- und rakara [rote Vögel]-Totem-Vorfahren auf, die die Echidna-Männer einluden, sich bei ihnen niederzulassen und ihnen manna rabinja [Samen einer Grasart] zu essen gaben. Am nächsten Morgen sagten die Echidna-Männer zu den Bewohnern von ᶜRama: Wir wollen nach Echidna-Land (Inalanga-äla) weiter wandern. Nachdem die Bewohner von ᶜRama ihren Gästen viele Speere geschenkt hatten, brachen die Letzteren auf, gingen durch die Finke Gorge und kamen abends in die Nähe des Platzes Ilbatuna[2]). Da sie an diesem Ort jedoch viele ultamba [Bienen]-Männer erblickten, so ließen sie sich in einiger Entfernung von Ilbatuna nieder. Darauf überschritten sie eine hohe Gebirgskette und kamen nach Inalanga-äla wo sich außer Echidna-Männern auch manginta- und arkara-Leute aufhielten. Alle Bewohner dieses Lagerplatzes versammelten sich am Abend und schrieen: baū, baū, baū, worauf die Weiber den Frauentanz aufführten (ntaperama). Mit Tagesanbruch sandten die Männer die Weiber fort und berieten, wer von ihnen an zwei gegenwärtigen Burschen die Beschneidung vollziehen sollte. Die Wahl traf einen Echidna-Mann. Derselbe ergriff ein Steinmesser (lelara) und entmannte (latenba intunaka) die beiden Burschen, welche sich verbluteten. Im Augenblick aber hatten die anwesenden Männer ihre Speere ergriffen und warfen dieselben nach dem Echidna-Mann, der sich schleunigst auf die Flucht machte. Doch die andern Männer verfolgten ihn und warfen fortwährend Speere nach ihm, die in seinem Körper stecken blieben, so daß sein ganzer Leib mit Speeren bedeckt war. Als er in die Nähe eines Wasserloches gekommen war, traf ein Speer sein Ohr; zu Tod verwundet, stürzte er sich mit dem Ausruf: jakkabai![3]) ins Wasserloch; dasselbe wird Kwakanana[4]) genannt. Diese Speere im Leibe des Echidna-Mannes verwandelten sich in Stacheln, so daß von dieser Zeit an alle Echidnas Stacheln haben; vorher waren sie stachellos (ilknära)[5]) und mit roten Haaren bedeckt.

Die Mutter der beiden Jungen, die durch den Frevel des Echidna-Mannes ihr Leben verloren hatten, war sehr traurig. Sie nahm eine große Mulde (rutja), legte unten zerriebene Fasern von Gummibaumrinde (ulkumba) hinein und suchte ihre beiden Söhne, die die Männer mit Steinen zugedeckt (ntjirbmarenaka) hatten. Nachdem sie die beiden leblosen Körper in die Mulde gelegt und mit ulkumba zugedeckt hatte, nahm sie die Mulde auf den Kopf und stieg auf die Spitze eines Berges. Als sie sich nach allen Seiten umgesehen hatte, flog sie mit der Mulde auf dem Kopf durch die Luft und ließ sich in einer Ebene bei Henbury nieder, wo viele ewige Männer und Frauen sich aufhielten. Diese hörten in der Nacht Kindergeschrei und fragten sich untereinander: auai, katjia ngunaka itnima?[6]) [Hört, wessen Kind schreit da?] Dem Kindergeschrei nachgehend, fanden sie die Mutter mit ihren beiden Söhnen, die wieder lebendig geworden waren. Alle diese Frauen wurden in ilbula[7])-Sträucher verwandelt, die noch jetzt auf dieser Ebene stehen; der Name dieses Platzes ist Ilkumbaka[8]).

[1]) ᶜRama = Wind, kalter Wind.
[2]) Ilbatuna = Baumstumpf.
[3]) jakkabai! Ausruf des Schmerzes: o weh!
[4]) kwakanana, von kwaka (OD), eine Vogelart (Podargus), weil sich hier vor Zeiten ein kwaka-Mann aufgehalten hat.
[5]) ilknära, nackt, bloß.
[6]) auai = hört, katjia = Kind, ngunaka = wessen, itnima = weint.
[7]) ilbula, ein meistens auf Sandbänken in den Creeks wachsender Strauch mit weißlicher Rinde und kleinen nadelförmigen grauen Blättern, tea-tree genannt.
[8]) ilkumbaka = ulkumba d. h. die zerriebene Gummirinde.

5*

35. Die irkentera [Fledermaus]-Männer.

In der alten Zeit hielten sich viele Fledermaus-Männer unter den beiden Häuptlingen Irkentera[1]) und Ulbulbana[2]) in Rubitjera[3]) im Osten auf. Während die beiden Häuptlinge im Lager blieben, gingen die jungen Männer auf die Jagd, erschlugen mit ihren Stöcken viele Känguruhs und brachten ihre Beute heim zu den beiden Häuptlingen, die das Fleisch unter sie austeilten; auch schickten sie einiges Fleisch zu den labarinja[4])-Frauen, die ihren Lagerplatz in der Nähe von Rubitjera halten; die labarinja gaben den irkentera-Männern als Gegengeschenk manna etuta[5]) [aus Gras-Samen bereitetes Brot]. Nach der Mahlzeit schmückten die jungen Fledermaus-Männer die beiden Häuptlinge, indem sie ihnen mit Kohle schwarze Streifen an ihrem Körper anbrachten, die sie mit weißen Streifen umsäumten, gaben denselben Baumzweige in jede Hand, mit denen dieselben ihre Oberschenkel schlugen (lupara tulaka), während die jungen Männer um sie herumgingen und anfingen zu warkuntama. Am andern Tage, als die jungen Männer ihre Beute heimtrugen, hörten sie die Stimme des Häuptlings Irkentera, der sie rief. Als sie näher kamen, sahen sie eine große tnatantja aufgerichtet, die Irkentera, mit dem Rücken an sie gelehnt, umfaßt hielt. Nach Schluß der nun folgenden Aufführung legten sie die tnatantja auf Baumzweige nieder, die sie auf den Boden gebreitet hatten. In der Mitternacht stand Irkentera auf und sang folgendes Lied:

Ntjimberagata   imbarutnulama.

Der Geschmückte streift sich selbst den Schmuck ab.

Nachdem er die jungen Männer vom Lagerplatz fortgeschickt hatte, schmückte er Ulbulbana, worauf wieder eine Kultushandlung aufgeführt wurde. Mit Tagesanbruch schickten beide die jungen Männer nach Süden auf die Jagd, die in Ultunta[6]) viele Känguruhs erschlugen. Als sie mit ihrer Beute heimkehrten, hörten sie schon in einiger Entfernung die beiden Häuptlinge raiankama [s. pag. 5. Anm. 3]; letztere hatten sich zwei hohe tnatantja aufgerichtet. Am Abend kamen zwei fremde Fledermaus-Männer (atua ntjipera)[7]), die in Altara[8]) wohnten, in Rubitjera an und blieben die Nacht über da; des Morgens gingen sie nach Altara zurück. Als an diesem Tage die jungen Männer mit den erschlagenen Känguruhs in die Nähe ihres Lagerplatzes kamen, sahen sie den Häuptling in einem Loch sitzen, das er sich gegraben hatte; hinter ihm stand eine tnatantja aufgerichtet, die er mit beiden Händen umfaßte. Nach Schluß der Zeremonie sagten die beiden Häuptlinge zu den jungen Männern: Morgen wollen wir als Rächer (tnenka) ausziehen, um alle ntjipera-Männer in Altara zu erschlagen; [sie hielten nämlich die beiden Boten von Altara für Spione]. Für diesen Rachezug banden sie sich die gururkna [Halsband der Bluträcher] und die wollabanba [lange Schnur] um den Hals, so daß die Enden derselben auf den Rücken niederfielen, steckten sich Büschel von

---

[1]) irkentera die große, weiße Fledermaus, von den nördlichen Aranda; arkentera genannt.

[2]) ulbulbana = gewöhnliche Fledermaus.

[3]) rubitjera, von ruba = ura Feuer und tjera = tjerama braten, weil sie hier einst Menschenfleisch gebraten haben. Dieser Platz liegt diesseits von Owen Springs an den James Ranges.

[4]) labarinja ist eine besondere Art der alknarintja-Weiber [s. pag. 6] die sich versteckt halten müssen.

[5]) etuta ist eine Grasart, deren Samen gerieben und zu Brot verbacken wird.

[6]) ultunta, eine Art Kalkstein. Dieser Platz im Osten ist nicht zu verwechseln mit altanta im Süden.

[7]) ntjipera ist eine sehr kleine Fledermaus.

[8]) altara = arm, holzarm; der arme Platz.

Vogelfedern hinten in ihren Gürtel, den Nasenknochen (lalkara) durch die Nasenwand, befestigten sich geschabte Holzblumen (tarabanba) im Haar und zogen sich einen weißen Streifen von der Stirn bis über die Nase. Auf dem Wege nach Altara sangen sie folgende Rachelieder:

Tangitjuma tnanbalurulanai;

Sie zu umzingeln wollen wir hüpfend laufen;

Linbinjatua tnanbalurulanama;

Der Anführer läuft hüpfend;

Ereka ereka tnanbalurulanai;

Über Sandhügel, über Sandhügel wollen wir hüpfend laufen;

Irkenteratua matalkule.

Die Fledermaus-Männer werden [von verschiedenen Richtungen kommend] zusammenkommen.

In der Nähe von Altara angekommen, stellten sie sich auf, worauf die Bewohner von Altara ihre Zuflucht auf einem hohen Berge suchten, auf dem sie sicher waren. Nachdem die Fledermaus-Männer unverrichteter Sache abgezogen waren, unternahmen die Männer von Altara einen Rachezug nach Rubitjera unter der Führung von Ntjiperara.[1]) Sie sandten zwei Spione vor sich her, die die Stärke des Feindes erkundeten, umstellten vor Tagesanbruch den Lagerplatz zu Rubitjera und rotteten das ganze Lager aus. Nur ein einzelner Mann, namens Ltulberia[2]) entfloh und beobachtete aus sicherem Versteck das blutige Schauspiel:

Luminjila rama;

Aus dem Versteck sieht er zu;

Ulantulantula rama.

Mit vorgestreckter Stirn sieht er zu.

Als ihn die Feinde erblickten, riefen sie ihm zu, zu ihnen zu kommen, worauf er sie fragte, weshalb sie alle seine Freunde erschlagen hätten. Er ging darauf nach Imanta am Hugh River, nachdem sie ihn gewarnt hatten, keine Rächerschar gegen sie zu führen. Darauf kehrten sie nach Altara zurück, wo sie sich in einer großen Steinhöhle niederwarfen und in tjurunga verwandelt wurden.

36. Atua-rakara [die rakara-Männer].

Atua rakara[3]) ntjara juta[4]) tmela nariraka, Inkata tara etnaka naraka: Jukara[5])

Männer rakara viele Spinifex im Platz waren, Häuptling zwei ihrer (gen. pl.) waren: Jukara

Rabinja tuta. Etna wolleraka, tjurunga matiula nariraka, etna alkirakerala nariraka,

Rabinja auch. Sie versammelten sich, tjurunga umwickelten, sie zum Himmel aufflogen,

etna alkiela kuta pitjiriraka Titjatnauna,[6]) etna renalala-kalariraka. Etna matja knara

sie am Himmel immer kamen nach Titjatna, sie ließen sich nieder. Sie Feuer groß

[1]) Ntjiperara, von ntjipera = kleine Fledermaus.

[2]) Ltulberia = der mit dem großen Leib.

[3]) rakara, ein roter Vogel, etwas größer als eine Taube, die sich gewöhnlich in Spinifex-Gefilden aufhalten.

[4]) juta = Spinifex (Triodia).

[5]) jukara = rakara [s. Anm. 3].

[6]) titjatna, zusammengesetzt aus titja = ititja = Mulga-Baum und etna = munta, dicht, bedeutet: Mulga-Dickicht.

manna tjeritjika etala nariraka, manna rabinja[1]) tariraka kwatjalela, etna ekalla knara ltambi-
Brot zu backen anzündeten.   Brot   rabinja   rieben mit Wasser, sie   Brot groß

worriraka, tjerala nariraka tuta. Etna tnama inaka,   nana   ekallauna tantaka, aranbilaka
kneteten,   backten   auch. Sie Stecken nahmen, denselben in das Brot stießen,   verteilten

tuta. Etna   ankuka   renalitjilariraka. Etna ingutnala kankuerariraka erintja   kunna
auch. Sie   zum Schlaf sich niederlegten. Sie   morgens   horchten   böses Wesen schlechtes

ankamanga: hai![2]) Erintja   kunnala atua rakarana lunaka; retna ekura: Tjita.[3]) Etna
sagend: hai! Böses Wesen schlechtes Männer rakara   verfolgte; Name sein: Tjita.   Sie

parpa alkirakerala lariraka, etna iliarka[4]) tmarauna pitjiriraka, unda[5]) knara tana
schnell zum Himmel auffuhren, sie Emu-Asche nach dem Platz kamen, Wasser groß dort

namanga. Etna wotta matja etala nariraka, kwatja inala nariraka, wotta rabinja tariraka.
seiend.   Sie wieder Feuer   anzündeten, Wasser   nahmen,   wieder rabinja rieben.

Etna ekalla ntjara knara ltambiworriraka, nana tjerala nariraka tuta. Etna   ilkumala,
Sie Brote viele groß kneteten,   dies backten auch. Sie gegessen habend,

   erintja   kunna itinja pitjika, era ljelknankaka: hai! Erintja   kunnala ekalla mbanka
böses Wesen schlechtes nahe kam,   es krächzte; hai! Böses Wesen schlechtes Brot übrig

ilkuka. Etna wotta alkirakerala nariraka, etna tmaraka Tatoa[6]) renalalakalariraka. Etna
aß.   Sie wieder zum Himmel aufflogen, sie des Platzes Tatoa sich niederließen. Sie

ekalla knara ltambiwommala, erintja kunna ilkaka: hai! Era tmara nananga albuka.
Brot groß   kneteten,   böses Wesen schlechtes schrie; hai! Es Platz von diesem umkehrte.

Atua rakara wotta alkirakerala nariraka, etna pitjiriraka Marukurutara[7]) tmarauna. Gurunga
Männer rakara wieder zum Himmel auffuhren, sie   kamen   rakara-Platz nach Platz. Darauf

   erintja   kunna arbuna pitjika, retna ekura: Ljelknabaljelkna.[8]) Etna manna ntanga
böses Wesen schlechtes anderes kam, Name sein: Krächzer.   Sie Brot Grassamen

ilkumala, Ljelknabaljelkna ankaka: hai! Etna wotta alkirakerala lariraka, etna Ntaparaka[9])
gegessen haben, der Krächzer sagte: hai! Sie wieder zum Himmel auffuhren, sie in Ntapara

renalitjikalariraka, etna matja knara etala nariraka ulbaiala, ekalla tjerala nariraka tuta.
sich niederließen, sie Feuer groß   anzündeten in dem Creek, Brot   backten   auch.

Etna anma ilkutjinanga, erintja kunna itinja pitjika, etna teralariraka, manna ekalla
Sie bald essen werdend, böses Wesen schlechtes nahe kam, sie furchtsam gingen, Brot Teig

   [1]) rabinja, eine Grasart, deren Samen wie die meisten Grassämereien gerieben und zu Brot
gebacken werden.
   [2]) hai! Ausruf, um einen andern aufzuschrecken.
   [3]) tjita = schwach, weich, biegsam.
   [4]) iliarka, zusammengesetzt aus ilia = Emu und jarka = alte Asche, bedeutet: die alte Asche
der Emus, weil die Emu-Vorfahren in alter Zeit hier einen Lagerplatz hatten.
   [5]) unda ist das auf den Lehmebenen angesammelte Regenwasser (clay-pan-water).
   [6]) tatoa (L) = gleich große Mulde, ein Platz westlich von Glen Helen.
   [7]) marukurutara von (L), marukuru = (A) rakara und tara, (L) = Platz, bedeutet: der rakara-Platz.
   [8]) ljelknabaljelkna, gebildet aus ljelknankama = krächzen, bedeutet: der Krächzer.
   [9]) ntapara = Gummirinde.

imbula nariraka, etna pitjiriraka Titjagatauna.[1]) Etna tana ekalla wotta Itambiworriraka,
daließen, sie kamen nach Mulga-Platz. Sie dort Teig wieder kneteten,

ngaiala indora nariramanga. Etna manna ultakamala erintja itinja indora pitjika, era
hungrig sehr seiend. Sie Brot gebrochen haben, böses Wesen nahe sehr kam, es

ljelknankaka: hai! Atua rakarala manna imbalalariraka, etna pitjiriraka Lalkintinerama[2])
krächzte: hai! Männer rakara Brot liegen ließen, sie kamen Nasenwand-Durchbohren

tmarauna. Etna wotta manna tariraka, erintja wotta pitjika, ankaka tuta: hai! Etna
nach Platz. Sie wieder Brot zerrieben, böses Wesen wieder kam, sagte auch: hai! Sie

wotta alkirakerala lariraka, etna Worrijerrauna[3]) pitjiriraka. Etna manna tjerala nariraka,
wieder zum Himmel auffuhren, sie nach Ameisenhaufen kamen. Sie Brot backten,

woljauna renala nariraka, etna manna kurka wára ilkumala, etna ngurangurala kankuerala
auf Zweige legten, sie Brot klein bloß gegessen haben, sie gegen Abend horchten

nariraka erintja ankamanga: hai! Etna ingula alkirakerala nariraka, etna Alketurauna[4])
böses Wesen sagend: hai! Sie in der Nacht zum Himmel auffuhren, sie nach Mahlstein

pitjiriraka. Etna ingula ekalla Itambiworriraka; etna ilkuriramanga, erintja wotta itinja
kamen. Sie in der Nacht Teig kneteten; sie essend, böses Wesen wieder nahe

pitjika. Etna wotta alkirakerala lariraka, etna Lola[5]) tmarauna pitjiriraka. Etna manna
kam. Sie wieder zum Himmel auffuhren, sie Lola nach Platz kamen. Sie Brot

knara indora tariraka, nana iliarana ndariraka, erintja pitjika, era wotta ilkaka: hai!
groß sehr rieben, dies den jungen Männern gaben, böses Wesen kam, es wieder rief: hai!

Etna alkirakerala nariraka, etna pitjiriraka Parankalanama[6]) tmarauna. Manna tjeramala,
Sie zum Himmel auffuhren, sie kamen Gummibaum-Rauschen nach Platz. Brot gebacken haben,

erintja itinjeraka; atua rakara alkirakerala lariraka, kara knaraka renalitjalburiraka,
böses Wesen nahte; Männer rakara zum Himmel auffuhren, Ebene (in) große sich niederließen,

Larakalberama.[7]) Etna tana manna kurka Itambiworriraka; erintja itinja pitjika ljelknanka-
(in) Larakalberama. Sie dort Brot klein kneteten; böses Wesen nahe kam krächzend:

manga: hai! Etna alkirakerala lariraka, patta katningaka renalitjalburiraka, Utatara[8]) tmaraka.
hai! Sie zum Himmel auffuhren, Berg auf oben sich niederließen, Utatara (in) Lagerplatz.

---

[1]) titjagata, zusammengesetzt aus ititja = Mulga und gata = Platz.

[2]) lalkintinerama = die Nasenwand durchbohren, weil dort eine Felsenwand mit einer fensterähn-
lichen Öffnung sich findet.

[3]) worrijerra, zusammengesetzt aus worri = Haufen und jerra = Ameisen, bedeutet: Ameisenhaufen.

[4]) alketura = alkatua, glatter Stein, auf dem Sämereien gerieben werden.

[5]) lola, auch ljöla ausgesprochen, = anus, ein Platz auf der nordwestlichen Seite der Finke-Gorge.

[6]) parankalanama, zusammengesetzt aus para = Gummibaum und ankala nama = ankama = er
sagt, heißt wörtlich: der Gummibaum sagt; gemeint ist: das Rauschen des Gummibaumes.

[7]) larakalberama, jetzt laruntuma = (im Spiel) im Kreise herumgehen, weil hier die rakara-Männer
spielend im Kreise herumgingen.

[8]) utatara = atua tara = zwei Männer, da sich dort zwei ntjuara (blaue Kranich)-Männer in
alter Zeit aufhielten.

Patta katningala etna ekalla wotta ltambiworriraka, erintja   pattala   injitjinjika, era ilkaka:
Berg auf oben   sie   Teig   wieder   kneteten,   böses Wesen auf den Berg   stieg,   es   rief:

hai! Etna alkirakerala lariraka, longa indora pitjiriraka lltaratungatungauna.¹) Etna   tirkala
hai! Sie zum Himmel auffuhren, weit sehr   kamen   nach lltaratungatunga.   Sie auf den Sand-

                    ntanga   knara indora tjerala nariraka, etna   ilkumala,   erintja   kunna itinja
hügeln Gras-Samen groß   sehr   backten,   sie gegessen haben, böses Wesen schlechtes nahe

indora   pitjika,   era ilkaka: hai! Etna wotta alkirakerala nariraka, etna renalitjikalariraka
sehr   kam,   es   rief: hai! Sie wieder zum Himmel auffuhren, sie   ließen sich nieder

Tnuntutnaka.²) Tana atua rakara   kutata   nariraka,   inkata   etnaka naka: Jukara.
(in) dichte Ecke.   Dort Männer rakara immerwährend waren,   Häuptling ihr (gen. pl.) war: Jukara.

Atua rakara inkaraka renalitjalburiraka, erintja   borka pitjika, era entara indora ilkaka: hai!
Männer rakara alle   ließen sich nieder, böses Wesen müde kam, es laut   sehr   rief: hai!

Etna   janna   teralariraka, etna manna knara indora tariraka, urkna kuta injitjinjika,
Sie nicht könnend furchtsam gingen, sie Brot groß sehr   rieben,   Brei   immer stieg.

kuta injitjinjika, inkana etnana goltaka. Gurunga inkata Jukara kameraka urknanga, era
immer stieg,   zuletzt sie   bedeckte.   Darauf Häuptling Jukara stand auf aus dem Brei, er

patta tnana   kamalelaka,   bala taramininta tuta ulbantjika. Era patta   tnana   nana
Stein Mahlstein aufrichtete, Reibstein   drei   auch herauszog. Er Stein Mahlstein diesen

     alauna inkainaka,   bala taramininta era renaka tnana   tnataka. Gurunga Jukara
auf den Boden stellte, Reibstein   drei   er   legte Mahlstein (vorm Bauch). Darauf Jukara

wotta irbuka, urknala erina goltaka tuta. Atua rakara inkaraka borkeraka, etna patta-
wieder einging, der Brei ihn bedeckte auch. Männer rakara   alle   wurden müde, sie Stein-

tjurungeraka;   erintja   kunna   ulbaiala ilbureraka. Lena tmara Jikala³) nama.
tjurunga wurden; das böse Wesen schlechtes in dem Creek ilbula wurde. Dieser Platz Jikala   ist.

Tana lata patta tjenja tnana ngera nama, tnatala   bala taramininta indama.
Dort jetzt Stein hoher Mahlstein gleich ist, (am Bauch) Reihsteine   drei   liegen.

          Freie Übersetzung. Viele rakara-Männer hielten sich in Juta auf. Sie hatten zwei Häupt-
linge, Jukara und Rabinja. Sie versammelten sich, umwickelten ihre tjurunga und flogen auf; sie flogen
nach Titjatna; dort ließen sie sich nieder. Sie zündeten ein großes Feuer an, um Brot zu backen. Sie
rieben rabinja-Samen mit Wasser, kneteten den Teig und backten denselben. Dann nahmen sie einen
Stecken und stießen denselben in das Brot und verteilten es. Darauf legten sie sich zum Schlafen nieder.
Am nächsten Morgen hörten sie ein böses Wesen, das ausrief: hai! Das böse Wesen verfolgte die rakara-
Männer. Der Name des bösen Wesens war Tjita. Die rakara-Männer flogen auf und kamen nach Iliarka,
wo auf einer Lehmebene viel angesammeltes Regenwasser stand. Sie zündeten wieder ein Feuer an,
holten Wasser und rieben wieder rabinja-Samen. Sie kneteten sehr viele Brote und backten dieselben.
Nachdem sie gegessen hatten, näherte sich das böse Wesen und krächzte: hai! Das böse Wesen ver-

---

¹) lltaratungatunga, abgeleitet von lltaratuma = klopfen, zerklopfen, weil hier luta-Totem-Götter
lupa [Akazien]-Samen zerklopft haben; Platz ca. 15 Meilen nordwestlich von Hermannsburg.
²) Tnuntutna, von tnunta = Ecke und etna = manta = dicht, bedeutet: dichte Ecke, ein Platz
ca. 9 Meilen westlich von Hermannsburg.
³) jikala bedeutet eine kleine Mulde, wie sie die dortigen rakara-Männer besaßen.

zehrte die übrigen Brote. Sie flogen wieder auf und ließen sich in Tatoa nieder. Nachdem sie ein großes Brot geknetet hatten, rief das böse Wesen: hai! Von hier kehrte das böse Wesen zurück. Die rakara-Männer fuhren wieder auf und kamen nach Marukurutara. Darauf kam ein anderes böses Wesen, namens Ljelknabaljelkna. Nachdem sie Gras-Samen-Brot gegessen hatten, rief Ljelkuabaljelkna: hai! Sie flogen wieder auf und ließen sich in Ntapara nieder; dort zündeten sie in dem Creek ein großes Feuer an und backten Brot. Als sie gerade essen wollten, kam das böse Wesen heran; sie flohen, ließen das Brot im Stich und kamen nach Titjagata. Dort kneteten sie wieder den Teig, da sie sehr hungrig waren. Nachdem sie das Brot gebrochen hatten, kam das böse Wesen sehr nahe heran und krächzte: hai! Die rakara-Männer ließen das Brot liegen und kamen nach Lalkintinerama. Dort rieben sie wieder Samen, das böse Wesen kam wieder und sagte: hai! Sie flogen wieder auf und kamen nach Worrijerra. Sie backten Brot und legten dasselbe auf Baumzweige. Nachdem sie nur ein wenig Brot gegessen hatten, hörten sie das böse Wesen gegen Abend rufen: hai! Sie flogen in der Nacht auf und kamen nach Alketura. Dort kneteten sie in der Nacht den Teig; indem sie aßen, kam das böse Wesen wieder nahe heran. Sie flogen wieder auf und kamen nach Lola. Dort rieben sie sehr viel Samen, den sie den jungen Männern gaben, worauf das böse Wesen kam und wieder rief: hai! Sie flogen auf und kamen nach Parankalanama. Nachdem sie dort Brot gebacken, nahte das böse Wesen, worauf die rakara aufflogen und sich auf eine große Ebene niederließen, namens Larakalberama. Dort kneteten sie ein wenig Brot, da das böse Wesen nahe kam und krächzte: hai! Sie flogen darauf auf und ließen sich oben auf einem Berg nieder, in Utatara. Oben auf dem Berg kneteten sie wieder den Teig, da stieg das böse Wesen auf den Berg hinauf und rief: hai! Darauf flogen sie auf und flogen sehr weit bis nach Itaratungatunga. Auf den dortigen Sandhügeln backten sie sehr viele Gras-Sämereien. Nachdem sie gegessen hatten, kam das böse Wesen sehr nahe zu ihnen und rief: hai! Sie flogen wieder auf und ließen sich in Tnuntutna nieder. Dort lebten viele ewige rakara-Männer, deren Häuptling Jukara war. Alle rakara-Männer ließen sich hier nieder; das böse Wesen kam sehr müde hinterdrein und schrie sehr laut: hai! Doch sie flohen nicht mehr vor ihm, und rieben sehr vielen Samen, so daß der Brei immer höher und höher stieg, bis er die rakara-Männer bedeckte. Da erhob sich der Häuptling Jukara aus dem Brei, richtete den Mahlstein auf und zog auch die drei Reibsteine aus dem Brei heraus. Er richtete den Mahlstein auf dem Boden auf und legte die drei Reibsteine vor den Mahlstein hin. Darauf sank Jukara wieder in den Brei ein, der auch ihn bedeckte. Alle die rakara-Männer waren erschöpft und wurden in Stein-tjurunga verwandelt; das böse Wesen wurde in dem Creek ein tea-tree-Strauch. Dies ist der Ort Jikala. Dort ist jetzt ein hoher Stein, wie ein Mahlstein, vor demselben liegen drei kleine Reibsteine.

37. Die rebilanga- und arkara-Männer.

In Ntatara,[1] einem etwa 15 Meilen nordwestlich von Hermannsburg am Finke gelegenen Platze, in der Nähe des großen Totem-Zentrums ꞌRama, lebten einst zwei rebilanga[2])-Männer, die sich dort von Ratten und Mäusen nährten; auch viele manginta[3])-Männer hielten sich dort auf. Eines Tages erschienen in Ntatara zwei arkara[4])-Männer, die vom fernen Westen sich aufgemacht hatten und überredeten die rebilanga- und manginta-Männer, mit ihnen in ihre Heimat zurückzukehren. Sie umwickelten ihre tjurunga-Hölzer und brachen auf; sie kamen zuerst nach Jentjima,[5] wo sie viele Bandikuts (kurra) und Ratten (urartja) erschlugen und brieten; davon gaben sie auch den beiden arkara-Männer ihren Anteil (tjauerilja). Nach der Mahlzeit schmückten sie die beiden arkara-Männer mit Kohlenstreifen und Vogeldaunen, worauf die Darsteller mit der Zunge schnalzend abwechselnd mit dem rechten und linken Fuß den Boden stampften, worauf die rebilanga-Männer die beiden Darsteller umarmten zum Zeichen, daß die Darstellung zu Ende sei. Am andern Tage

---

[1]) ntatara == die beiden.
[2]) rebilanga ist ein großer weißer Vogel.
[3]) manginta ist eine Eulenart.
[4]) arkara ist ein weißer Vogel.
[5]) jentjima == kann nicht hinaufsteigen, s. pag. 52, Anm. 10.

wanderten sie weiter nach Westen und kamen an eine große Ebene, mit Namen Mbangatuma[1]) in der Nähe von der Gosses Range, wo die beiden arkara-Männer die rebilanga-
Männer mit weißer Farbe schmückten; sie zogen denselben breite Streifen von der Stirn
bis ans Knie und steckten ihnen Vogelfedern in die Armbänder; die rebilanga-Männer hielten
sich die Schilde über ihr Genick und hoben abwechselnd bald den rechten, bald den linken
Fuß in die Höhe. Von hier wanderten sie weiter nach Ulbura;[2]) dort gruben sie mit ihren
Stöcken viele Ratten aus und traten dieselben tot; darauf beschenkten sich die arkara- und
rebilanga-Männer gegenseitig. Nachdem hier die arkara-Männer eine Kultushandlung aufgeführt hatten, wanderten sie alle weiter nach Westen, gingen einem Creek entlang und
kamen nach Untantita;[3]) hier führten die rebilanga-Männer eine Kultushandlung auf. Darauf
wanderten sie weiter nach Okunja;[4]) am nächsten Tage erblickten sie auf ihrer Wanderung
nach Westen viele tjilpa [wilde Katzen]-Männer, die nach Norden wanderten. Letztere riefen
spottend den arkara-Männern zu: Workerimba nguntalmanu[5]) d. h. die Vögel schnalzten;
doch die arkara schimpften zurück: Tjoïnmanu,[6]) tjoïnmanu, d. h. sie zischten, sie zischten
[die wilden Katzen]. Am Abend gelangten sie nach Ankarantanti,[7]) wo sich die arkara- und
rebilanga-Männer wieder gegenseitig beschenkten und Kultushandlungen aufführten. Über
Uturutati,[8]) Maiutukunna[9]) und Wakitji[10]) wanderten sie zum Jaia[11]) Creek, wo sie sich mit Fett
und rotem Ocker Zeichen (ilkinja) auf dem Körper malten. Von hier wandten sie sich nach
Norden und kamen nach Tjupulu;[12]) dort ließen sich die rebilanga-Männer von den arkara-
Männern schmücken und sangen, jetzt nahe am Ziel ihrer Wanderung den tjurunga-Gesang:

Erebilangela erarerarelama,

d. h.: die rebilanga sehnen sich nach Hause.

Nachdem sie noch einmal in Alkuljinga[13]) gerastet hatten, kamen sie nach Mauurungu,[14]) ihrer Heimat. Nachdem sie ihre Speere um ein in der Nähe der dortigen Felsenhöhle befindliches Wasserloch gesteckt und ihre tjurunga-Hölzer in der Höhle niedergelegt
hatten, gingen sie alle, die rebilanga-, die manginta- und die arkara-Männer in das Wasserloch hinein.

38. Die ibiljakua [Enten]-Männer.

Einst lebten viele wilde Enten (ibiljakua)-Männer unter dem Häuptling Nkebara
[Cormoran] in Irbmankara,[15]) von den Weißen Running Waters genannt, am unteren Finke.

[1]) mbangatuma zusammengesetzt aus mbanga = cane-grass [Glyceria ramigera F. v. M.] und tuma
= schlagen, abschlagen, weil sie hier cane-grass abschnitten.
[2]) ulbura = hohler Gummibaum.
[3]) untantita, zusammengesetzt aus unta = du und enta = allein, bedeutet: nur du, du allein [?].
[4]) okunja = kleiner Berg, Hügel.
[5]) workerimba(L) = Vögel, nguntalmanu(L) von nguntalmanañ = schnalzen, bedeutet: sie schnalzten.
[6]) tjoïnmanu (L), von tjoïnmanañ = zischen, bedeutet: sie zischten.
[7]) ankarantanti, s. pag. 36, Anm. 2.
[8]) uturutati (L) = die langen Federn des Emu.
[9]) Maiutukunna (L) = der Kot des Maiutu = Tuanjiraka der Aranda.
[10]) wakitji (L) = Haarflechte.
[11]) jaia = Wassermoos, s. pag. 64, Anm. 3.
[12]) tjupulu (L) = abgekürzt aus tjupulupulu = Kaulquappe (A. mbobulja).
[13]) Alkunjinga, abgeleitet von ilkunja = Essen, weil sie hier gegessen haben.
[14]) Mauurungu, zusammengesetzt aus mauu (L) = Urin, und rungu (L) = mit, bedeutet: mit Urin
bedeckt, weil die Schwarzen das Ausströmen des Wassers aus dem Felsen mit dem Urinlassen vergleichen.
[15]) Irbmankara = die breite Schote, s. pag. 65, Anm. 7.

Zu diesen kam eines Tages ein Mann, namens Remala, der dem ibara[1]) oder Kranich-Totem angehörte, von dem im Norden gelegenen Platz Nunta,[2]) der die Enten-Männer in Irbmankara überredete, mit ihm nach Norden umzukehren. Sie kamen zuerst nach Rubula,[3]) wo sie Mulga (ititja)-Samen sammelten, in heißer Asche rösteten, mit Wasser rieben und diesen Brei tranken. Dann schmückten sie den Remala mit schwarzen Streifen und Vogeldaunen, gaben ihm Gummizweige in die Hand, mit denen er seine Oberschenkel fortwährend herabstrich, während alle jungen Männer sich im Kreise um ihn herumbewegten und warkuntaka. Am nächsten Tage wanderten sie in nordwestlicher Richtung weiter und kamen nach Lalkarintinerama,[4]) einem unterhalb der Verbindung des Palm Creek mit dem Finke gelegenen Platz. Hier schmückten sie die beiden Häuptlinge Nkebara und Remala; dieselben nahmen dann zwei kleine Stöcke in die Hand, mit denen sie im Takt ihre Oberschenkel schlugen. Nach Schluß dieser Zeremonie wanderten sie weiter nach Pmaletnama[5]), wo sich ein spitziger Stein aus dem dortigen Wasserloch erhebt. Dort bemalte Remala die jungen Enten-Männer mit Kohle, stellte sie alle in einer Reihe auf, worauf sie das Geschrei der Enten nachahmten (hó, hö, hó, hó, hó), bis er ihnen einen langen Speer ins Genick drückte (talkutanaka). Von hier kamen sie nach Ntarea,[6]) einem eine Meile westlich von Hermannsburg am Finke gelegenen Wasserloch. Nachdem sie auch an diesem Platz eine Kultushandlung aufgeführt hatten, spannen sie sich eine lange Schnur aus Haar, uléra genannt, setzten sich alle, einer hinter dem andern, auf dieselbe und flogen wie Enten durch die Luft; sie ließen sich in Jikala,[7]) einem etwa neun Meilen westlich von Hermannsburg am Finke gelegenen Platze nieder. Hier verzehrten sie zuerst manna tmekua,[8]) dann bemalten sie die jungen Männer und gaben ihnen kleine Stäbe (iwonba) in die Hände, die sie solange aneinander schlagen mußten, bis ihnen ein Häuptling wieder einen langen Speer über das Genick legte. Sie wanderten von hier zu Fuß den Finke aufwärts und kamen nach dem bekannten Totem-Platz ʿRama,[9]) wo sich die beiden Häuptlinge eine große tnatantja verfertigten, aufstellten und sich, dieselbe in die Mitte nehmend, einander gegenübersetzten, worauf die jungen Männer, wie gebräuchlich, um sie herumgingen. Nachdem sie die beiden Häuptlinge an den Schultern festgehalten hatten, zogen sie die tnatantja heraus und legten sie auf Gummizweige. Hier verlor Remala eine tjurunga. Wieder spannen sie einen langen Faden, flogen auf und ließen sich auf der nördlichen Seite der Finke Gorge in Ulbmantaljerra[10]) nieder, wo sich viele einheimische Enten-Männer aufhielten, deren Häuptling ebenfalls Nkebara [Cormoran] hieß. Hier spannen sie sich einen sehr, sehr langen Faden; der eine Nkebara setzte sich vorn, der andere Nkebara hinten auf den Faden und nachdem alle Enten-Männer zwischen Beiden Platz genommen hatten, flogen sie durch die Luft und ließen

---

[1]) ibara = der schwarz und weiß gestreifte Kranich.
[2]) nunta = Felsspitze, in dessen Nähe ein großer Salzsee (iloara) sich befindet.
[3]) rubula = Vereinigung [des Ellery Creek mit dem Finke].
[4]) lalkarintinerama, zusammengesetzt aus lalkara = Nasenknochen [Schmuck] und ntinerama = durchbohren, durchstechen, bedeutet: den Nasenknochen hindurchstechen.
[5]) pmaletnama, zusammengesetzt aus pmale = apmala Schlange und tnama = steht, bedeutet: die Schlange steht aufrecht; ein Platz ungefähr vier Meilen südlich von Hermannsburg am Finke gelegen.
[6]) ntarea = ntanai? d. h. wo? zu ergänzen: ist der rechte Weg? da sich hier die in alter Zeit an diesem Platz lebenden zwei ratapa-Vorfahren verirrten und den Weg nicht finden konnten.
[7]) jikala = kleine Mulde, s. pag. 72, Anm. 3.
[8]) tmekua ein Strauch mit mulga-ähnlichen Früchten.
[9]) rama, s. pag. 67, Anm. 1.
[10]) Ulbmantaljerra, zusammengesetzt aus ulbmunta = weiche Erde, Staub, und ljerra (ljirra) = gut, bedeutet: der gute, weiche Lagerplatz.

sich in Erulba,[1]) diesseits Glen Helen nieder. Nachdem sie hier Mulgabrei getrunken und eine Zeremonie aufgeführt hatten, spannen sie wieder einen langen Faden und flogen über Berg und Tal, bis sie Kularata[2]) erblickten; hier ließen sie sich mit Entengeschrei (hó, ho, hó, ho, b, b, b, b, rrr) nieder. Der dortige Häuptling, namens Eroanba [weißer Kranich] gab ihnen Mulgasamen zum Geschenk. Da sie sehr müde waren, legten sie sich nieder und waren bald fest eingeschlafen. Da nahte von Westen ein böses Wesen in Hundegestalt, das alle ibiljakua-Männer verschlang. Vom Fressen übernommen, fiel das böse Wesen in einen festen Schlaf. Da kamen zwei Männer vom Norden, ein tnalapáltarkna-[3]) und ein tantana-[4]) Mann, die große Bumerangs mit sich führten. Sie schlichen sich an das böse Wesen heran und warfen ihm ihre Bumerangs mit solcher Kraft an den Kopf, daß letzterer weit weg flog, worauf alle verschlungenen Enten-Männer lebend herauskamen, an einem langen Faden durch die Luft flogen und sich in Nunta niederließen, wo sie tjurungeraka.

39. Der ngapa [Raben]-Mann.

In Iwópataka[5]), einem zwischen Alice und Owen Springs gelegenen Platze, lebten einst viele ngapa-[6]) oder Raben-Männer, die sich von manna latjia [einer eßbaren Wurzel] nährten. Eines Tages führte ein von Westen wehender Wind viele Adlersdaunen (eritja andata) dorthin. Verwundert betrachteten die Raben-Männer ihren Oberkörper, und kamen zu der Überzeugung, daß diese Adlersdaunen von einem fremden Lagerplatz hergeweht wurden, da sich die ngapa-Männer nicht mit weißen, sondern mit roten Vogeldaunen zu schmücken pflegten. Da sprach der Häuptling der ngapa-Männer zu seinen Lagergenossen: Bleibt ihr hier, ich will einmal nachsehen, woher diese Vogeldaunen kommen! Er nahm Rabengestalt an, und flog nach Westen, bis er sich in Ariljarilja[7]), einem im Norden von der Gosses Range gelegenen Platz niederließ. Von hier setzte er zu Fuß seine Wanderung fort und fand bald zwei junge Männer (rukuta), die sich manna latjia ausgruben. Da ihm diese beiden rukuta nur wenige latjia gaben, verließ er sie und wanderte weiter nach Mulati[8]), wo sich viele latjia-Männer aufhielten, die ihn einluden, sich bei ihnen niederzulassen; ein dortiger inkaia[9])-Totem-Vorfahr gab ihm eine große Mulde voll Wurzeln. Am andern Tage gingen die Bewohner von Mulati aus, um sich neuen Vorrat an latjia zu verschaffen, nachdem sie alle im Lagerplatz befindlichen latjia in der Erde verscharrt hatten; der Raben-Mann jedoch, den sie allein im Lagerplatz zurückgelassen hatten, scharrte alle latjia-Wurzeln aus, band dieselben in Bündel und nahm ein Bündel (matia) unter den Arm, befestigte je eines an jeden Fuß, legte ein latjia-Bündel auf seinen Kopf und flog nach Iwopataka zurück,

[1]) erulba ein Strauch mit hellen Blättern.
[2]) kularata, zusammengesetzt von kula = tiefes Wasserloch und rata = weit, bedeutet: ein weites tiefes Wasserloch.
[3]) tnalapáltarkna, der nächtliche Reiher (spec. of night-heron).
[4]) tantana, der schwarze Reiher (black heron).
[5]) iwópataka bedeutet: mit Spinngewebe (iwópa) überzogen. Jetzt wird dieser Platz von den Weißen Jay genannt, ungefähr 12 Meilen nordöstlich von Owen Springs.
[6]) ngapa ist der schwarze Rabe (Corvus coronoides Vig. et. Horsf.).
[7]) ariljarilja wird hergeleitet von erilja = Strauch mit weidenähnlichen Blättern, gelben Blütenkätzchen und Schotenfrüchten.
[8]) mulati (L.) = Zwillinge s. pag. 56.
[9]) inkaia, ein Bandikut, wahrscheinlich Peragale lagotis Reid.

wo er die gestohlenen Bündel in der Nähe des Lagerplatzes versteckte, damit die anderen Raben-Männer seinen Raub nicht entdecken sollten. Auf ihre Frage: Wo bist du gewesen? antwortete er ausweichend: Im Westen. Als ihn einer der dort ansässigen latjia-Männer fragte: Wo hast du die vielen latjia-Wurzeln hergeholt? antwortete er gleichfalls: Vom Westen. Bald darauf machten sich die Bewohner von Mulati auf, um den Diebstahl zu rächen. Sie wanderten über Arambara[1]), Tnolbutankama[2]), Taraia[3]), Jinbaragoltulta[4]), Rućkana[5]) und Ratata[6]) nach Iwopataka. Als die Bewohner des letzteren Lagerplatzes die ankommende Rächerschar erblickten, sagten sie zu dem ngapa-Häuptling: Du hast die latjia gestohlen, darum kommen die Bewohner von Mulati hierher. Als die Rächerschar in die Nähe des Lagerplatzes gekommen war, sprachen die Bewohner von Iwopataka zu ihnen: Hier ist der Mann, der euch eure latjia gestohlen hat; schlagt ihn mit euren Stöcken (tnaúia) tot. Der Raben-Mann ergriff zwar eiligst die Flucht, doch die latjia-Männer warfen ihm ihre tnaúia ins Genick, so daß er tot hinstürzte. Dann gingen alle Raben- und latjia-Männer in die dortige Steinhöhle hinein und wurden alle, sogar die gesammelten latjia-Wurzeln, sowie auch der Dieb zu tjurunga.

40. Die palkanga [Königsfischer]-Männer.

In Larra-ulbmara,[7]) diesseits ꞓRama im Nordwesten von Hermannsburg gelegen, lebte einst ein palkanga[8])-Mann mit seinen beiden erwachsenen Söhnen (lerra). Während seine Söhne auf die Jagd nach iwuta [Wallaby] gingen, begab sich der palkanga-Häuptling zu einem Akazienstrauch (lupa) in der Nähe des Lagerplatzes, reinigte zuerst den Boden um denselben und hieb den Strauch um. Sodann schlug er mit einem Stock (tnaúia) die Schoten ab, klopfte die aufgehäuften Schoten aus, entfernte die Hülsen, sichtete den Samen und trug eine ganze Mulde voll davon auf dem Kopf nach seinem Lagerplatz. Hier röstete er den Samen, indem er mit einer kleinen Mulde (tjelja) heiße Asche (matja täba) zwischen denselben schüttete. Darauf schüttete er den gerösteten Samen auf einen flachen Stein (tnana) und zerrieb ihn, indem er von Zeit zu Zeit Wasser darauf goß, zu einem Brei, den er mit der Hand in eine kleine Mulde schob. Am Abend kamen seine Söhne mit dem erlegten Wild, das der palkanga-Mann verteilte; auch gab er ihnen von seinem Brei zu trinken. Eines Tages gingen die beiden jungen Männer in südlicher Richtung auf die Jagd, konnten aber kein Wild finden, da sie mit Blindheit geschlagen wurden (alkna tabataberaka = Augen wurden finster). Da sie nicht zurückkehrten, so machte sich der palkanga-Mann auf, um seine Söhne zu suchen und fand sie endlich am Boden sitzen; der eine Bruder hatte den kleinen Finger seiner rechten Hand in den kleinen linken Finger seines Bruders eingehakt. Da der Vater seine beiden Söhne nicht aufheben konnte, ging er nach Larra-ulbmara zu-

---

[1]) arambara = erhitzt, weil dort eine alknarintja von der Hitze ganz erschöpft in einen Felsen verwandelt wurde.

[7]) tnolbutankama = schnell aufbrechen [um weiter zu wandern], ein Platz im Norden von der Gosses Ranges.

[3]) taraia = Adlersfedern, Platz an dem Ellery Creek.

[4]) jinbaragoltulta, zusammengesetzt aus jinbara = Strauch und goltulta = kurz, Schößling, bedeutet: jinbara-Schößlinge.

[5]) rućkana, s. pag. 18, Anm. 2.

[6]) ratata, hergeleitet von tatatata, kleiner auf Bergen wachsender Busch mit silbergrauen Blättern.

[7]) Larra-ulbmara = sandige Creek s. pag. 65.

[8]) palkanga, der Königsfischer (Halcyon spec.).

rück, wo er seine Mulde über den Kopf gestülpt in den Boden einging, während seine beiden Söhne erstarrten und in zwei hohe, dicht nebeneinander stehende Termitenhügel (nkõpia) verwandelt wurden. Dieser Platz wird jetzt Kakaraïnbaka [d. h. sie konnten sich nicht zurechtfinden] genannt.

41. Der kulaia [Schlangen]-Mann vom MtSonder.

In der alten Zeit lebte am Mount Sonder (Rutjibma)[1]) ein Schlangen-Mann, namens Kulaia,[2]) der aus dem weichen Holze des Bohnenbaumes (ininta)[3]) sehr viele Mulden und Schilde verfertigte. Nachdem er seine Geräte und Waffen bearbeitet hatte, stieg er mit denselben auf den MtSonder, errichtete dort eine Hütte aus Baumzweigen und legte die angefertigten Geräte auf einer Grasunterlage zum Trocknen nieder. Dann stieg er wieder vom Berge herab und wanderte nach Osten, wo er einen sehr großen Bohnenbaum erblickte, den er mit seinem Steinbeil umhieb und auf seinem Kopf nach seiner Hütte, die er sich auf dem MtSonder erbaut hatte, hinauftrug. Dort bearbeitete er denselben so emsig, daß die Späne (lalta) weit umherflogen. Dieser große Bohnenbaum aber gehörte einer kweba [Beutelratte spec.]-Frau, die in Kweba-antjua, d. h. Beutelratten-Nest wohnte, einem westlich von Glen Helen gelegenen Platz. Sie verfolgte daher den Frevler, der nichtsahnend ihren Baum bearbeitete. Nachdem sie den kulaia-Mann eine Zeitlang aus einem Versteck beobachtet hatte, trat sie hervor, spuckte sich in die Hände, ergriff ihr Steinbeil und versetzte damit dem Schlangen-Mann einen so heftigen Schlag, daß sein linker Arm getroffen zu Boden fiel. Darauf floh sie nach Kweba-antjua kurka, d. h. nach Klein-Ratten-Nest, wo sich eine große Steinhöhle befand, in der viele labarinja[4])-Weiber und -Kinder sich aufhielten. Die kweba-Frau befahl den Kindern, sich ruhig zu verhalten und verschloß den Eingang der Höhle. Der Schlangen-Mann, der den Eingang der Höhle verschlossen fand, machte an einer anderen Stelle eine Öffnung, durch die er in das Innere gelangte, konnte aber trotzdem die kweba-Frau, die sich innen versteckt hatte, nicht finden. Er verließ daher diesen Platz und wanderte zu einem großen Wasserloch in einem Creek, westlich vom MtSonder, in das er sich hineinstürzte. Dieses Wasserloch, namens Pmõkuna[5]) wird als ein kulaia-Totem-Platz angesehen.

42. Die tjunba [große Eidechsen]-Männer.

Im Südwesten von Hermannsburg, diesseits Tempe Downs, liegt ein großer Totem-Platz, namens Manjiri.[6]) Hier hielten sich einst viele Eidechsen-Männer [atua tjunba[7]) und

---

[1]) Rutjibma = MtSonder, s. pag. 53, Anm. 9.
[2]) kulaia ist eine mythische Wasserschlange.
[3]) ininta = Bohnenbaum (Erythrina vespertilio Benth.). Aus dem weichen Holze desselben, der hier in großer Zahl wächst, verfertigen sich die Eingeborenen ihre tiefen Mulden und Schilde, während sie die roten oder gelben bohnenähnlichen Früchte zu Schmuckgegenständen verwenden.
[4]) s. pag. 68, Anm. 4.
[5]) pmokuna, zusammengezogen aus apma = Schlange und kuna = kwana drinnen, bedeutet: die Schlange ging hinein.
[6]) manjiri (L), eine Mulga-Art mit hellen Blättern.
[7]) tjunba, eine ca. 6 Fuß lange Eidechse (Varanus giganteus Grey).

atua intjira[1]), sowie viele Papageien-Totem-Vorfahren (atua ulbatja,[2]) atua ilultara,[3]) atua ruilkara,[4]) atua lirtjina[5])] auf. Alle Bewohner dieses Totem-Platzes wanderten nach Osten und kamen zuerst an einen kleinen Creek, mit Namen Akurubma,[6]) wo sie übernachteten. Am andern Tage wanderten sie weiter über viele Sandhügel und erreichten abends Abaratjinti;[7]) hier tranken sie Wasser aus einem ausgehöhlten Felsen und legten sich zur Ruhe nieder. Des andern Tages stiegen sie auf eine nach Osten laufende Bergkette und wanderten auf dem Gebirgsrücken (patta urba) weiter nach Inimami;[8]) an der Stelle, wo sie sich lagerten, finden sich jetzt viele schwarze Steine. Am nächsten Tage überschritten sie einen Höhenzug und kamen an einen Creek, namens Imitjikéba.[9]) Von hier wanderten sie weiter und kamen nach Kulturkali,[10]) wo ein atua kutata [ewiger Mann] sie einlud, zu ihm zu kommen. Am folgenden Morgen brachen sie wieder auf und erreichten Njatjila-mbakanama;[11]) dort hielten sich viele Eidechsen (intjira)-Frauen auf, die den Ankömmlingen zuriefen: Geht ein wenig weiter, dann werdet ihr viele Männer antreffen. Als sie weiter wanderten, sahen sie einen tjunba-Häuptling, der seinen Körper mit gelbem (terka-terka) Ocker bemalt hatte, vor einer großen tnatantja sitzen, an welcher viele kleine tjurunga herabhingen. Schnell liefen sie hinzu und fingen, im Kreise um ihn herumgehend, an, zu warkuntama. Alle Bewohner dieses Lagerplatzes schlossen sich am nächsten Tage den Wanderern an, nachdem sie ihre tjurunga in der dortigen arknanaua[12]) versteckt hatten und gelangten abends nach Katilka.[13]) Sie wanderten darauf über viele Sandhügel weiter nach Inkatjunba [Fußspuren der tjunba]. Nachdem sie hier geruht hatten, schlugen sie am Morgen die nördliche Richtung ein, folgten dann dem Lauf eines Creek und erreichten das Ziel ihrer Wanderung, Parantenta,[14]) einen Platz am westlichen Ufer des unteren Finke bei Running Waters, wo sich viele tjunba-Leute aufhielten. Der dortige Häuptling saß vor einer großen tnatantja und rief (raiankaka) sie. Nach Schluß der nun folgenden Zeremonie gaben ihnen die einheimischen tjunba-Leute manna ebalanga [aus ebalanga-Grassamen bereitetes Brot], worauf alle zusammen in die dortige Steinhöhle hineingingen und tjurungeraka.

---

[1]) intjira, eine Eidechse, ca. 2 Fuß lang, schwarz.

[2]) ulbatja, ein grüner Papagei mit gelbem Halsband und schwarzem Kopf (Platycerus zonarius Shaw).

[3]) ilultara [auch lultara genannt], ein Papagei mit prächtigem Gefieder (Spathopterus Alexandrae Gould).

[4]) ruilkara, grüner Papagei mit rotgelben Federn am Kopf (Calopsittacus novae-hollandiae Gmelin).

[5]) lirtjina, kleiner grüner Papagei (Melopsittacus undulatus Shaw).

[6]) akurubma (L) = Felsplatte.

[7]) abaratjinti (L) = lange Speerspitze, s. pag. 62, Anm. 12.

[8]) inimami (L), zusammengesetzt aus ini = (A) tnima = Strauch (spec.) und mami = dicht, bedeutet: tnima-Dickicht.

[9]) imitjikéba, ein loritjisiertes Wort von (A) matjagapa = Feuerbrand, Fackel.

[10]) kulturkali (L) = gekrümmte Seite, weil der dortige altjirangamitjina eine krumme Seite hatte.

[11]) njatjila-mbakanama, zusammengesetzt aus njatjila = injitjinjitja = kleiner schwarzer Vogel, und mbakanama = sich anlehnen, bedeutet: der injitjinjitja-Vogel lehnt sich an [die Felswand].

[12]) arknanaua = Höhle, worin die tjurunga aufbewahrt werden. Spencer und Gillen nennen diese Höhlen ertnatulunga.

[13]) katilka (L) = Maden am Fleisch.

[14]) parantenta, zusammengesetzt aus para = Gummibaum und ntenta = dicht, bedeutet: die dichten Gummibäume.

43. Die ramaia [Eidechsen]-Männer.

In Manánganánga,[1]) einem etwa 1 1/2 Meilen westlich von Hermannsburg gelegenen Platze, lebten einst viele ramaia[2]) oder Eidechsen-Männer. Einer von ihnen, namens Loatjira,[3]) wanderte nach Norden, um alle Eidechsen-Männer in den verschiedenen Totem-Plätzen einzuladen, mit ihm nach Manánganánga zurückzukehren. Er wanderte über ʿRama,[4]) Irkinjirkinja,[5]) Nukia,[6]) Warribinbara,[7]) Ulbura[8]) nach Tétnama,[9]) einem nördlich von Glen Helen gelegenen Platz, wo er sehr viele Eidechsen-Männer antraf, die ihm Fleisch zu essen gaben. Am Abend sagte er zu ihnen: Ich bin als Bote (urbia) zu euch gekommen, um euch einzuladen, mit mir nach Manánganánga zurückzukehren. Am nächsten Morgen setzte er seine Reise nach Norden fort, nachdem er den Bewohnern von Tetnama aufgetragen hatte, auf seine Rückkehr zu warten, und kam nach Irtjarkirtja;[10]) hier stieg er auf einen kleinen Berg, um sich zu orientieren. Er erblickte vor sich eine große Ebene, stieg in dieselbe hinab und kam nach Inkutinkuta,[11]) wo er übernachtete. Dann wanderte er weiter nach Norden, folgte dem Lauf eines Creek mit Namen Albola[12]) und kam an einen Berg, wo er eine hohe tnatantja im Boden stehen sah, die einigen Eidechsen-Männern gehörte, die hier erstarrt (borkeraka) waren, so daß ihn der Anblick der tnatantja traurig machte. Doch der dort ansässige Totem-Vorfahr rief ihm zu, zu ihm zu kommen, und ihn zu schmücken, worauf sie eine Kultushandlung aufführten. Nach Schluß derselben forderte Loatjira auch die dortigen Eidechsen-Männer auf, mit ihm umzukehren. Als sie ihre tjurunga aus der arknanaua geholt und umwickelt hatten, machten sie sich auf den Heimweg. Sie kamen zu den Bewohnern von Irtjarkirtja, welche sich versammelten und mit ihnen zogen. In Tétnama, der nächsten Station, schmückten sie den Loatjira und führten eine Eidechsen-Zeremonie auf. Dann umwickelten auch die Bewohner dieses Lagerplatzes ihre tjurunga und schlossen sich dem Zuge an; Loatjira ging hinter dem Haufen her. Von hier gelangten sie nach Ilapakutja[13]), wo sie eine tnatantja aufrichteten, die sich in einen ininta-Baum verwandelte, der noch jetzt dort steht. Über Inelkala,[14]) Nukia, Irkinjirkinja gelangten sie nach ʿRama, wo ihnen die luta[15])-Männer Essen anboten. Von hier folgten sie dem Lauf des

---

[1]) Manánganánga bedeutet: die Mutter mit ihren beiden Söhnen, weil hier in alter Zeit sich eine Mutter mit ihren beiden Söhnen aufgehalten hat, die immer Kinder geblieben sind, weshalb dieselben als Kinder oder ratapa-Vorfahren angesehen werden und ihre tjurunga heißen deshalb auch papa. Papa ist die tjurunga des Kindes, die der Großvater angeblich sucht und findet.

[2]) ramala, eine Eidechse (spec.) mit gelber Haut und schwarzen Querstreifen.

[3]) loatjira ist eine andere Bezeichnung für ramala.

[4]) rama s. pag. 67, Anm. 1.

[5]) irkinjirkinja s. pag. 53, Anm. 2.

[6]) nukia s. pag. 61, Anm. 8.

[7]) warribinbara (L.), zusammengesetzt aus warri = kalt und hinbara = Spinifexhalme, weil hier auf einer Spinifex-Unterlage ruhend der Eidechsen-Mann gefroren hat.

[8]) ulbura = hohler Gummibaum, Platz südlich von Glen Helen.

[9]) tetnama = sich auf den Boden setzen mit vor sich über Kreuz geschlagenen Beinen.

[10]) irtjarkirtja s. pag. 40, Anm. 3.

[11]) inkutinkuta ist ein kleiner Strauch mit nadelförmigen hellgrünen Blättern.

[12]) álbola s. pag. 37, Anm. 5.

[13]) ilapakutja s. pag. 38, Anm. 3.

[14]) inelkala s. pag. 38, Anm. 5.

[15]) luta = kleines Wallaby.

Finke und kamen nach Alkarabanta,[1]) einem etwa drei Meilen westlich von Hermannsburg gelegenen Platz, wo sie sich zum letzten Male niederlegten. Ganz erschöpft kamen sie in Manánganánga an; als sie die beiden ratapa-Vorfahren rufen (raiankama) hörten, liefen sie zu denselben und stellten sich alle in einer Reihe auf. Die beiden ratapa, die eine tjurunga am Kopf befestigt und ihren Schild auf dem Rücken hielten, setzten ihren Körper in zitternde Bewegungen, worauf die Eidechsen-Männer um sie herumliefen mit den bekannten Lauten: Wá, wá, wá — jaijaijaijaijai — trrr. Nach Schluß der Zeremonie begaben sich alle Eidechsen-Männer — die beiden ratapa voran — in die Steinhöhle von Manánganánga und wurden in tjurunga verwandelt.

44. Der ilanja [Eidechsen]-Mann.

Ein ilanja[2]) oder Eidechsen-Mann lebte einst im hohen Norden in Kularata;[3]) derselbe verfertigte sich eine sehr hohe tnatantja, als zwei Hunde vom Osten her zähnefletschend auf ihn zuliefen. Er ergriff schnell seine tnatantja und schlug mit derselben auf die Hunde. Als er sich derselben nicht erwehren konnte, nahm er seine tnatantja über die Schulter und floh nach Norden, bis er zu einem großen Berg, namens Latnanga[4]) kam; hier steckte er die tnatantja am Fuß des Berges in den Boden, erfaßte eine hervorragende Felsspitze und schwang sich auf den Berg hinauf. Er ging in die dortige Höhle hinein und wurde in eine tjurunga verwandelt, während die beiden ihn verfolgenden Hunde zu zwei Felsen wurden.

45. Die zwei terenta [Frosch]-Männer.

In Altjumba,[5]) einem Platz im hohen Norden, hielten sich einst zwei terenta oder grüne Frosch-Männer auf, die der Mbitjana-Klasse angehörten. Diese Beiden begaben sich auf die Wanderung, um ihre Freunde im Süden zu besuchen. Sie überschritten viele Sandhügel und kamen gegen Abend nach Jungulilanu;[6]) hier verzehrten sie viele Käfer und die fleischigen Blätter einer Pflanze, die ljaua[7]) genannt wird, und legten sich am Rande eines Wassergrabens (kwatja ilirtja) zur Ruhe nieder. Am andern Morgen nahmen sie ihre iwonba [kleine Stäbe] und schlugen dieselben aneinander, worauf sie wieder über viele Sandhügel wanderten und nach Titjatna[8]) kamen, wo sie sich wieder am Ufer eines Wassergrabens niederlegten. Nachdem sie am nächsten Tage über eine große Ebene gegangen waren, trafen sie in Tinjula[9]) viele injitjera[10])-Männer an, die den terenta-Männern zuriefen, zu ihrem

---

[1]) alkarabanta, zusammengesetzt aus alkara = Himmel und banta (balla) = verkehrt, weil sich hier der Regen-Mann Kantjira bei bewölktem Himmel verirrte.

[2]) ilanja, eine kleine Eidechsenart, die sich oft in Gärten aufhält.

[3]) kularata, s. pag. 76, Anm. 2.

[4]) latnanga, von latna = Stirn des Felsens.

[5]) altjumba, jetzt altjimbaltjimba, bedeutet: undurchdringliches Dickicht.

[6]) jungulilanu (L), zusammengesetzt aus jungu = dunkel und lilani = sich nähern, bedeutet: sie näherten sich dem schwarzen [Berg].

[7]) ljaua, eine auf Sandhügeln wachsende Pflanze mit fleischigen Blättern, von den Dieri manjura genannt; mit letzterem Namen wird sie auch von den Weißen bezeichnet.

[8]) titjatna = Mulga-Dickicht, s. pag. 69, Anm. 6.

[9]) tinjula = der Klapperer, s. pag. 52, Anm. 8.

[10]) injitjera, eine andere Froschart (Heloporus pictus Pts.).

Lagerplatz zu kommen; doch die beiden grünen Frosch-Männer zogen es vor, sich in einiger Entfernung vom Lagerplatz niederzulassen. Von hier überschritten sie einen Creek, namens Lunanga[1]) und erreichten Anuntu;[2]) daraul wanderten sie, dem Lauf eines Creek folgend, weiter nach Ntantípata;[3]) wo sie sich wieder am Rande eines Grabens zum Schlaf niederlegten. Nachdem sie durch eine Gorge, namens Ebmalija[4]) gegangen waren, wanderten sie über Ngaltangalta[5]) und Erouma[6]) nach Tmalbatmalba;[7]) hier stiegen sie auf einen hohen Berg, von dem aus sie ihre Heimat schon erblicken konnten. Von diesem Berge stiegen sie herab und kamen zu einem Creek, in dem sie einen irkalentja [kleiner Habicht]-Mann erblickten, der sie rief; die beiden terenta-Männer folgten jedoch der Einladung nicht, sondern ließen sich in einiger Entfernung von ihm nieder. Von hier wanderten sie weiter und hörten bald das Brummen der tjurunga, die von den Frosch-Männern (atua injitjera) in Tötja[8]) geschwungen wurden. Als die Bewohner von Tötja die beiden Männer ankommen sahen, fragten sie untereinander: Was sind das für zwei Männer, die da ankommen?, worauf einer von ihnen sagte: Das sind die beiden Mbitjana-Männer vom Norden. Die Frosch-Männer von Tötja riefen den terenta-Männern zu, zu ihnen zu kommen. Doch auch dieser Einladung folgten sie nicht und wurden, ganz erschöpft von der Reise, in zwei nebeneinander stehende Felsen verwandelt, während die injitjera-Männer in den Boden gingen und tjurungeraka.

Anmerkung. Es wird auffallen, daß nur in dieser Sage die Heiratsklasse des betreffenden altjirangamitjina genannt wird, während in den von Spencer und Gillen mitgeteilten Legenden fast überall dieselben genau angegeben werden. Die Heiratsklasse ist mir aber nur in diesem Fall berichtet worden. Ich vermute, daß Spencer und Gillen jedesmal gefragt haben, welcher Klasse der vorkommende Totem-Vorfahre angehört hat. Das habe ich absichtlich vermieden. Der Schwarze vermag durch einen einfachen Schluss die Heiratsklasse des betreffenden speziellen Totem-Vorfahren (iningukua) anzugeben, weil jedes Individuum in die Klasse eben dieses seines iningukua hineingeboren wird. Kennt man also einen Menschen, dessen ratapa aus dem Fels, Baum, tjurunga eines bestimmten altjirangamitjina hervorgegangen sein soll, und berücksichtigt man die Heiratsklasse der Mutter, so läßt sich leicht sagen, welcher Klasse der betreffende iningukua angehört haben müßte. Es liegt aber auf der Hand, daß diese nachträgliche durch den jeweiligen schwarzen Erzähler gemachte Bestimmung wertlos ist.

46. Die jerramba [Honig-Ameisen]-Männer.

In Laba,[9]) einem im Nordosten gelegenen Platz, lebten einst viele jerramba[10])-Männer unter den beiden Häuptlingen Albutakálbuta[11]) und Letirba[12]). Diese Honig-Ameisen-Männer wanderten unter Führung des Letirba nach ihrer im Süden gelegenen Heimat

[1]) lunanga = Brot, Pflanzenkost, s. pag. 57, Anm. 2.
[2]) anuntu (L) = Strauch mit langen, schmalen Blättern (A: ilbara).
[3]) ntantipata, zusammengesetzt aus ntanta (ntenta) = dicht und ipata (ipita) = tief, Loch, bedeutet: das von dichtem Gesträuch umgebene Wasserloch.
[4]) ebmaltja = kleiner roter Vogel.
[5]) ngaltangalta, eine Blume mit gelben, löwenzahnartigen Blüten.
[6]) erouma = zittern.
[7]) tmalbatmalba, ein Strauch (spec.).
[8]) tötja = funiculus spermaticus, s. pag. 52.
[9]) laba = heruntergetretene Erde.
[10]) jerramba ist die Honigameise, die in ihrem Leib Honig ansammelt, der von den Eingeborenen ausgesogen wird (Camponotus spec.).
[11]) albutakalbuta, ein kleiner schwarzer Vogel.
[12]) letirba, ein kleiner schwarzer Vogel; beide nähren sich von Mulga-Blüten.

zurück. Als sie nach Tnatoakala[1]) kamen, zerstreuten sich die jungen Männer, um Nahrung für sich zu suchen. Als sie einen großen ititja [Mulga]-Baum erblickten, kletterten sie auf denselben hinauf und aßen Mulga-Blüten (utnádata)[2]). Am andern Morgen wanderten sie weiter, folgten dem Lauf des Ellery Creek und kamen nach Aratjilbula;[3]) hier fanden sie ein großes Wallaby (aroa), umstellten dasselbe und warfen es mit ihren Stöcken tot. Nachdem sie das Fleisch verzehrt hatten, schickten die beiden Häuptlinge die jungen Männer fort und verfertigten zwei große tnatantja, an deren Spitze sie Wallaby-Schwanzspitzen (aroa parra kantja) befestigten. Darauf ließen sich die beiden Häuptlinge mit weißen Vogeldaunen schmücken, banden Mulga-Zweige zusammen und befestigten dieselben auf ihrem Kopfe, worauf sie die jungen Männer riefen (raiankaka) und eine Kultushandlung aufführten; nach Schluß derselben steckten sie allen tjurunga-Schmuck in ihre Tasche, legten die tnatantja in eine Furche und bedeckten sie mit Erde. Auf ihrer Weiterwanderung kamen sie in die Nähe eines tiefen Wasserloches, namens Depata;[4]) während die Häuptlinge und eine Anzahl junger Männer rechts um dieses Wasserloch herumgingen, trennte sich von ihnen ein großer Haufe von jerramba-Männern, die gerade auf das Wasserloch zugingen, auf dem abschüssigen Wege ausglitten und in das tiefe Wasserloch fielen und ertranken. Nachdem die anderen Männer lange vergeblich auf ihre Freunde gewartet hatten, gingen sie weiter nach Indotupa,[5]) wo sie wieder viele Wallabys erschlugen. Nachdem sie hier die Nacht zugebracht hatten, setzten sie mit Tagesanbruch ihre Reise fort, krochen auf allen Vieren auf einen hohen Berg, wo sie wieder Mulgablüten pflückten und aßen; dann wanderten sie weiter nach Ntaterkaterka,[6]) wo die beiden Häuptlinge den jungen Männern Mützen (memba) von Emuledern und Stirnbänder (tjilara) aus grauen Känguruhhaaren schenkten. Am nächsten Tage kamen sie nach Ereëruma,[7]) dem Platz eines ibara[8]) [Kranich]-Mannes, der den ankommenden Honigameisen-Männern Salzbusch(iria)-Blüten schenkte, die sie sich ins Haar steckten. Über Inbaralaworraka[9]) gelangten sie nach Tata,[10]) von den Weißen Long Waterhole genannt. Hier lebte ein kutakuta[11])-Mann, der in dieser Nacht seine Zauberformeln murmelte, worauf sehr viel Schill (inkua) in ihrem Weg wuchs, so daß sie in westlicher Richtung vom Wege abirrten. Dann wanderten sie weiter nach Ntjarankarama.[12]) Hier trennte sich der eine Häuptling Albutakalbuta von den Übrigen und kam an eine einsam stehende irkapa,[13]) schloß sich aber in Albentara,[14]) einem Platze in der Nähe des

---

[1]) tnatoakala, von tnatoa = Tasche, bedeutet: in die Tasche gesteckt.
[2]) utnádata, die Blütenkätzchen der Mulga und der tnima Sträucher.
[3]) aratjilbula, zusammengesetzt aus aratja = gerade und ilbula = teatree; bedeutet: die geraden ilbula-Büsche.
[4]) depata, abgeleitet von ipita tief: das tiefe Wasserloch.
[5]) indotupa, zusammengesetzt aus indota = schön und tupa = Schlucht, bedeutet: die schöne Schlucht.
[6]) ntaterkaterka, zusammengesetzt aus nta = inta = Felsen und terkaterka grün: der grüne Felsen.
[7]) ereëruma, abgeleitet von iria Salzbusch, bedeutet: viele Salzbüsche.
[8]) ibara, der weiß und schwarz gestreifte Kranich.
[9]) inbaraworraka, zusammengesetzt aus imbara = Zeichen, Schmuck und worraka = warf ab: er warf den Schmuck ab.
[10]) tata = naß, feucht: der feuchte Platz.
[11]) kutakuta, s. pag. 20, Anm. I.
[12]) ntjarankarama, zusammengesetzt aus ntjara = viel und ankarama = sie reden, bedeutet: sie sprechen viel.
[13]) irkapa = desert-oak (Casuarina decaisneana F. v. M.).
[14]) albentara = die weiße Creek.

Eintritts des Ellery Creek in die Krichauff Ranges, den übrigen jerramba-Männern wieder an. Am nächsten Tage kamen sie nach Kamerinka;[1]) dort saß ein großer Häuptling, namens Boiaboia,[2]) vor dem Eingang einer großen Steinhöhle und rief sie. Nachdem sie ihre große tnatantja vor der Steinhöhle aufgestellt hatten, ging zuerst Boiaboia in die Höhle, dann folgten die beiden jerramba-Häuptlinge, zuletzt gingen die jungen Männer hinein und wurden zu tjurunga. Der Name dieser Höhle ist Roúlbmaúlbma[3]) in der Ellerys Creek Gorge.

47. Die tnurungatja [Larven]-Männer.

In Uláterka,[4]) einem westlich vom MtSonder gelegenen Platz, lebten in der alten Zeit viele Larven-Männer [atua tnurungatja,[5]) maiamaia,[6]) alknipata[7]) und jipatja].[8]) Eines Tages kamen zwei tnurungatja-Männer vom Osten, die sich einen weißen Streifen von der Stirn bis über den Nasenrücken gezogen hatten und luden die Männer von Uláterka ein, mit ihnen nach Inturka,[9]) in der Nähe von Alice Springs umzukehren. Die Larven- und Raupen-Männer von Uláterka nahmen alle ihre tjurunga und wanderten mit den beiden tnurungatja-Männern, den McDonnell Ranges folgend, nach Osten. Sie kamen zuerst nach Kwarukwara,[10]) wo sie übernachteten, gingen auf dem Gebirgsrücken weiter nach Iwunjarura,[11]) darauf folgten sie dem Lauf eines Creek und kamen nach Imatara;[12]) dort bemalten sie sich mit weißer Farbe. Von hier wanderten sie weiter nach Inbarka-tjebma,[13]) einem nördlich vom MtSonder gelegenen Platz; dann schritten sie über eine weite Ebene und gelangten nach Golagata;[14]) von dort wanderten sie über Eruntitja,[15]) Rara[16]) und Kujakatanga[17]) nach Urburakana,[18]) wo ein Urbura [kleine Elster]-Mann ihnen Fleisch vorsetzte. Darauf wanderten sie über eine weite Ebene und kamen nach Ufkuantja,[19]) von dort gingen sie über Alku-

---

[1]) Kamerinka, zusammengezogen aus ka = kaputa = Kopf, und merinka = geschmückt mit Vogeldaunen, da sich die dortigen Häuptlinge ihre Köpfe mit Vogeldaunen schmückten.
[2]) boiaboia = der alle Ankommenden mit dem Ruf „boi" rief.
[3]) Roúlbmaúlbma, zusammengesetzt aus reoa = Tür, und úlbmaúlbma = gedrängt, da eine gedrängte Versammlung vor dem Eingang der Höhle stand.
[4]) uláterka = grüne Stirn s. pag. 37, Anm. 7. Die südlichen Aranda nennen den Platz Láterka.
[5]) tnurungatja, eine große, gelbe Larvenart, die sich an tnurunga-Büschen findet.
[6]) maiamaia, eine weiße Larve, ebenfalls an tnurunga-Büschen.
[7]) alknipata, Raupen, die sich an den jipa-Ranken finden.
[8]) jipatja, Raupen, die sich ebenfalls an jipa-Ranken aufhalten.
[9]) inturka = der Magen.
[10]) kwarukwara, eine Pflanze mit milchigem Saft, das Symbol der Mädchen (kwara).
[11]) Iwunjarura, zusammengesetzt aus iwunja Moskito und rura = irura = zornig: die zornigen Moskitos.
[12]) imatara, zusammengesetzt aus ima = zum Tod verurteilt und tara = zwei, da hier zwei Regen-Männer waren, die zum Tod verurteilt, später von anderen Regen-Männern erschlagen wurden.
[13]) inbarka-tjebma d. h. die Rippe (tjebma) des Tausendfuß (inbarka).
[14]) golagata = mit langem Haar (göla), da hier einst viele rukuta mit langem Haar sich aufhielten.
[15]) eruntitja, hergeleitet von eruntarerama = ausweichen, hier wichen beim Spiel zwei atua kutata den Speerwürfen aus.
[16]) rära = leicht.
[17]) kujakatanga, zusammengesetzt von kuja = Knabe und katanga = kurz, der kleine Knabe.
[18]) urburakana = der kleine Elstern-Platz.
[19]) ufkuantja = ilkunja, essen.

tagata[1]) und Rungitjirpa[2]) [Temple Bar] nach Ankarankara,[3]) einem in der Nähe von Alice Springs gelegenen Platz, wo sie sich tnurunga-Zweige in den Gürtel, in die Armbänder und ins Haar steckten und sich einen weißen Streifen über der Stirn anbrachten. Gegen Abend hörten sie den dortigen Häuptling, namens Antáljiuka[4]) rufen, worauf sie schnell hinzuliefen und in der Steinhöhle von Inturka in tjurunga verwandelt wurden. Von den Weißen wird der Platz, wo diese Höhle sich befindet, Emily Gap genannt.

48. Der ingunanga [Larven]-Mann.

Im Innern der Gosse's Range, einer etwa 40 Meilen im Westen von Hermannsburg gelegenen kurzen Gebirgskette, befindet sich zwischen Felsen eine Vertiefung in der sich Regenwasser sammelt; hier lebten einst viele ingunanga[5])-Männer, weshalb dieser Platz Tnórula d. h. die Exkremente der ingunanga, genannt wird. Ein ingunanga-Mann, namens Imbeliti[6]) wanderte von hier nach Osten und kam nach Jutarindama,[7]) wo er sein Nacht-lager aufschlug. Darauf wanderte er weiter nach Mbanjambanja,[8]) einem Ort westlich von ꞌRama, ging durch die Finke Gorge nach Maranka,[9]) und wanderte über Ilumbipata[10]) und Ntatnarra[11]) den McDonnell Ranges entlang nach Ulbmara.[12]) Am folgenden Abend lagerte er sich in Ulbura;[13]) an der Stelle, wo er schlief, steht jetzt ein Feigenbaum. Darauf wanderte er weiter nach Ntalua,[14]) wo er viele tjurunga in den Boden steckte. Von hier kam er an einen Creek, namens Tnimatjala-tjanaka[15]) und wanderte weiter nach Kembulbaia[16]) und Tnamura.[17]) Hier ging er in den Boden hinein und wanderte unter der Erde weiter, bis er in Kaputaurbula[18]) wieder an die Oberfläche kam. Darauf ging er nach Tnapmaránga[19]) in der Nähe von Alice Springs. In der Nähe von Inturka angelangt, rief ihn der dortige

[1]) alkutagata == mit dem Schild (alkuta); die tnurungatjas führten Schilde mit sich.

[2]) rungitjirpa, zusammengesetzt aus runga = mein eigener, tjirpa = große Haule, weil hier ein tjunba [großer Eidechsen]-Mann einen Haufen tjurungas beisammen hatte.

[3]) ankarankara = Baum (spec.).

[4]) antaljiuka = er lag auf der Lauer und horchte; zusammengesetzt aus antalanama = immer lauern und wuka = er hörte, horchte.

[5]) ingunanga, große weiße Larven, die sich unter der Rinde der Gummibäume findet.

[6]) imbeliti (L.), die Puppe der Ingunanga.

[7]) jutarindama, zusammengesetzt aus juta = Spinifexgras und indama = liegen, sein, bedeutet: es steht dort Spinifexgras.

[8]) mbanjambanja == die porcupine-Maus.

[9]) maranka, abgeleitet von mara = gut: der gute Platz.

[10]) ilumbipata s. pag. 61, Anm. 6.

[11]) ntatnarra, zusammengesetzt aus nta = inta = Stein, Felsen und tnarra = lose, bedeutet: der lose oder lockere Stein.

[12]) ulbmara == weicher Sand.

[13]) ulbura = der hohle Gummibaum.

[14]) ntalua = Rast, s. pag. 50, Anm. 8.

[15]) tnimatjala-tjanaka, zusammengesetzt aus tnimatja = eine Larve, die sich an den Wurzeln der tnima-Sträucher aufhält, und tjanaka = überschritt, bedeutet: der tnimatja überschritt [zu ergänzen: den Creek].

[16]) kembulbaia, zusammengesetzt aus kemba = Strohblume und ulbaia = Creek, bedeutet: der Strohblumen-Creek.

[17]) tnamura = eine lange tjurunga.

[18]) kaputa urbula = der schwarze Kopf.

[19]) tnapmaránga = anus (tnapma).

Häuptling Antaljiuka und zeigte ihm alle seine Untergebenen, die atua tnurungatja. Hierauf zog der ingunanga-Mann seine tjurunga aus dem Haar, steckte dieselbe vor dem Eingang der dortigen Höhle in den Boden, worauf alle tnurungatja-Männer, der ingunanga-Mann und zuletzt Antaljiuka in die dortige Steinhöhle hineingingen, sich auf den Boden niederwarfen und tjurunga wurden.

49. Die zwei Larven (tnimatja und tangatja)-Männer.

Außer den ingunanga-Männern lebten in Tnorula [Gosse's Range] auch tnimatja- und tangatja[1])-Männer. Ein tnimatja- und ein tangatja-Mann begaben sich einst auf die Wanderung nach Osten und kamen am ersten Tage nach Tnima,[2]) wo sie sich niederlegten. Darauf wanderten sie weiter nach Ilbula-rungulta,[3]) diesseits Gilbert Springs. Hier verließen sie den Creek und wanderten über viele hohe Sandhügel, bis sie an eine Lehmebene kamen, auf die sie hinabsprangen, weshalb dieser Ort Tnanbuma d. h. hinabspringen, genannt wird. Weiter wanderten sie über viele Sandhügel und gelangten nach Jikala[4]) am Finke. Darauf wanderten sie über ʿRatakipita,[5]) einem Platz in der Nähe des Sandy Creek, nach Ntjiranga,[6]) an einem Nebenfluß des Ellery Creek gelegen. Nachdem sie in Parankalanama[7]) in dem Ellery Creek, unterhalb der Long Waterhole gerastet hatten, kamen sie nach Ininta,[8]) wanderten am nächsten Tage nach Wokkala,[9]) überschritten eine große Ebene und kamen nach Intia.[10]) Darauf wanderten sie weiter nach Páralakámeraka,[11]) einem nördlich von Owen Springs befindlichen Creek, liefen von hier weiter nach Longinera[12]) und kamen schon ganz müde in Panja[13]) an. Nachdem sie noch in Inkatjiba[14]) und Ultuntatjarinia[15]) gerastet hatten, liefen sie weiter und hörten bald die Stimme des großen Häuptlings von Ntariba,[16]) namens Ilbarinja,[17]) der sie laut rief. Nachdem sie ihren tjurunga-Schmuck abgelegt hatten, gingen sie mit den dortigen ntjalka[18])-Männern in die dortige Höhle und wurden tjurunga. Die Schlucht, in der diese Höhle sich findet, wird von den Weißen Heavitree Gap genannt und liegt ca. 3 Meilen westlich von Alice Springs entfernt.

---

[1]) tangatja, die Larve, die sich an den Wurzeln des tanga [iron-wood] aufhält.
[2]) tnima, ein Strauch mit gelben Blütenkätzchen.
[3]) ilbula-rungulta = das tea-tree (ilbula)-Gilt (rungulta).
[4]) jikala = kleine Mulde, s. pag. 72, Anm. 3.
[5]) ratakipita, zusammengesetzt aus rata, ein anderer Name für inkaia = rabbit bandicoot und ipita = Loch: Bandikut-Loch.
[6]) ntjiranga, abgeleitet von injiranga, eine Mulga-Art.
[7]) parankalanama, der Gummibaum rauscht, s. pag. 71, Anm. 6.
[8]) ininta = Bohnenbaum.
[9]) wokkala = geworfen, weil hier ein tjilpa-Mann ein Känguruh geworfen hat.
[10]) intia = Steinhöhle, Felsenhöhle.
[11]) parala-kameraka = ein Gummibaum ging auf.
[12]) longinera = breite Stirn.
[13]) panja = Pocken.
[14]) inkatjiba = gespaltener (tjeba) Fuß (inka), weil sie hier die Fußspuren einer Eidechse erblickten.
[15]) ultunta-tjarinia, sie ziehen (tjarinama) einen weißen Stein (ultunta).
[16]) ntariba = Gebirgsschlucht.
[17]) ilbarinja, eine Larve, die sich an den tnurunga-Büschen findet.
[18]) ntjalka, eine Raupe, die sich von den tnelja-Ranken nährt.

50. Die irkna[1])-Männer.

In Ngamina[2]) in dem Palm Creek, etwa 8 Meilen südlich von Hermannsburg gelegen, hielten sich einst viele irkna- oder jelka-Männer auf. Zu ihnen kam einst ein Bote von dem in der Nähe von Owen Springs liegenden Ngamina; dieser überredete die Bewohner von Ngamina in der Palm Creek, daß sie mit ihm nach seiner Heimat gingen. Die irkna-Männer standen früh am Morgen auf, nahmen alle ihre tjurunga und ihre übrige Habe und wanderten über Taratara[3]) nach Nakara,[4]) am Eingang des Palm Creek, wo sie ihren Lagerplatz aufschlugen, nachdem sie sich an jelka gesättigt hatten. Darauf wanderten sie den Finke aufwärts und legten sich in Arkelba[5]) nieder. In der Nähe von Hermannsburg verließen sie den Finke, wandten sich nach Osten und kamen nach Albentara[6]) in dem Ellery Creek. Dann schritten sie über eine große Ebene und kamen zu einem großen Wasserloch auf einer Ebene, namens Wonkaruntuna.[7]) Darauf gingen sie in östlicher Richtung weiter; ihr Häuptling namens Arankinja [der Schreier] ging hinter ihnen her und trieb sie zur Eile an. In Arenkula[8]) steckten sie sich iranda [schwarze Kakadu]-Federn ins Haar, sammelten sich viel jelka und wanderten weiter nach Ilkanaka [sichteten], wo sie viele Weiber erblickten, die mit Hilfe des Windes jelka reinigten. Bald kamen sie in die Nähe von Ngamina, wo der dortige Häuptling Takararinja[9]) sie schon erwartete und rief (raiankaka). Schnell liefen sie hinzu und begannen zu warkuntama, worauf einer von ihnen den Takararinja umfaßte und ihm seinen tjurunga-Schmuck abstreifte. Dann gingen alle irkna-Männer in die dortige Steinhöhle hinein und wurden in Stein-tjurunga verwandelt.

51. Tnatjumbinja lehrt die Frauen und Mädchen tanzen.

In der Finke Gorge steht ein hoher Felsen, namens Jabalpa.[10]) Hier lebte in alter Zeit ein großer Häuptling, namens Tnatjumbinja,[11]) der dem ntjuara[12]) [Kranich]-Totem angehörte. In seiner Nähe lebten viele Frauen und Mädchen, die sich Grassämereien sammelten und zu Brei zerrieben; auch Mulga (ititja)-Samen rösteten sie in der heißen Asche und klopften denselben. Diese Frauen lehrte Tnatjumbinja den Frauentanz (ntaperama). Er stellte die mit rotem Ocker geschmückten Frauen nebeneinander in einer Reihe (tjimara) auf und ließ

[1]) irkna, gewöhnlich jelka genannt, die zwiebelartigen Knollen des Cyperus rotundus L.

[2]) ngamina = großer Knollen (jelka).

[3]) taratara, von tāra = der große Junge und tāra = zwei, bedeutet: die zwei erwachsenen Jungen; hier haben einst zwei ratapa-Totem-Vorfahren gelebt.

[4]) nakara = Campgenossenschaft [der Häuptling mit allen Bewohnern des Lagerplatzes].

[5]) arkelba = Eulen- (manginta) Federn.

[6]) albentara = weißer Creek, s. pag. 83, Anm. 14.

[7]) wonkaruntuna, zusammengesetzt aus wonkara = Ente [kleine Art] und untuna = sich tummeln; die Enten tummeln sich auf dem dortigen Wasserloch.

[8]) arenkula, hergeleitet von arenkuma = fortwährend sich umsehen, von einem zum andern blicken.

[9]) takararinja, hergeleitet von takara = Wurzel, bedeutet: der Wurzelgräber, weil er immer die jelka-Wurzeln ausgrub.

[10]) jabalpa = Fettbauch, s. pag. 6, Anm. 5.

[11]) tnatjumbinja, zusammengesetzt aus tnama = stehen und tjumbinja = aufrecht, bedeutet: der Aufrechtstehende.

[12]) ntjuára (ND: untjuara) der blaue Kranich.

sie ihre Füße dicht aneinanderstellen; sodann mußten sie sich, gleichmäßig hüpfend, nach einer Seite bewegen und in derselben Weise zurückhüpfen, wozu Tnatjumbinja mit einem Stock den Takt schlug (ulbmaratuma); dazu sangen andere, abseits sitzende Männer den Gesang:

Lukura[1])-retangala
Im Frauen-Camp

Tnatjumbinjala ntanitjibuma.
Gerade aufgeriehtet sticht er die Erde [mit seinem Stock].

Nachdem er die Frauen unterrichtet hatte, unterwies er auch die Mädchen (kwara) in der Kunst des Tanzens. Er stellte diese zunächst in einer Reihe nebeneinander auf und ließ sie nach einer Seite im Takt hüpfen; während jedoch die Weiber in einer Linie stehen bleiben mußten, versammelten sich die Mädchen nach dem Tanz alle auf einen Haufen, wie dies auch der Gesang zum Ausdruck bringt, den die Männer beim Mädchentanz anstimmten:

Kwara ngintangintala
Die Mädchen, [die] alle auf einem Haufen [stehen]

nginta ngellauerama.
im Haufen kommen sie gelaufen.

52. Rukuta ntjara [die vielen Beschnittenen].

Rukuta[2]) ntjara-knara Rubuntjala[3]) nariraka. Etna manna jipa[4]) knarilariraka,
Beschnittene viele groß in Rubuntja waren. Sie Pflanzenkost jipa groß maehten.

manna etantara[5]) tuta knarilariraka; etna kuta manna ilkula nariraka. Tana knaribata
Pflanzenkost etantara auch groß machten; sie immer Pflanzenkost aßen. Dort alte Männer

inkaraka inura nariraka. Etna kuta manna inilariraka, knaribata janna kameramanga.
alle lahm waren. Sie immer Pflanzenkost holten, alte Männer nieht können aufstehend.

Knaribata arugulinja naka Erangantéraka.[6]) Rukuta ntjarala kuta kaputapunga tuturilariraka.
Alter Mann erster war Erangantéraka. Beschnittene viele immer Kopfhaar aufsteckten.

Rukuta ninta wära jirula albuka, era garra tnunka tnâuialela wokka; era
Beschnittener einer bloß nach Norden umkehrte, er Fleisch Ratten-Känguruh mit dem Stock warf; er

ngurangurala renalitjalbuka tmara Rubuntjaka. Era rufa ititja ntjirka inaka, era
gegen Abend niederließ [bei der Rückkehr] Lagerplatz in Rubuntja. Er Holz Mulga trocken nahm, er

[1]) lukura-retanga wird jetzt lukura-tmara genannt; es ist der Lagerplatz, in dem sich die un-verheirateten Frauen resp. Witwen aufhalten. — Der Sinn dieses Gesanges ist: Im Frauen-Lagerplatz steht Tnatjumbinja da als Gebieter [gerade aufgeriehtet] und hat seinen Stock neben sich in den Boden gesteckt.

[2]) rukuta ist ein junger Mann, an dem die Beschneidung vollzogen ist; das Wort bedeutet: der Versteckte. Nach der Beschneidung müssen sich die jungen Männer verborgen halten.

[3]) rubuntja, zusammengesetzt aus ruba = Feuer und buntja = lang, weit, bedeutet: großes Busehfeuer. Dieser Platz liegt nördlich von den McDonnell Ranges. Die rukuta von Rubuntja werden auch Tuanjiraka genannt; wieso sie mit dem Märchen von Tuanjiraka [s. pag. 102] im Zusammenhang stehen, ist aus obiger Sage nieht ersichtlieh.

[4]) jipa ist eine rankende Pflanze mit kleinen Blättern und Blüten, deren rübenförmige, geschmack-lose Wurzeln von den rukuta gesammelt und gegessen werden.

[5]) etantara ist eine Pflanze mit rübenartigem Kraut, deren Wurzeln ebenfalls gesammelt, geröstet und gegessen werden.

[6]) eranganteraka, abgeleitet von erengenta = der Nasenknochen [Sehmuck], bedeutet: der immer einen Nasenknochen in der Nase trug.

tnamalela matja tjebakaka, era āra-tnabarka inaka, nama ntjirka tuta ulbelaka, era nana
mit Stock Feuerholz spaltete, er Känguruh-Dung nahm, Gras trocken auch zerklopfte, er dies

gunaka rula tjebauna, era tnabarka wotta ulbelaka, gunaka tuta. Era mēra
hineinsteckte Holz in das Stück, er Dung wieder zerklopfte, hineinsteckte auch. Er Speerwerfer

Fächerpalmen (Livistona Mariae F. v. M.) bei Ulbarantatara, der Vereinigung
der Palm Creek mit dem Finke-Fluß.

inamala, kuta matja wokka, kunbala wotta wokka, matja-kwata kuta rataka,
genommen habend, immer Feuer rieb, unachtsam wieder rieb, Feuer-Rauch immer herauskam,

era nana ritjimakana. Era wokka, matja-alknanta rataka; gurunga nama inkaraka
er dies nicht sah [negative Form]. Er rieb, Feuer-Flamme herauskam; darauf Gras alles

mbanaka,   era   janna   ilunaka, nama knara mbanaka,   era ankaka: Lata   rukuta   ntjara
schnell erfaßte, er nicht können löschte, Gras groß schnell erfaßte, er   sagte: Jetzt Beschnittene viele

urala   mbitjina.   Rukuta   ntjarauna matja itinja pitjika, tjimara altaranaka.   Rukuta
das Feuer verbrennen wird. Beschnittene zu vielen Feuer nahe   kam,   Reihe   heranlief. Beschnittene

ntjarala kaputa-punga ekaltilariraka, gurunga urala   punga   rukutaka   mbaka,   atua
viele   Hopf-Haar   befestigten, darauf das Feuer das Haar der rukuta verbrannte, Männer

knaribata inura ntjarana mbaka,   etna tjurunga-ureraka.   Rukuta bula alkirakerala
alte Männer lahm   viele verbrannte, sie tjurunga Feuer wurden. Beschnittene aber zum Himmel

lariraka, etna Ilkangaka[1]) renalalakalariraka, etna arankaieraka.[2]) Arbunirbera Jilbara[3])
auffuhren, sie in dem Palm Creek sich niederließen, sie Palmen wurden.   Andere   Jilbara

tmarauna pitjiriraka, tana lonkureraka.[4]) Rubuntjala lata   nabinbara   knara nama.
nach Platz kamen, dort Grasbäume wurden. In Rubuntja jetzt öde ausgebranntes Land groß ist.

Freie Übersetzung. Sehr viele junge Männer waren in Rubuntja. Dieselben sammelten
sich viele jilpa- und etantara-Wurzeln. Sie nährten sich dort von Wurzeln. Die dortigen alten Männer
waren alle lahm. Die rukuta verschafften immer die Nahrung, da sich die alten Männer nicht erheben
konnten. Der erste Häuptling dieses Platzes war Eranganteraka. Die jungen Männer pflegten ihr Haar
um ein Knäuel zu wickeln und mit Faden festzubinden. Ein junger Mann ging zufällig nach Norden und
erschlug mit seinem Stock ein Ratten-Känguruh; gegen Abend kam er zurück und ließ sich in Rubuntja
nieder. Darauf holte er trockenes Mulga-Holz, spaltete dasselbe mit seinem Stock auf, darauf holte er
sich Känguruh-Dung, zerklopfte trockenes Gras und steckte dies in die Spalte [des Holzes] hinein, zerklopfte noch mehr Dung und steckte denselben in die Holzspalte hinein. Nachdem er einen Speerwerfer
geholt hatte, rieb er Feuer, ohne aufzumerken rieb er immer weiter, trotzdem daß Rauch herauskam, er
sah es nicht. Er rieb immer weiter, obwohl die Flamme herausschlug. Darauf erfaßte das Feuer schnell
alles Gras, so daß ers nicht löschen konnte; als das Feuer sehr viel Gras erfaßte, sagte er: Jetzt werden
die jungen Männer verbrennen. Das Feuer kam zu den jungen Männern heran, in einer Linie lief [das
Flammenmeer] heran; die jungen Männer steckten ihr Haar fest, da verbrannte das Feuer ihr Haar, es
verbrannten die lahmen alten Männer, die in Feuer-tjurunga verwandelt wurden. Die jungen Männer
dagegen fuhren in die Höhe und flogen in den Palm Creek, wo sie sich niederließen und in Palmbäume
verwandelt wurden. Andere junge Männer flogen nach Jilbara und wurden Grasbäume. In Rubuntja
aber ist jetzt eine sehr weite öde [baumleere] Fläche.

53. Atua arintja, der böse Mann.

In Ulamba[5]), einem Platz im hohen Norden, lebte einst ein sehr böser Mann (atua
arintja)[6]) mit seinem alten Vater, namens Toppataka.[7]) Der atua arintja nahm seine Speere
und einen Stock (tnaňa) und wanderte nach Süden, um Menschen zu töten und zu fressen.

[1]) ilkanga, Felsplatte, wird die Palm Creek [etwa 8 Meilen südlich von Hermannsburg] wegen
ihres Felsenbettes genannt.
[2]) arankaia, auch rankaia, ist die Fächerpalme (Livistona Mariae F. v. M.), die sich nur in diesem Teil
von Australien findet. Diese Tradition will offenbar zeigen, wie diese Palmen entstanden sind, nämlich
aus brennenden rukuta.
[3]) jilbara = harte Felsen, wird ein Platz in der Nähe von Gilbert Springs genannt.
[4]) lonkura ist der dort wachsende Grasbaum (Xanthorrhoea).
[5]) ulamba, d. h. die Stirn (ula) des Häuptlings.
[6]) arintja (ND) = erintja, ein böses Wesen.
[7]) toppataka, zusammengesetzt aus toppa = Rücken, und tataka = rot: der mit dem roten Rücken.

Er kam durch die Finke Gorge nach dem luta[1])-Totem-Platz ᶜRama am oberen Finke; danach überschritt er die Krichauff Ranges und sah im Süden viele junge Männer (rukuta), die sich dort von manna jipa [eßbare Wurzeln] ernährten; diese rukuta waren injitjinjitja [d. h. kleine schwarze Vögel]-Männer. Der atua arintja legte seinen Speer auf den Speerwerfer, speerte einige rukuta, briet und verzehrte sie. Dann kehrte er um; als er die luta-Männer in ᶜRama erblickte, sagte er:

Ulatotatota aitilinjatarana.

Die Kurzstirnigen sehen mich.

Die luta-Männer, die von seiner Tat keine Ahnung hatten, bewirteten ihn. Am andern Tage wanderte der atua arintja weiter und sang auf seiner Wanderung den arintja-Gesang:

Atakapatura lapaia litjina,

Während die Sonne hoch am Himmel steht, werde ich weiter wandern,

Ulakulbakunula litjina.

Die Beine schnell vorwärts setzend, werde ich wandern.

schritt durch die Finke Gorge und kam nach Parra[2]), wo er den Gesang anstimmte:

Tmara   nuka Ulamba indapindama.

Lagerplatz mein   Ulamba   immer liegt, d. h. meine Heimat ist in Ulamba.

Von hier wanderte er auf einer weiten Ebene weiter und gelangte nach Ulamba; dort ließ er sich in einer großen Steinhöhle, Tjalapálapa[3]) genannt, nieder. Bald darauf machte er sich wieder auf den Weg nach dem Süden und gelangte über ᶜRama nach Intjitjirpa,[4]) wo er viele junge Männer (intitja) mit einander reden hörte. Er schlich sich an dieselben heran, speerte viele junge Männer und verzehrte dieselben. Die luta-Männer, zu denen er sich auf dem Heimwege wieder setzte, gaben ihm Pflanzenbrei zu trinken; er durchschritt darauf die Finke Gorge und kam an einen hohen Berg, namens Eknatatna[5]) von dem aus er in eine Ebene, Jerrataka[6]) genannt, hinabstieg. Als er in Ulamba ankam, fragte ihn sein Vater: Wo bist du gewesen? Nur in der Nähe, war seine Antwort. Am nächsten Tage wanderte er auf einem andern Weg nach dem Süden und kam zu einem hohen Berg, von dem aus er viele junge Männer erblickte, die er speerte und fraß. Als er über die Gorge und Pmembatja[7]) nach Ulamba zurückgekehrt war, fragte ihn sein Vater: Wo bist du jetzt wieder gewesen? Du bringst niemals Fleisch zurück und siehst doch wohlgenährt aus. Er antwortete: Ich habe manna lupa [Akaziensamen] gegessen und legte sich schlafen. Am folgenden Tage wanderte er wieder nach ᶜRama, wo ihn die luta-Männer mißtrauisch mit der Frage empfingen: Warum kommst du immer zu uns? Der atua arintja wanderte weiter und kam zu einer Grube, in der viele Männer versammelt waren, die laut miteinander verhandelten, worauf der atua arintja sagte:

Ipitaïpita ankarapankarama.

In der großen Grube sprechen sie fortwährend miteinander.

Wieder fraß er einige Männer und ging nach ᶜRama zurück. Die luta-Männer, die jetzt Verdacht schöpften, fragten ihn: Wie riechst du eigentlich? du riechst, als wenn du tote

---

[1]) luta = kleines Wallaby.
[2]) parra = Schwanz.
[3]) tjalapálapa = Nabel.
[4]) intjitjirpa = Platz der jungen Männer (intitja).
[5]) eknatatna, zusammengesetzt von eknata = Raupe und atna = Exkremente, bedeutet: die Exkremente der Raupe.
[6]) jerrataka, von jerra = Ameise, bedeutet: mit Ameisen bedeckt.
[7]) pmembatja = Schlangenspur, s. pag. 50, Anm. 12.

Menschen gegessen hättest und gaben ihm keinen Brei. Über Irbangatara[1]) kehrte er diesmal nach Ulamba zurück. Nachdem er sich hier ausgeruht hatte, trat er wieder seine Wanderung nach dem Süden an, trank unterwegs in Pmalintjoala[2]) Wasser und ließ sich wieder in ꞓRama nieder. Als er weiter nach dem Süden wanderte, fand er nur einen einzigen Mann, der linkshändig (lingatjakua) war in Nobotta.[3]) Als dieser den atua arintja ankommen sah, legte er seinen Speer in den Speerwerfer, um denselben zu werfen, verfehlte jedoch sein Ziel; hierauf ergriff er schnell seinen Stock (tnăuia) und traf damit den Rücken des atua arintja. Letzterer aber speerte den linkshändigen Mann in die Seite, nahm ihm sein Fett heraus und band es mit einer Schnur auf seinem Kopf fest. Als er nach ꞓRama kam, fragten ihn die luta-Männer, wer ihm die Schmerzen beigebracht hätte, worauf er antwortete: Die Schmerzen sind von selber gekommen. Sehr erschöpft kehrte er nach Ulamba zurück, wo ihn sein Vater umarmte, und ihn fragte, wer ihn geschlagen hätte; als er jedoch das Menschenfett auf dem Kopf seines Sohnes erblickte, sprach er zu ihm: Du hast immer Menschen gefressen, du bist ein schlechter Sohn. Der atua arintja ging hierauf in die Steinhöhle hinein und warf sich auf den Boden nieder, Toppatataka warf sich auf ihn, worauf beide tjurungeraka.

54. Knulja arintja, der böse Hund.

Ein großer, weißer Hund [so groß wie ein Pferd (nanto)] erhob sich von seinem Lager in Inkota[4]) im fernen Norden, streckte seine Schnauze in die Luft und schnubberte nach allen Seiten, da er einen angenehmen Geruch witterte. Er ging dem Geruch nach, der ihn geradewegs nach Westen führte:

Aldola aratja indapindama,
Geradezu nach Westen führt ihn der Weg [wörtlich: liegt er vor ihm],
Tjupularra indapindama.
Ein guter Weg liegt vor ihm,

Am Abend kam er nach Ntjaïnama [d. h. Riechen, weil er hier wieder den angenehmen Geruch roch], dort scharrte er sich ein Loch (malla) und legte sich schlafen. Am Morgen wanderte er weiter nach Westen und kam über Tnerolta,[5]) Imianga,[6]) Tjurkintalta,[7]) Ngalala,[8]) Etunétuna[9]) nach Kalkna,[10]) wo er in einer Felsenspalte übernachtete. Hier drang der Geruch wieder in seine Nase; früh erhob er sich und wanderte weiter nach Tnara;[11]) vorsichtig nach allen Seiten umherspähend, da der Geruch jetzt ganz aus der Nähe zu kommen schien. In Intalambákalaka[12]) sahen zwei alknarintja-Weiber [s. pag. 6], die vom Süden

[1]) irbangatara, zusammengesetzt aus irbanga = Fische und tara = zwei.
[2]) pmalintjoala, zusammengesetzt aus apma = Schlange und intjoa = antja Kehle.
[3]) nobotta, abgeleitet von botta = Haufe, bedeutet: Haufen von jelka, ein Platz in dem Palm Creek.
[4]) inkota, von ankua = Schlaf, schläfrig, bedeutet: Schlafplatz.
[5]) tnerolta = Reisig.
[6]) imianga = in Todesgefahr.
[7]) tjurkintalta, zusammengesetzt aus tjurka = Feigenbaum und intalta = viele Schößlinge: Feigenbaumschößlinge.
[8]) ngalala, von ngalalama, sich schütteln, weil sich der böse Hund hier schüttelte.
[9]) etunétuna = rote Ameise.
[10]) kalkna = Felsenspalt.
[11]) tnara = Hinterteil des Wildes.
[12]) intalambákalaka, zusammengesetzt aus inta = Felsen, und imbaka - laka = löste sich ab, d. h. ein Felsenstück löste sich ab.

kamen, den riesigen Hund ankommen und flüsterten sich zu: Das ist der Böse; wir wollen uns
schnell verstecken. Sie flohen in die Berge; allein der knulja arintja folgte ihnen und fand sie,
damit beschäftigt, Frösche auszugraben und zu braten. Er schlich sich an die beiden Weiber
heran; packte sie an der Kehle an und fraß sie auf mit Haut und Knochen. Darauf schlug
er die nordwestliche Richtung ein und kam nach Arumbula;[1] hier fand er nur einen einzelnen alten Mann, namens Luta [kleines Wallaby], da die übrigen Bewohner nach Nahrung
ausgegangen waren. Dieser alte Mann hatte seinen Körper mit roter Farbe bemalt und
seine tnatantja hinter sich in den Boden gesteckt. Der knulja arintja schlich sich heran,
riß ihn in Stücke und verzehrte ihn; dann legte er sich im Lager nieder und wartete auf
die Ankunft der Lagerbewohner. Als die heimkehrenden Männer mit Beute beladen in die
Nähe des Lagers kamen, wunderten sie sich, daß der alte Mann sie nicht, wie gewöhnlich,
rief (raiankaka). Als sie ins Lager kamen, wurden sie alle, Männer und Frauen, lebendig
von dem bösen Hund verschlungen, der sich darauf mit vollem Magen unter die tnatantja
zum Schlafen niederlegte. In Rotna[2] jedoch, lebten damals indatoa, d. h. schöne Männer;
zwei von ihnen machten sich auf, um ihre Freunde in Arumbula zu besuchen. Als sie in
die Nähe kamen, bemerkten sie nur alte Fußspuren und vertrocknete tnurunga-Büsche;[3]
bald erblickten sie auch den großen Hund, der unter der tnatantja fest schlief. Sie warfen
ihre Stöcke nach ihm und trafen ihn in die Seite, so daß er erschrocken aufsprang. Schnell
kletterten die beiden indatoa-Männer oben auf die tnatantja und klopften dem bösen Hund,
der ihnen nachzuklettern versuchte, mit ihren Stöcken auf die Nase; darauf ließen sie sich
von der tnatantja herab und versetzten ihm mit ihren Stöcken so wuchtige Hiebe, daß er
alle verschlungenen Männer und Weiber wieder ausspie, worauf sie ihn totschlugen. Die
indatoa-Männer breiteten nun Sträucher auf die Erde und legten alle die ausgespieenen
Männer und Frauen darauf, bestrichen ihre Körper mit Fett, worauf alle wieder aufstanden,
an der tnatantja hinaufkletterten und nebst den beiden indatoa-Männern zum Himmel auffuhren und sich in Parra,[4] auf der westlichen Seite der Finke Gorge wieder niederließen.

55. Atua indatoa, der schöne Mann.

In Parra[4] lebten viele indatoa-Männer, die sich dort von Feigen und anderen
Früchten ernährten. Einst kamen dort viele bankalanga, böse Wesen mit kohlschwarzen
Leibern, langen Zähnen und Fingernägeln, die große Beile in der Hand hielten, aus der
Erde hervor, erschlugen viele indatoa-Männer und fraßen dieselben auf. Die Kunde von
dieser schändlichen Tat gelangte zu einem andern indatoa-Mann, der im Norden wohnte.
Derselbe beschloß, den Tod seiner Freunde zu rächen. Er ging den Fußspuren der bankalanga nach und kam zu einem Platze, wo letztere viele indatoa-Männer und tnéera-Frauen
gebraten und gegessen hatten. Darauf folgte er denselben bis nach Tatara, dem Eingang
in deren unterirdische Behausung, legte sich in der Nacht in der Nähe zum Schlaf nieder
und stand am andern Morgen in aller Frühe auf; nachdem er sich einen weißen Strich von
der Stirn bis über den Nasenrücken [Zeichen des Bluträchers] gezogen, seinen Gürtel an-

---

[1] arumbula = Platz, wo Zeremonien aufgeführt werden.
[2] rotna = Kinnbacken, s. pag. 64.
[3] Diese tnurunga-Büsche hatten sie als tjurunga-Schmuck verwandt.
[4] parra = der Schwanz, weil an diesem Platz ein langer schmaler Stein, von der Gestalt eines
Schwanzes auf dem Boden liegt.

gezogen, das Haupthaar am Hinterkopf zusammengebunden und die gururkna [ein aus Haaren Verstorbener angefertigtes Halsband] umgelegt hatte, lief er zu dem Lagerplatz der bankalanga, speerte dieselben und nahm ihnen alle ihre Schnüren ab; am Eingang der Höhle zündete er sodann ein großes Feuer an. Am Abend kam er zu einem andern Lager der bankalanga, die er in gleicher Weise am nächsten Morgen tötete. Auf dem Heimwege speerte er Wild, um seinen Hunger zu stillen und zündete ein hellaulloderndes Feuer an, um seinen Freunden ein Zeichen seiner Rückkehr zu geben. Nachdem er sein Gesicht und seinen Oberkörper mit Kohle geschwärzt hatte, ging er zu seinen Freunden und erzählte ihnen von seiner Tat.

56. Atua utnea, der Schlangen-Mann.

Auf der westlichen Seite der Finke Gorge, in Mbatata,[1]) lebte einst ein utnea[2])-Mann. Derselbe grub sich Schilfwurzeln aus, röstete dieselben auf Kohlen, zerklopfte sie und trug dieselben in seinen Lagerplatz zurück, wo er sie verzehrte. Darauf verfertigte er sich Zauberhölzer (nuanja), indem er ilbula (tea-tree)-Sträucher mit seinem Steinbeil abhieb, aus dem Holz kleine Zauberstäbe anfertigte und dieselben in heiße Erde legte. Darauf nahm er dieselben aus der heißen Erde heraus und brannte mittels kleiner Feuerbrände Zeichen (ilkinja) in dieselben hinein (ultabarkabarkilama); hierauf schmückte er dieselben mit Vogeldaunen und steckte sie in seine Tasche (tnatoa). Nachdem er zu Nacht gegessen hatte, legte er sich schlafen; am andern Morgen stand er auf und ging nach Osten; er kam zu dem Lagerplatz eines anderen utnea-Mannes, der ausgegangen war, um sich Nahrung zu suchen. Er kehrte darauf nach seinem Lagerplatz in Mbatata zurück, verfertigte sich noch mehr Zauberstäbe und bereitete sich aus kalibera-Wurzeln seine Mahlzeit. Als er am andern Tage wieder nach Osten ging, fand er den andern Schlangen-Mann in seinem Lagerplatz sitzen; neben demselben lagen einige Schilfwurzeln, die derselbe ihm gestohlen hatte. Zornig kehrte er um nach Mbatata, entnahm seiner Tasche viele Zauberstäbe, die er alle der Reihe nach auf den Boden hinlegte, wählte sich zwei lange Zauberstäbe aus, befestigte an denselben mit Pech eine Schnur (uléra) und ging am nächsten Tage mit Sonnenaufgang zu dem Lagerplatz des diebischen utnea-Mannes, stellte sich in der Nähe desselben auf, setzte seinen linken Fuß vor und machte mit den Zauberhölzern einige stechende Bewegungen (utnuma = beißen) nach dem Missetäter hin. Darauf ging er ein wenig näher an denselben heran, sah sich nach allen Seiten um und stach wieder mit seinen rungulta [Gift]-Hölzern nach dem utnea-Mann. Hierauf ging er noch näher an denselben heran, drehte demselben seinen Rücken zu, bückte sich und nahm dann, als er sich nach rechts und links nach seinem Feinde umgebückt hatte, die Zauberstäbe zwischen seine Beine, das spitze Ende dem utnea-Mann zugekehrt, und stach einige Male nach demselben, worauf letzterer mit dem Schmerzensschrei: jakkabaf [o weh!] getroffen auf den Boden hinsank; das Blut schoß ihm aus Nase und Mund, worauf er starb. Hierauf machte der utnea-Mann, der ihn getötet hatte, ein Grab (ipita), legte ihn hinein und deckte ihn mit Erde zu. Nachdem er Sträucher auf sein Grab gelegt hatte, kehrte er nach Westen zurück, setzte sich mitten in dem Creek nieder und wurde in einen Felsen verwandelt. Dies geschah bei Knaritjalu na, d. h. des Vaters Stirn [s. pag. 29].

---

[1]) mbatata, zusammengesetzt von umba = Urin und tata = feucht, der mit Urin getränkte Lagerplatz.
[2]) utnea ist eine gestreifte Schlange, ca. 4 Fuß lang, mit sehr kleinem Kopf, nicht giftig.

57. Nibántibanta, die Rächerin.

Eine Frau, namens Nibántibanta kam von einem Platz im Nordwesten, namens Ngaltangaltakulangu,[1]) in der Nähe von Tatara gelegen. Sie hatte einen sehr langen Stock (tnaūia) in der Hand, einen Kranz von Schnüren (kanta), an dem sie rote Bohnen (ininta) mittels Pech befestigt hatte, auf dem Kopf und trug eine Tasche; in der sich Gift (maūia), eine Muschel (takula) und eine tjurunga befand, welch letztere sie aus einer arknanaua gestohlen hatte. Sie kam mit der Absicht, Männer zu erschlagen. Den ersten Mann, den sie auf ihrer Wanderung sah, ließ sie unbehelligt; bald erblickte sie einen andern Mann, der im Begriff war, ein graues Känguruh zu speeren. Nibántibanta schlich sich an denselben heran und warf unter Schimpfreden ihren Stock nach ihm. Als der Mann davonlief, folgte sie ihm und warf ihn wieder schimpfend mit ihrem Stock; diesmal bückte sich der Mann, nahm den Stock auf und warf ihn ins Gebüsch. Als Nibántibanta ins Gebüsch kroch, um denselben hervorzuholen, tötete sie der Mann mit seinem Speer.

58. Arumbananga, die beiden Geschwister.

In Tnorula [Gosse's Range] lebte einst ein Geschwisterpaar, ein Bruder und seine ältere Schwester (kwaia), die verheiratet war. Während ihr Mann auf die Jagd ging, sammelte die Frau manna knurara [eßbare Wurzeln]; von dem erlegten Wilde gab der Mann seiner Frau einen Teil, dem Schwager gab er jedoch nichts, derselbe mußte sich mit jipa-Wurzeln begnügen. Eines Tages fand der Junge ein tatja (pig-footed-Bandicoot, Choeropus castanotis Gray), erschlug dasselbe, trennte den Schwanz vom Körper, briet und verzehrte das Fleisch. Sodann machte er ein tiefes Loch in den Boden, steckte einen dicken Speer (tjatta urkia] in dasselbe, füllte dasselbe mit seinen eigenen Exkrementen und zog den Speer heraus. Dann stellte er über der Unratgrube ein Bandikut-Nest her, in das er den tatja-Schwanz hineinsteckte und bedeckte das Ganze mit Erde. In den Lagerplatz zurückgekehrt, fand er dort viel Fleisch vor, das sein Schwager heimgebracht hatte. Nachdem er sich dort niedergelassen hatte, sagte er zu seinem Schwager: Mbanai [o Schwager], ich habe dir etwas zu sagen. Der Schwager erwiderte: Sage an! Der Junge sagte: Gehe mit mir, um eine tatja für mich zu erdrücken (rottuma). Darauf begaben sich beide an die Stelle, wo der Junge das tatja-Nest hergestellt hatte. Der Schwager fragte nun den Jungen: Soll ich es mit den Füßen treten? Der Junge sagte: itja [nein]. Soll ich mit den Händen drücken? Der Junge: itja. Der Schwager: Soll ich es mit den Knieen drücken? Der Junge antwortete: itja. Der Schwager: Soll ich es mit dem Hinterteil erdrücken? Der Junge sagte: Nein. Der Schwager: Soll ich es mit der Brust drücken? Der Junge: Nein. Der Schwager: Soll ich es mit dem Rücken erdrücken? Der Junge: Nein. Der Schwager: Soll ich es mit dem Ellbogen (maka) drücken? Der Junge erwiderte: itja. Der Schwager: Soll ich es mit der Stirn (ula) erdrücken? Der Junge schnalzte lebhaft zum Zeichen seiner Zustimmung. Der Schwager drückte mit seiner Stirn das Bandikut-Nest hinein und versank selbst in dem Unrat, worauf der Junge den Boden fest trat. Dann begab er sich zu seiner Schwester zurück, die ihn fragte: Wo ist mein Mann hingegangen? Der Junge erwiderte: Er ist fort-

---

[1]) ngaltangalta, eine gelbe Compositinblüte; kulangu (?L) = ihr gehörend.

gegangen, um sich einen Speer zu verfertigen; gib mir den Schwanz, das Fett, die Schenkel und den Rücken des Känguruh; dein Mann hat's gesagt. Nachdem die Sonne untergegangen war, fragte die Schwester wieder: Worrai [Junge] wo hast du meinen Mann zurückgelassen? sein Speer und Speerwerfer sind ja hier. Der Junge antwortete: Er sagte zu mir, er wolle sich einen Speer mit breiter Spitze (lāta) verfertigen. In der Nacht legte sich der Junge in der Nähe seiner Schwester zum Schlaf nieder. Plötzlich fing er an, laut zu jammern: jakkai, jakkai, jakkai, jerrala jingana utnuka! [o weh, o weh, o weh, die Ameisen haben mich gebissen], worauf sie zu ihm sagte, er solle näher zu ihr herankommen. Nachdem er näher herangekommen war, fing er bald wieder an zu jammern, daß ihn die Ameisen gebissen hätten. Sie sagte zu ihm, er solle sich auf sie legen. Als sie fest schlief, hatte er Gemeinschaft mit ihr (ñalbanaka). Aufwachend schüttelte sie ihren Bruder ab und floh von ihm mit den Worten:

    (L.) kalutauirka, kalutauirka,   tjintilkala   wolkawolkanu.
       longus (tuus) penis   wie eine Heuschrecke bewegt sich hin und her.

Der Junge erwiderte:

    Ngunamarumbakua   nitjina?   ilinanta kumata   nitjina!
    Wer Bruder   wird sein? wir beide Eheleute werden sein!

Er fiel hinter seiner Schwester drein, ergriff sie am Abhang des Berges und hatte trotz ihrer Gegenwehr Gemeinschaft mit ihr, worauf beide in Felsen verwandelt wurden. Der Name dieses Platzes ist: Narumbara, d. h. das Geschwisterpaar.

59. Die Weiber von Mannurkna.

Vor Zeiten lebten viele Weiber im fernen Westen, an einem Platz, namens Mannurkna,[1]) wo sie sich aus Samen Brei (urkna) herstellten, den sie tranken. Diese Weiber waren von roter Hautfarbe und hatten helles Haar (ilbartja). Da sie sich nach Fleischkost (garra) sehnten, so sandten sie die jüngeren Weiber fort, um Bandikuts, Schlangen und Eidechsen zu erjagen; diese erlegten einige dieser Tiere und brachten ihre Beute nach dem Lagerplatz. Darauf faßten die Weiber von Mannurkna den Beschluß, sich auf die Wanderschaft zu begeben. Sie gingen nach Osten und kamen zuerst nach der Finke Gorge (Jabalpa), wo sie den großen Häuptling Tnatjumbinja[2]), der dem Kranich-Totem angehörte, sahen; derselbe war damit beschäftigt, Sämereien zu reiben. Beim Anblick desselben sprachen die Weiber untereinander: Da ist unser Vater Tnatjumbinja und wollten weitergehen. Auf seine Frage: Warum geht ihr fort? antworteten die Weiber: Wir wandern nach dem Osten. Sie kamen bis nach Latara[3]) im fernen Nordosten, wo viele schwarze mangarabuntja [Fliegen]-Männer wohnten, vor denen sich die Weiber zuerst fürchteten. Doch die Männer gaben ihnen Fleisch und heirateten die aus dem Westen kommenden Weiber. Bald stellte es sich jedoch heraus, daß weder die Frauen die Sprache ihrer Männer, noch die Männer die Sprache ihrer Frauen verstanden. Als daher am Abend die Männer sich im Lagerplatz versammelten, verließen die Weiber heimlich Latara und kehrten nach Mannurkna zurück, wo sie später zum Teil in Sträucher und Felsen, zum Teil in tjurunga verwandelt wurden.

---

    [1]) mannurkna, zusammengesetzt aus manna = Pflanzenkost, und urkna = flüssig, Brei, bedeutet: Brei aus Sämereien.
    [2]) Tnatjumbinja, s. pag. 87.
    [3]) Latara, s. pag. 48.

60. Die alknarintja-Weiber vom MtConway.

In der Nähe von MtConway, einem nördlich von Owen Springs in den McDonnell Ranges gelegenen Berg, der von den Eingeborenen lloata[1]) genannt wird, lebten einst viele alknarintja- [s. pag. 6] Weiber. Eine von ihnen stieg eines Tages auf die Spitze des Berges und ließ sich dort nieder. Da sah sie, nicht weit von sich entfernt, unter einem Felsvorsprung, viele braune Tauben (nturuta)[2]) worauf die alknarintja den Tauben-Gesang anstimmte:

Ntaretaretima, ntaretaretima,
Tauben sind es, Tauben sind es,

Urara unbalima, urara unbalima.
Alle zusammen gurren sie, alle zusammen gurren sie.

Dann stieg sie vom Berg herunter und sah auf ihrem Weg Termitenhügel (nkopia), die sie zerstörte und die Ameisenlarven (anbanaia)[3]) sammelte und verzehrte. In den Lagerplatz zurückgekehrt, rieb sie im Verein mit den andern alknarintja-Weibern manna ntjilkinja[4]), verrührte den zerriebenen Samen mit Wasser zu einem Brei und trank denselben. Am andern Morgen stieg sie wieder auf die Felsenspitze und sah auf der anderen Seite des Berges einen lakabara [schwarzen Habicht]-Mann, der sie mittels der Zeichensprache fragte, woher sie käme. Die alknarintja gab ihm ebenfalls durch Zeichen zu verstehen, daß ihr Lagerplatz ganz in der Nähe sei. Der lakabara-Mann forderte sie mittels entsprechender Handbewegung auf, den Platz zu verlassen, da er zuerst an demselben gewesen sei. Die alknarintja stieg vom Berg herunter und erzählte ihr Erlebnis den übrigen Weibern. Der lakabara-Mann band sich hierauf ein weißes Stirnband (tjilara) um, steckte Vogelfedern in seine Armbänder, sowie den Nasenknochen durch die durchbohrte Nasenwand und schmückte seinen Oberkörper mit roter Farbe; auch die Weiber färbten sich rot, setzten ihre Schnüre (kanta) mit daran befestigten Bandikut-Schwanzenden (inkaia albitja) auf den Kopf, steckten ihre ilbara [Nasenknochen] durch die Nase und erwarteten den lakabara-Mann. Letzterer kam, ließ sich in der Nähe der alknarintja-Weiber nieder, worauf die Frau, die ihn von der Spitze des Felsens gesehen hatte, ihm Wasser und einen Mahlstein brachte, so daß er sich sein Essen selber bereiten konnte. Gegen Abend ging ihre ältere Schwester zu dem lakabara-Mann und fragte ihn: Unta ntakina nunaka? [wörtlich: Du wie unser?] d. h. bist du mit uns verwandt? Der lakabara antwortete: Jinga ragankara noa, d. h. ich [bin] euer Ehemann. Die Frau brachte diese Botschaft zu den übrigen Weibern: Dieser Mann ist euer Ehemann (noa). Der lakabara-Mann nahm nun seinen Speerwerfer unter den Arm, ging näher hinzu und ergriff eine alknarintja-Frau, die er zu heiraten wünschte, am Arm; sie hingegen biß ihn in die Hand, bis er sie los ließ; die übrigen Weiber hieben mit ihren Stöcken auf ihn ein und befahlen ihm, sie in Ruhe zu lassen. Darauf kehrte der lakabara-Mann in seinen Lagerplatz zurück, während die alknarintja in lloata blieben und zuletzt in Felsen verwandelt wurden, die noch jetzt in der Nähe einer dortigen Quelle stehen.

---

[1]) llóata, abgeleitet von ilóa = viele, weil sich hier viele alknarintja-Weiber aufgehalten hatten.
[2]) nturuta, die braune Taube mit Haube, die sich in der Nähe von Bergen aufhält, deshalb von den Weißen: rock-pigeon genannt (Lophophaps leucogaster Gould).
[3]) anbanaia ist die Larve der weißen Ameisen, die von den Eingeborenen gegessen wird.
[4]) ntjilkinja — ein Strauch, ca. 1 Fuß hoch, mit gelben Blüten und Fruchtschoten.

61. Die beiden Weiber von Ilbala.

Zwei Weiber, die sich lange Zeit in Ilbala[1]) im Westen aufgehalten hatten, weshalb sie auch als ilbalangatjina bezeichnet werden, wanderten nach Osten und kamen zunächst nach Kunkakutara.[2]) Hier reinigten sie eine Stelle auf dem festen Lehmboden, legten die Bündel von Grashalmen, die sie auf dem Wege gesammelt hatten darauf, und traten den Samen (ntanga) mit ihren Füßen aus; nachdem sie denselben gesiebt hatten, rieben sie ihn auf einem flachen Stein und gossen von Zeit zu Zeit Wasser darauf; dann zündeten sie ein Feuer an und breiteten, als dasselbe ausgebrannt war, die heiße Asche auseinander, in welche sie den Brei schütteten, worauf sie denselben mit Asche und Feuerbränden bedeckten. Diesen Aschenkuchen hoben sie mit kleinen Mulden (tjelja) aus dem Feuer heraus und verzehrten denselben. Am andern Morgen erhoben sie sich von ihrem ausgehöhlten Schlafplatz (tmara junta), reinigten ihre Kopfschnüre (kanta) mit Speichel und Sand und wanderten nach Osten; sie kamen an einen Creek in der Nähe von Running Waters, wo sie viele tmeljara [stone-curlew] erblickten; darauf kamen sie an den Finke-Fluß und erreichten am Abend Manta,[3]) wo sie sich zum Schlaf niederlegten. Am andern Morgen gingen sie den Finke abwärts und kamen an ein großes Wasserloch, wo sie viele junge Männer (rukuta) erblickten. Als die beiden Frauen weitergingen, folgte ihnen ein rukuta, der fleischlichen Verkehr mit ihnen hatte. Zu den anderen rukuta zurückgekehrt, erzählte er ihnen von diesen Weibern, die nach Osten wanderten, worauf alle jungen Männer den beiden Weibern nachliefen und Unzucht mit ihnen trieben. Letztere wanderten in der Nacht weiter nach Tjorraka tmara.[4]) Am andern Tag stiegen sie beide auf einen hohen Berg, namens Ulamba,[5]) von dessen Spitze sie im Norden eine große Ebene erblickten. Sie schlugen nun die nördliche Richtung ein und kamen abends nach Ljerkala.[6]) Von hier wanderten sie weiter, bis sie an eine Gebirgskette gelangten; dort machten sie sich eine lange tjurunga (tnamura), an deren Ende sie inkaia albitja befestigten. Nachdem sie die Gebirgsschlucht durchschritten hatten, kamen sie an eine weite Ebene, die sie durchtanzten (tnuntanama),[7]) wobei sie den Oberkörper hin und her bewegten und einen Stock in Händen hielten, den sie immer auf und ab schwangen. Hierauf kamen sie nach Pallatinja,[8]) etwa 8 Meilen nordwestlich von Owen Springs gelegen, wo sie manna latjia [eßbare Wurzeln] rösteten. Am nächsten Tage wanderten sie weiter und gelangten in die Nähe von Iloata [MtConway], wo sie die honighaltigen Blüten des ntjuia[9])-Baumes sammelten. Diese trugen sie in einer Mulde auf ihren Köpfen nach einem nahen Wasserloch, Munkaranama[10]) genannt, gossen Wasser über die Blütenstengel, drückten dieselben im Wasser aus und tranken diesen ausgepreßten Saft mittels ulkumba [der zerriebenen Rinde des Gummibaumes], die sie in den Saft eintunkten und aussogen. Nachdem die Sonne untergegangen war, legten sie sich schlafen. Am andern

[1]) ilbala = Ilbula = tea-tree.
[2]) kunkakutara (L), zusammengesetzt aus kunka = Weib und kutara = zwei, die zwei Weiber.
[3]) manta s. pag. 6.
[4]) tjorra = kleine rote Ameisen, tmara = Platz.
[5]) ulamba = Stirn (ula) des Häuptlings.
[6]) ljerkala von ljerka = Gummibaumlaub.
[7]) Wenn die Weiber zornig sind, tanzen sie noch heute auf die oben beschriebene Weise herum, besonders wenn sie ihre Männer zum Kampf anfeuern wollen.
[8]) pallatinja, zusammengesetzt aus palla = Nierenfett und tinja = fest, steil.
[9]) ntjuia, ein Baum mit langen Nadeln, honey-suckle.
[10]) munkaranama = mulknaranama = die Haarschnüre umbinden.

Morgen reinigten sie ihren Kopfschmuck, bemalten ihren Körper mit roter Farbe und stiegen auf den MtConway. Auf demselben flochten sie ihre Haare und wurden in zwei Felsen verwandelt.

62. Die maljurkurra [Beutelratte]-Frauen.

In Alknéera[1]) im Norden wohnten einst viele maljurkurra oder Beutelratten-Weiber. Diese überschritten, nach Süden wandernd, eine große Ebene und kamen gegen Abend nach Lonkunka;[2]) nachdem sie sich hier manna jipa [eßbare Wurzeln] gesammelt und gegessen hatten, machten sie sich eine Höhlung im Boden (tmara junta) und legten sich schlafen. Von hier wanderten sie weiter nach Parraluka[3]) und kamen darauf an ein hohes Gebirge, gingen durch eine enge Gebirgsschlucht hindurch und kamen nach Kalkna.[4]) Darauf überschritten sie eine Gebirgskette, stiegen in einen Creek hinab, dem sie folgten und kamen nach Loljatnima,[5]) einem Berge, wo sie viele kleine Eidechsen (ilora) mit großem Kopf erblickten. Abends kamen sie in Njartja[6]) an, wo sie sich manna latjia brieten. Hier schmückten sie ihren Körper mit roter Farbe, banden sich Stirn- und Armbänder um und kamen auf ihrer Wanderung nach Kaltanga,[7]) wo sie über die McDonnell Ranges kletterten. Darauf wanderten sie weiter nach Inguninginkana;[8]) dort brieten sie sich latjia-Wurzeln, steckten auch ihre tjurunga tnamura in den Boden, die sie am folgenden Tage wieder herauszogen, als sie nach Alkurutunga[9]) weiterwanderten. Dort waren sie so erschöpft von der langen Reise, daß ihnen schwarz vor den Augen wurde [alkna jiraka, d. h. die Augen vergingen (ihnen)] und sie sich nur mit Mühe zum Lagerplatz schleppten. Nachdem sie sich auf den Boden niedergehockt hatten, stellte sich bei ihnen die Regel (raiura) ein; sie verloren dabei sehr viel Blut. Darauf wanderten sie weiter nach Tnurunga;[10]) nachdem sie sich hier niedergelassen und Feuer angezündet hatten, stellte sich der Blutfluß wieder ein, der die ganze Nacht andauerte. Mit Tagesanbruch erhoben sie sich, wanderten zuerst über viele Sandhügel und durch einen Mulga-Scrub (utnánta) und kamen darauf an einen Berg. Als sie am Abhang des Berges weiterwanderten, fing das Blut abermals an zu fließen und gerann zu großen Blutklumpen (njaua), die noch jetzt in Gestalt von sechs roten Stein-Haufen gezeigt werden. Unter einem Feigenbaum, der in der Ebene stand, legten sie sich nieder, worauf ganze Ströme Blutes nach verschiedenen Seiten von ihnen flossen. Das nach Süden fließende Blut sammelte sich in einem ausgehöhlten Felsen, in dem sich noch jetzt rötlich schimmerndes Wasser findet, während das östlich fließende einen kleinen Creek bildete. Darauf gingen die Weiber noch ein Stück weiter, waren jedoch schon so entkräftet, daß sie ihre tjurunga tnamura nachschleppen ließen; sie ließen sich endlich in einer Felsensenkung, namens Kotalja[11]) nieder; nachdem sie ihre lange tjurunga in den Boden

---

[1]) alknéera, jetzt alknéalknéa genannt, ein Strauch mit schwarzen, nicht eßbaren Beeren.
[2]) lonkunka = Nasenrücken.
[3]) parraluka = Schwanzspitze des Känguruh.
[4]) kalkna = Felsenspalt.
[5]) loljatnima, zusammengesetzt aus lolja = Maus (spec.) und tnima = fallen: die Maus fällt.
[6]) njartja, von ntjartnatnima = niesen, weil hier diese Weiber geniest haben.
[7]) kaltanga, s. pag. 34, Anm. 1.
[8]) ingunanginkana, zusammengesetzt aus ingunanga = Larve (spec.) und inkana = alle: alle Larven.
[9]) alkurutunga, abgeleitet von alkura = gerade in der Mitte [zwischen zwei Gebirgsketten].
[10]) tnurunga = ein Strauch (spec.).
[11]) kotalja = Felsenloch.

gesteckt hatten, entströmte ihnen so viel Blut, daß ihnen dasselbe bis an den Hals reichte und sie tjurungeraka, während die lange tjurunga in einen ilumba [lime-wood] verwandelt wurde. Dieser Platz befindet sich an der Waterhouse Range, diesseits von Owen Springs; das Wasser in dem dortigen Wasserloch nimmt bei mehrmaligem Schöpfen eine blutähnliche Färbung an.

63. Die titjeritjera-Frau.

Eine titjeritjera[1]-Frau lebte einst in dem Palm Creek und nährte sich von jelka. Eines Tages ging sie nach Westen und sah dort ein inkaia [Bandikut], das schnell sich in sein Loch verkroch. Die Frau grub mit ihrem Stocke nach, doch das Bandikut entkam ihr; die Frau verfolgte es und erschlug es mit dem Stock, sie weidete es aus, briet und verzehrte es; auch zerklopfte sie dessen Rückgrat. Die titjeritjera-Frau lebte dort noch lange Zeit und wurde endlich in einen Felsen verwandelt.

64. Die Weiber von Lulkunja.

In Lulkunja,[2] einem Ort auf der andern Seite von Gilbert Springs, befand sich einst eine Niederlassung von Weibern, in deren Nähe zwei Männer, namens Tintilera[3] und Ratuarátua[4] ihren Lagerplatz hatten. Die Weiber, unter denen sich eine ilbamara[5] mit ihren beiden Töchtern befand, bemalten ihren Körper mit roter Farbe, banden sich Schnüre um den Hals und setzten sich den bekannten Kopfschmuck (kanta mit daran befestigten inkaia albitja) auf und gingen aus, um sich jelka zu sammeln. Sie lockerten zuerst mit spitzigen Stöcken den Boden (äla ulbélaka), füllten die jelka-Knollen zusammen mit der lockeren Erde in ihre Mulden, schütteten den Inhalt derselben auf einen gereinigten Platz, während der Wind den Staub davontrug; nachdem sie auf diese Weise das jelka gereinigt hatten, trugen sie dasselbe in Mulden zu ihrem Lagerplatz zurück, wo sie es in heißer Asche rösteten; dann schütteten sie dasselbe in flache Mulden, die sie auf- und niederbewegten, um es von der Asche zu reinigen und rieben es mit der flachen Hand, wodurch es von den Hülsen befreit wurde, die sie fortwährend hinwegbliesen. Darauf sandten sie zwei Mädchen mit einer Mulde voll jelka zu den beiden in der Nähe wohnenden Männern. Diese Mädchen setzten die Mulde in einiger Entfernung von dem Lagerplatz der Männer auf die Erde und steckten einen Feuerbrand daneben, da die Nacht hereinbrach. Nachdem sie sich etwa 40 Schritt zurückgezogen hatten, gingen die beiden Männer an den Platz, nahmen die Mulde voll jelka, die für sie bereit stand und legten als Gegengabe Fleisch an den Platz nieder, das sie während des Tages erjagt hatten. Nachdem sie sich entfernt hatten, holten die Mädchen das für die Weiber niedergelegte Fleisch[6] und kehrten mit dem-

---

[1] titjeritjera, ein kleiner Vogel (Sauloprocta motacilloides, Vigors et Hortfield), shepherd's companion genannt; sehr zahm.
[2] lulkunja = lalkinja = der Keim, der aufgehende Same.
[3] Tintilera, der Klapperer.
[4] Ratuaratua, der Schreier.
[5] ilbamara, zusammengesetzt aus ilba = Gebärmutter und mara = gut; d. h. die Fruchtbare.
[6] Diese Sitte des gegenseitigen Austausches von Nahrungsmitteln wird heute noch in derselben Weise unter den wilden Eingeborenen beobachtet, wie vor Jahrhunderten. Daß die Frauen, wie auch die erwachsenen Mädchen nicht nahe an die Männer herangehen dürfen, sondern oft im großen Bogen um dieselben herumgehen müssen, wird bei ihnen als Schamhaftigkeit und Zucht angesehen.

selben zu der Frauenniederlassung zurück, wo es die ilbamara-Frau unter die Campgenossinnen verteilte. Derselbe Vorgang wiederholte sich alle Tage, bis die ilbamara ein Kind gebar; nachdem dieselbe die Nabelschnur mit einem Stein zerklopft und heiße Erde (matja wontja) auf ihren Leib gelegt hatte, legte sie das Kind in eine große Mulde, dessen Boden sie mit ulkumba ausgefüllt hatte; auch eine kleine tjurunga legte sie unter den Kopf des Neugeborenen. Sie blieb an diesem Tag im Lagerplatz, wo sie von mehreren Frauen gepflegt wurde. Nachdem sie am zweiten Tage mit ihrem Kinde durch die Prozedur des Räucherns gegangen war, begab sie sich wieder mit den andern Frauen auf den Erwerb der täglichen Nahrung. Als die beiden Männer an diesem Tage wie gewöhnlich auf die Jagd gingen, erblickten sie plötzlich ein zu einem fremden Stamme gehöriges Weib namens Nibantanga, das sie verfolgten, um ihre Lust an demselben zu befriedigen. Nibantanga floh nach Lulkunja, wo sie Zuflucht bei den Weibern suchte; letztere vertrieben sie jedoch aus ihrer Niederlassung, worauf sie weiter nach Süden floh und unbemerkt von ihren Verfolgern nach Nibantja gelangte. Die Frauen von Lulkunja erwähnten diesen Vorgang den beiden Männern gegenüber nicht, auch dann nicht, als letztere fragten, ob sie keine fremde Frau in der Nähe gesehen hätten. Am folgenden Tage schmückten sich die beiden Männer, indem sie Nasenknochen (lalkara) durch die Nasenwand steckten, Gürtel, Arm- und Stirnband umlegten und Vogelfedern sich ins Haar, in das Armband und in den Gürtel steckten. Darauf begaben sie sich in die Frauenniederlassung, wo sie die beiden Schwestern, die sich ebenfalls geschmückt hatten, heirateten. Während die Männer wie gewöhnlich zum Jagen ausgingen, holten die beiden Ehefrauen jelka, von dem sie einen Teil ihrer Mutter gaben. Darauf reinigten sie ihr neues Heim, zündeten ein Feuer vor demselben an und holten Wasser aus dem nahen Creek. Als die Männer gegen Abend mit ihrer Beute zurückgekehrt waren, sandten sie etwas Fleisch zu den übrigen Weibern und legten sich nieder, nachdem sie ein Feuer am Fußende und an der Seite des Schlafplatzes angezündet hatten. Als sie am nächsten Tage aufgestanden waren, erblickten sie eine sehr große, giltige ilumbalitnana-Schlange, die vom Osten gekommen war. Schnell flohen sie, sowie auch die Weiber von Lulkunja in eine große Steinhöhle, warfen sich dort auf den Boden nieder und wurden tjurunga. Die ilbamara-Frau dagegen stellte sich in den Eingang der Höhle, um der Schlange den Eintritt zu wehren und wurde in einen Felsen verwandelt, so daß jetzt der Eingang zu dieser arknanaua sehr enge ist. Die Schlange hingegen verschwand in einem südlich von Lulkunja gelegenen Wasserloch, das von den Eingeborenen Arujungu [d. h. der Handgriff des Schildes] genannt wird, da der zwischen zwei Wasserlöchern befindliche Felsen die Form eines Schild-Handgriffs (arua) hat. Dieses Wasserloch wird von den Eingebornen gemieden, da sie fürchten, von dieser ilumbalitnama-Schlange in die Tiefe gezogen zu werden.

VII. Einige Aranda-Märchen.

Anmerkung. Der Unterschied zwischen diesen Märchen und den vorhergehenden Sagen besteht darin, daß letztere nur den unter die Männer aufgenommenen Gliedern der Volksgemeinschaft mitgeteilt und von diesen für wahr gehalten werden, während die Märchen auch den Weibern und Kindern erzählt werden, um dieselben entweder abzuhalten, in die Geheimnisse der Männer einzudringen [siehe das Märchen von Tuanjiraka] oder den Weibern und Kindern Furcht vor den Nachstellungen der bösen Wesen [bankalanga] einzuflößen, während Märchen, wie das von den arinjamboninja, zur Belustigung erzählt werden.

1. Das Märchen von Tuanjiraka.

In Rubuntja,[1] einem Ort im Nordosten, lebten einst viele kleine Männer, namens Tuanjiraka.[2] Diese schnitten sich mit ihren Steinmessern ihr rechtes Bein (lupara akumbinja) ab, so daß sie auf ihren Wanderungen nur auf einem Bein gingen, während sie das abgeschnittene über ihrer Schulter trugen; im Lagerplatz setzten sie das Bein wieder an den Körper an, so daß sie wieder auf zwei Beinen gehen konnten. Als eines Tages ein starker Regen sich entlud, ging ein Tuanjiraka auf die Jagd, erschlug viele Mäuse (lolja), die er unter die andern Tuanjiraka verteilte, die im Lagerplatz geblieben waren. Ein andermal ging er aus und fand eine Echidna (inalanga) und eine große Eidechse (tjunba) die er erschlug und in das Lager brachte; dort zog er der Echidna das Fell ab und gebrauchte es als seinen Schild, während er den Schwanz der Eidechse als seinen Stock (tnañia) benutzte; aus eramata[3]-Holz verfertigte er sich einen Speer, aus alknata (pine-tree) einen Speerwerfer und aus Feigenholz (tjurka) einen Bumerang. Darauf suchte er sich viele lebendige Schlangen, die er sich um Kopf, Hals, Arme und um den Leib wickelte. Die Opossums (imora) und wilde Katzen (tjilpa) begleiteten ihn an Stelle von Hunden.

Wenn an einem Jungen die Beschneidung vollzogen werden soll, so bringt man ihn zu Tuanjiraka. Derselbe sagt zu dem Jungen: Siehe zu den Sternen empor. Wenn dieser nun aufblickt, schlägt ihm Tuanjiraka mit dem Eidechsenschwanz (tjunba parra) seinen Kopf ab, so daß derselbe weithin über den Boden hinrollt. Am Mittag des folgenden Tages, wenn der Körper des Jungen voller Maden und stinkend geworden ist, setzt ihm Tuanjiraka den Kopf wieder auf, worauf der Junge wieder lebendig wird; darauf stößt ihn Tuanjiraka mit seinem Schild [dem Echidnafell] vor die Stirn (ula), worauf der Junge wieder umherwandert. Tuanjiraka selbst beschneidet den Jungen und wandert mit ihm herum. Wenn die Weiber oder Kinder die Stimme Tuanjirakas [den von dem Schwirrholz hervorgebrachten Ton] hören, so laufen sie erschreckt davon.

Tuanjiraka hat eine Frau, namens Melbata, und viele Kinder, die nankara genannt werden [nankara ist auch der Name des großen Schwirrholzes]. Nach der Beschneidung wird dem rukuta ein solches Schwirrholz gezeigt mit den Worten: Diese tjurunga sollst du Tuanjiraka nennen.

2. Der indatoa-Mann mit seiner Frau.

Es lebten einmal viele indatoa oder schöne Männer mit ihren Frauen, tnéera genannt, in der Erde. [Nach Anschauung der Aranda ist die Erde hohl; in der oberen Abteilung der Höhle wohnen die rella ngantja [die Seelen der altjirangamitjina] und die indatoa, in der unter derselben befindlichen Höhle die bösen Wesen (erintja).] Ein indatoa-Mann wanderte mit seiner Frau nach dem Süden, um seine Verwandten zu besuchen. Er erblickte auf dieser Wanderung viele Opossums, die sich auf Bäumen aufhielten; er kletterte

[1] Rubuntja, s. pag. 88, Anm. 3.
[2] Tuanjiraka leite ich von etna = nahe und njiraka = kurz ab, und würde das Wort bedeuten: der Kurzfüßige, dessen Zehen nahe aneinander liegen.
[3] eramata, ein kleiner Strauch mit großen, hellgrünen Blättern, dessen Wurzeln geröstet gegessen werden.

hinauf und erschlug viele davon und warf sie seiner Frau zu. Dann weidete er dieselben aus, band sie mit einem Faden zusammen und trug dieselben auf seinem Kopf zu dem nächsten Lagerplatz; seine Frau hatte ebenfalls auf ihrem Kopf eine Mulde mit Wasser zu tragen. Im Lagerplatz angekommen, machten sie ein großes Feuer und brieten die Opossums, von denen sie je eins verzehrten. Dann legte sich die Frau schlafen, während der Mann neben ihr wachte. Am nächsten Tage speerte der Mann ein sehr großes, fettes Känguruh, das er über der Schulter weiter trug. Sie kamen zu einer mit vielen Ialba-Sträuchern bestandenen Ebene, wo sie sich niederließen. Der Mann briet dort das Känguruh und schickte seine Frau aus, um Wasser zu holen. Diese fand eine nama ntjama [eine aus Gras geflochtene Unterlage, die, um schwere Lasten tragen zu können, auf den Kopf gelegt wird] auf dem Wege und erzählte ihrem Mann von diesem Fund. Derselbe sah an der bezeichneten Stelle die Fußspuren zweier Männer, die er als die seiner Vettern (ankalla) erkannte. Nachdem sie gegessen hatten, wanderten sie schnell weiter und kamen an einen Creek, wo sie die Fußspuren vieler Männer sahen. Denselben nachgehend kamen sie mit Eintritt der Dunkelheit an einen hohen Berg, wo der Mann seine Frau und Geräte zurückließ und allein weiterwanderte. Bald sah er seine Verwandten, die indatoa-Männer, die um ein Lagerfeuer saßen; doch war der Lagerplatz von vielen bankalanga [bösen Wesen in Menschengestalt] umstellt. Er rief seinen Verwandten zu, sich auf den Berg zu flüchten und speerte alle bankalanga. Unter letzteren befanden sich zwei indatoa-Männer, die in Gemeinschaft mit den bankalanga viele indatoa-Männer erschlagen und gefressen hatten. Diese beiden Männer forderte er auf, ihn zu speeren; als sie ihn verfehlten, speerte er diese beiden schlechten Männer, zuerst den jüngeren und dann den älteren in die Seite. Schwer verwundet sagten sie zu ihm: Du hast recht getan, daß du uns gespeert hast; wir haben von den bankalanga gelernt, Menschenfleisch zu essen. Ziehe jetzt die Speere aus der Wunde! Nachdem er die Speere herausgezogen hatte, starben beide. Hierauf grub der indatoa-Mann ein Loch, legte tnurunga-Zweige hinein und auf diese die zwei toten indatoa-Männer und bedeckte sie mit Erde. Dann rief er seine Verwandten herbei und gab ihnen das Fleisch, das er mitgebracht hatte. Am nächsten Tage machte er sich auf den Heimweg, zündete ein hellauflohnderndes Feuer an, bemalte seinen Oberkörper mit Kohle und kam zu seinen Freunden im Norden, die ihn mit den Worten empfingen: Du hast wohlgetan, daß du unsere Feinde erschlagen hast.

3. Die tnéera und der bankalanga.

Es lebte einmal eine tnéera mit ihren beiden Töchtern nahe bei einem Wasserloch und schickte dieselben fort, um Wasser zu holen. Die jüngere Schwester, die voran ging, konnte das Wasser nicht finden und fragte ihre ältere Schwester: kwaiai, kwatja ntanai? [Schwester, wo ist das Wasser?] Als sie sich der bezeichneten Stelle näherte, sah sie auf dem Wasserspiegel den Schatten eines bankalanga, der sie mit seinem Stock werfen wollte, worauf sie schnell zu ihrer Mutter eilte, während ihre Schwester sie fragte: Kwarai, atula ngana tuna? [Schwester, hat dich der Mann geschlagen?] Die tnéera eilte herbei und schlug den bankalanga mit einem Stock auf die Nase, worauf die beiden Schwestern ihn töteten und verbrannten. Als die jüngere Schwester wieder zum Wasser kam, sah sie auf der Oberfläche desselben die Schatten vieler bankalanga, welch letztere das Mädchen erschlugen; darauf begaben sie sich zum Lagerplatz der tnéera, wo die ältere Schwester die bankalanga zum Kampf herausforderte, um den an ihrer Schwester begangenen Mord zu rächen; die bankalanga jedoch erschlugen sie samt ihrer Mutter mit ihren Steinbeilen, tranken ihr Blut und schleppten alle drei Leichname auf ihren Schultern nach Tatara, der Behausung der Bösen, wo sie dieselben brieten und verzehrten.

4. Das Märchen von den arinjambóninja.

Einst lebten viele arinjambóninja-Männer, die von kleiner Gestalt waren, mit ihren Frauen, die rutapurúta genannt wurden, im Nordosten. Dieselben zündeten ein großes ringförmiges Feuer an, um Wild zu umzingeln und zu speeren. Als dieses Feuer immer näher dem Mittelpunkte zubrannte, wohin sich das eingeschlossene Wild zurückgezogen hatte, leckten sich die grauen Känguruhs vor großer Hitze ihre Hände [Vorderfüße] und wurden von den arinjambóninja-Männern gespeert, die das Fleisch in ihren Lagerplatz trugen und brieten; dort hatten unterdessen ihre Weiber aus Grassämereien (ntanga) Brot bereitet, von dem sie ihren Männern gaben. Eines Tages stiegen die Männer auf einen sehr steilen Berg und erschlugen dort viele Mäuse und Ratten; die Weiber dagegen sammelten in ihren Mulden Hundemist, den sie zerklopften und zu Brot verbackten, sowie Hundeurin, den sie, mit Wasser vermischt, mittels ulkumba[1]) tranken; von diesen Gerichten gaben sie auch ihren heimkehrenden Männern, die dieselben für sehr süß erklärten. Darauf gingen die rutapuruta-Weiber aus und sammelten giftige, feigenähnliche Früchte (tnauuta), die sie für sehr wohlschmeckend befanden, während die arinjambóninja kleine graue Ratten (ntjerka) mit ihren aus eramata-Holz gefertigten Speeren erlegten und von diesem Fleisch den Weibern gaben, die ihnen als Gegengabe tnauuta-Früchte anboten. Als es einmal regnete und das Wasser in einer kleinen Rinne über ihren Weg lief, standen die arinjambóninja ratlos davor, steckten einen Stab in das tiefe Wasser und warteten, bis sich diese große Flut verlaufen hatte, die ihnen den Weg versperrte. Dann speerten die Männer viele Ratten (ntjerka) und Mäuse (lolja), während die Weiber kleine schwarze giftige Beeren (alknéalknéa) sammelten, die sie für lalitja ausgaben und aßen. In der Nacht sahen sie dann ein sehr großes Buschfeuer im Norden [in Rubuntja], das vom Winde getrieben, sehr schnell heranbrannte und viele arinjanbóninja erfaßte, die in den Flammen umkamen, während die andern arinjambóninja, sowie die rutapurúta-Weiber eine große Felsplatte aufhoben und in eine unter derselben befindliche Höhle eingingen.

[1]) ulkumba, s. pag. 98.

Tafel I.

Figur 1. Tonanga tjurunga von dem Totem-Platz Uláterka. Tonanga ist die eßbare Larve einer Ameisenart. Die gebogenen Linienfiguren stellen die Larven vor; die konzentrischen Kreise die Löcher, in welche sie sich in die Erde verkriechen.

Flacher eiförmiger, an den Kanten abgerundeter schieferartiger Stein mit rotem Ocker bestrichen, der besonders in den vertieft eingeritzten Figurenlinien haftet. ¹/₄ natürl. Größe. (Katalog No. 7640.)

Figur 2. Tjunba tjurunga, stammt von Parantenta am unteren Finke-Flusse. Tjunba ist eine große Eidechse (Varanus giganteus Gray). a. bedeutet den großen Lagerplatz der Eidechse; b. kleinere Lagerplätze; c. die Wege, die die Eidechse gegangen ist; d. sind gebogene tjurunga-Hölzer, mit denen die Eidechse ihren Lagerplatz gereinigt hat; e. die Eidechse in sitzender Stellung; f. die Fußeindrücke und g. der Schwanzeindruck, die die Eidechse auf ihren Wanderungen hinterlassen hat.

Flache gestreckte, nach den Rändern zu verdünnte Holzlamelle. Die vertieft eingegrabenen Figurenlinien sind mit gelbem Ocker ausgefüllt. ¹/₄ natürl. Größe. (Katalog No. 8047.)

Fig. 1

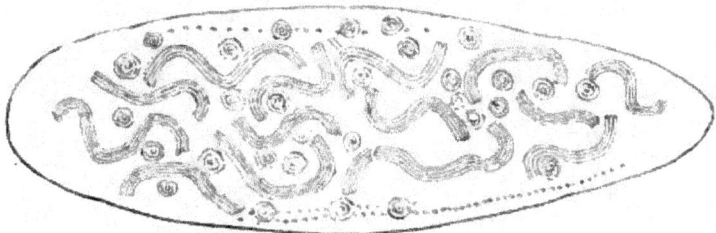

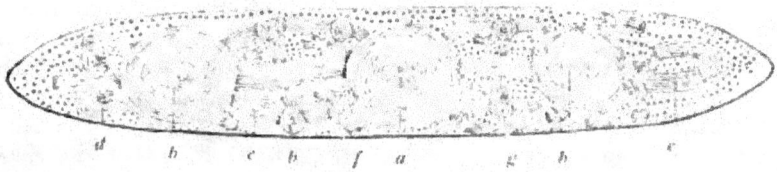

Fig. 2

Tafel II.

Wie Figur 2, Tafel I, jedoch mit rotem Ocker bestrichen.

Figur 1. Ara tjurunga stammt von dem Platz Ulamba. Ara ist das große Känguruh (Macropus rulus Desm.). Eine Holz-tjurunga. a. der Bauch; b. das Darmfett; c. das Nierenfett des Känguruhs; d. das Känguruh in gebückter und e. dasselbe in liegender Stellung; f. Fußabdrücke desselben; g. die Zeichen, die das Känguruh auf dem Rücken (ilkinja toppala) gehabt hat, weshalb sich der Darsteller bei den Aufführungen des Känguruh-Totems solche Zeichen aufmalen läßt; h. ebensolche Zeichen auf der Schulter (ilkinja balupala); i. auf dem Kreuzbein (ilkinja ntjutala); k. auf dem Genick und l. über das Kreuz; m. das Känguruh in gebückter Stellung; n. die Fußspuren.

¼ natürl. Größe. (Katalog No. 7632.)

Figur 2. Taia [Mond]-tjurunga von dem Platze Ebmalkna. Eine Holz-tjurunga. Die Zeichen stellen die verschiedenen Phasen des Mondes dar.

¼ natürl. Größe. (Katalog No. 7638.)

Figur 3. Tjilpa tjurunga vom Platze Lalbunkura. Tjilpa ist die wilde Katze (Dasyurus spec.). Eine Holz-tjurunga. a. Platz, wo ein tjilpa-Mann seine tnatantja aufgerichtet hat; b. zwei auf dem Boden neben der tnatantja sitzende tjilpa-Männer; c. und d. auf dem Boden liegende tjurunga; e. ein tjilpa-Mann in sitzender Stellung; f. der Schlafplatz der tjilpa-Männer; g. die Fußspuren der jungen tjilpa-Männer, die um die tnatantja herumgelaufen sind; h. die Rückenzeichnung eines tjilpa-Mannes und i. quer darauf gemalte Streifen; k. Lagerplatz der beiden tjilpa-Männer; l. ein auf dem Boden sitzender tjilpa-Mann, auf seinen Schenkeln den Takt schlagend.

¼ natürl. Größe. (Katalog No. 7633.)

Figur 4. Ilia [Emu]-tjurunga von Ulbma. Eine Holz-tjurunga. a. und b. die Rückenzeichnungen des Emu; c. die Eingeweide; d. der Mastdarm; e. das Fett; f. die Schenkel; g. der Hals und h. die Fußspuren des Emu. Die tjurunga ist an der einen Spitze gesprungen und sorgfältig mit Bastfasern ausgebessert, i.

¼ natürl. Größe. (Katalog No. 7635.)

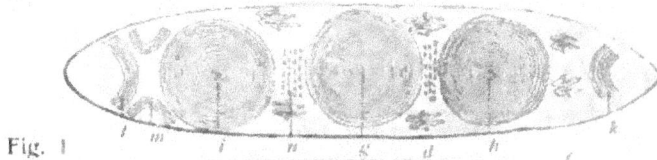

Fig. 1

Fig. 2

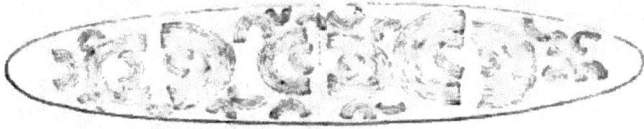

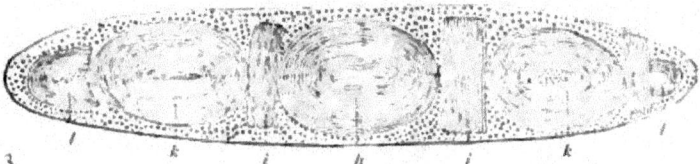

Fig. 3

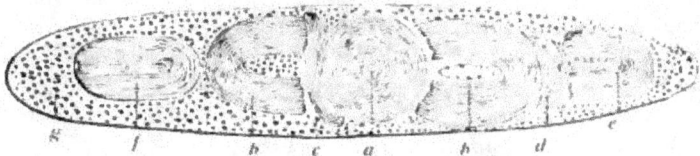

Fig. 4

Tafel III.

Figur 1. Mulkamara [Schmeißfliegen]-tjurunga, stammt von Jutakala. Diese steinerne tjurunga, die auf keiner Seite irgend welches Zeichen hat, ist wegen ihrer Kleinheit bemerkenswert.

Wie Fig. 1, Tafel I. ¹/₄ natürl. Größe. (Katalog No. 7647.)

Figur 2. Tnatata [Skorpion]-tjurunga von Kanta. Sie ist ebenfalls eine Stein-tjurunga ohne irgend welche Zeichen auf den beiden Flächen. a. bedeutet den Mund und b. den Anus des Skorpions.

Wie Fig. 1, Tafel I. ¹/₄ natürl. Größe. (Katalog No. 7645.)

Figur 3. Tnunka-tjurunga von Bobanja im Loritja-Gebiet. Tnunka ist das Ratten-Känguruh (Bettongia lesueuri Quoy et Gaimard). Eine steinerne tjurunga. Die Zeichen stellen dar, wie zwei tnunka-Männer Speere gerade biegen. a. die Lagerplätze der beiden Männer; b. die Feuer, an denen die Speerhölzer geglättet werden sollen; c. c. die beiden Männer, die Speere gerade ziehen; d. die krummen Hölzer, wie sie, eben abgehauen, am Boden liegen; e. e. die beiden Männer, die einen stark gebogenen Speer gerade ziehen; f. die fertigen Speere; g. die Fußspuren der beiden Männer.

Wie Fig. 1, Tafel I. ¹/₄ natürl. Größe. (Katalog No. 8046.)

Figur 4. Imora topparka, die Niere eines Opossum-Mannes, die sich in Stein verwandelt hat.

Nierenförmiger Stein, mit rotem Ocker beschmiert, die auf beiden Seiten einander völlig gleichen Ornamentlinien eingeritzt. ¹/₃ natürl. Größe. (Katalog No. 7650.)

Figur 5. Tnurungatja-tjurunga. Eine hölzerne tjurunga von Uláterka. Tnurungatja ist die Raupe einer Mottenart (witchetty-grub bei Spencer und Gillen). a. die Lagerplätze; b. c. d. die Raupen in verschiedenen Stellungen.

Wie Tafel II. ¹/₄ natürl. Größe. (Katalog No. 7636.)

Figur 6. Papa-tjurunga. Ist der Stock (papa), mit dem zwei tjilpa-Männer das Feuer ausbreiteten, um Känguruhs zu braten.

Wie Tafel II. Die Rückseite zeigt das gleiche Ornament wie die Vorderseite. ¹/₄ natürl. Größe. (Katalog No. 7639.)

Figur 7. Tnurungatja-tjurunga von Uláterka; wie Figur 5. Eine Holztjurunga. Die konzentrischen Kreise bedeuten Lagerplätze der Raupe, um die viele Fußspuren derselben zu sehen sind.

Wie Tafel II. ¹/₄ natürl. Größe. (Katalog No. 7637.)

Fig. 1

Fig. 2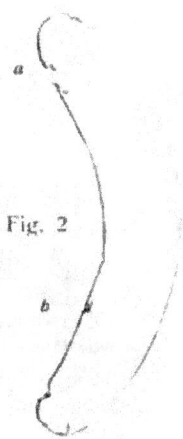

Fig. 3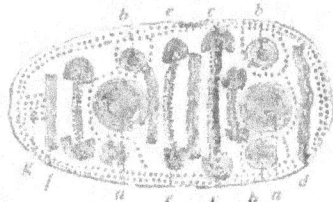

Fig. 4

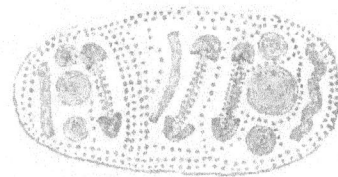

Fig. 5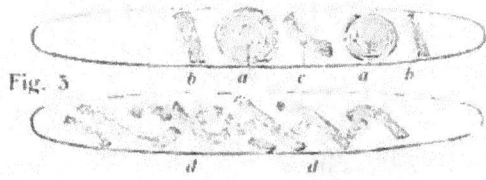

Fig. 6

Fig. 7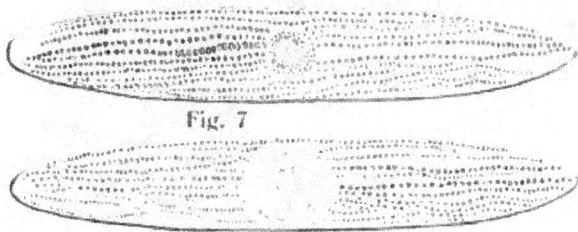

Tafel IV.

Wie Fig. I, Tafel I.

Figur 1. Imora [Opossum]-tjurunga von dem großen Opossum-knalakala in Ebmalkna. Eine Stein-tjurunga. a. ein Eukalyptusbaum; b. dessen Zweige; c. Lagerplätze des Opossums; d. die Wege, die das Opossum gegangen ist.
¹/₄ natürl. Größe. (Katalog No. 7641.)

Figur 2. Aragutja ilba, der in Stein verwandelte Uterus einer Frau.
Vorder- und Rückseite zeigen das gleiche Ornament. ¹/₃ natürl. Größe. (Katalog No. 7749.)

Figur 3. Alknarintja [s. pag. 6]-tjurunga vom Ellery Creek. Eine Stein-tjurunga. a. Lagerplätze; b. zwei alknarintja-Frauen, die sich an der Hand halten, damit sie kein Mann mit Gewalt fortführen kann; c. die Brüste der alknarintja.
¹/₄ natürl. Größe. (Katalog No. 7648.)

Figur 4. Aragutja tnurungatja-tjurunga; gehörte einer Frau (aragutja) des tnurungatja [s. Tafel III, Fig. 5 und 7]-Totems und stammt von Uláterka. Eine Stein-tjurunga. a. der Lagerplatz zweier tnurungatja-Frauen; b. diese selbst in sitzender Stellung; c. wie gewöhnlich die Fußspuren.
¹/₄ natürl. Größe. (Katalog No. 7646.)

Figur 5. Imbarka [Tausendfuß]-tjurunga von Tnatata. Eine Stein-tjurunga. a. die großen und c. die kleinen Lagerplätze des Tausendfußes; b. den Tausendfuß selbst. Die Rückseite der tjurunga hat ganz genau dieselben Zeichen.
¹/₄ natürl. Größe. (Katalog No. 7664.)

Figur 6. Urartja [kleine Ratte]-tjurunga von Urartja. Eine Stein-tjurunga. a. die Ratte in liegender Stellung; b. ihre Gänge in der Erde.
¹/₄ natürl. Größe. (Katalog No. 7643.)

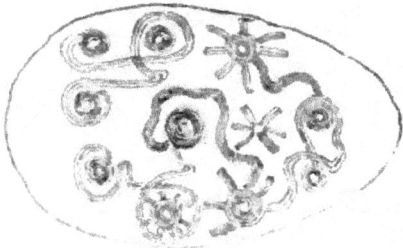

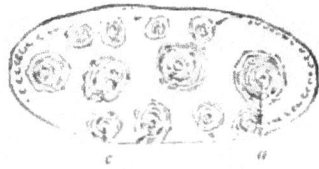

Fig. 1    Fig. 2   Fig. 3

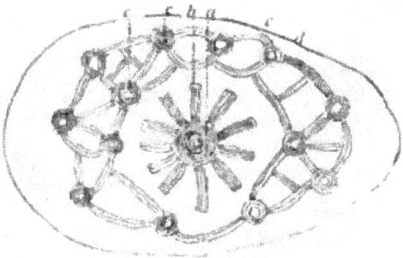

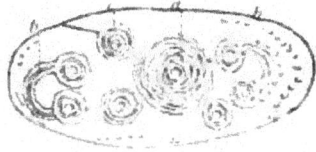

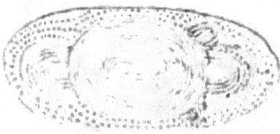

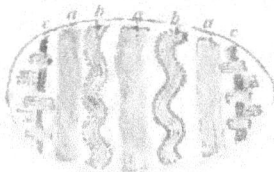

Fig. 4   Fig. 6

Fig. 5

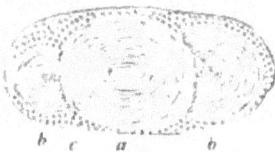

Tafel V.

Figur 1. Mbulara kanturanga = Regenbogen-Bogen.

Oben und unten zugespitztes flaches Holz mit grellroter Farbe eingerieben und, nach den auf der Tafel ebenfalls sichtbaren Spuren zu schließen, mit strich- und kreisförmigen breit mit weißem Kalk aufgetragenen Ornamenten versehen; am oberen Ende ein Büschel Emufedern. Quer über denselben ist ein bogenförmiges vollständig mit Schnüren aus Pflanzenfasern umwickeltes, mit einem dicken Brei von grellrotem Farbstoff (Ocker?) überzogenes, Querholz vermittels eines durch zwei in das Längsstück gebohrte Löcher durchzogenen Rottanstreifens, verbunden. Die Enden dieses Querholzes sind mit Kakadufederbüscheln verziert. Außerdem ist dasselbe mit einem dicken Brei roten Ockers überzogen, die weißen Ornamente sind mit Kaolin(?)-Brei aufgetragen. ¹/₇ natürl. Größe. (Katalog No. 7661.)

Figur 2 u. 3. Zwei schwirrholzähnliche, platte, an beiden Enden etwas zugespitzte tjurunga-Hölzer, die sich die Männer bei der Aufführung des nkura-tjurunga, an der auch die Weiber teilnehmen, ins Haar stecken. Diese mit Rötel angestrichenen, mit kleinen weißen und großen schwarzen, in 3 Reihen angeordneten runden Flecken bemalten Hölzer stellen den mit roter Farbe bestrichenen Leib der Weiber vor; die kleinen weißen Punkte bedeuten die angeklebten Vogeldaunen, die mittlere Reihe der schwarzen Flecke a. den Uterus und die beiden seitlichen Reihen b. die Brüste der Weiber.

Die Rückseiten sind in genau der gleichen Weise bemalt wie die Vorderseite. ¹/₇ natürl. Größe. (Katalog No. 7650 u. 7651.)

Figur 4. Tjilpa kanturanga [= Bogen]. Gebraucht bei den Aufführungen des Totems der wilden Katze (Dasyurus spec.). Glattes, oben und unten zugespitztes Stück Holz in Form eines Schwirrholzes mit beiderseitig eingeschnitzten Verzierungen. Am oberen Ende ein Bündel von weiß und gelben mit Rötel beschmierten Kakadufedern (Cacatna galerita). Quer über dasselbe ist ein bogenförmiges vollständig mit Schnüren von Menschenhaaren umwickeltes Holz gebunden, dessen Enden ebenfalls mit Kakadu-, Emu- und Raubvogelfedern verziert sind. Das Ganze ist vollständig mit weißem Kakadu(?)-Flaum beklebt.

¹/₇ natürl. Größe. (Katalog No. 7665.)

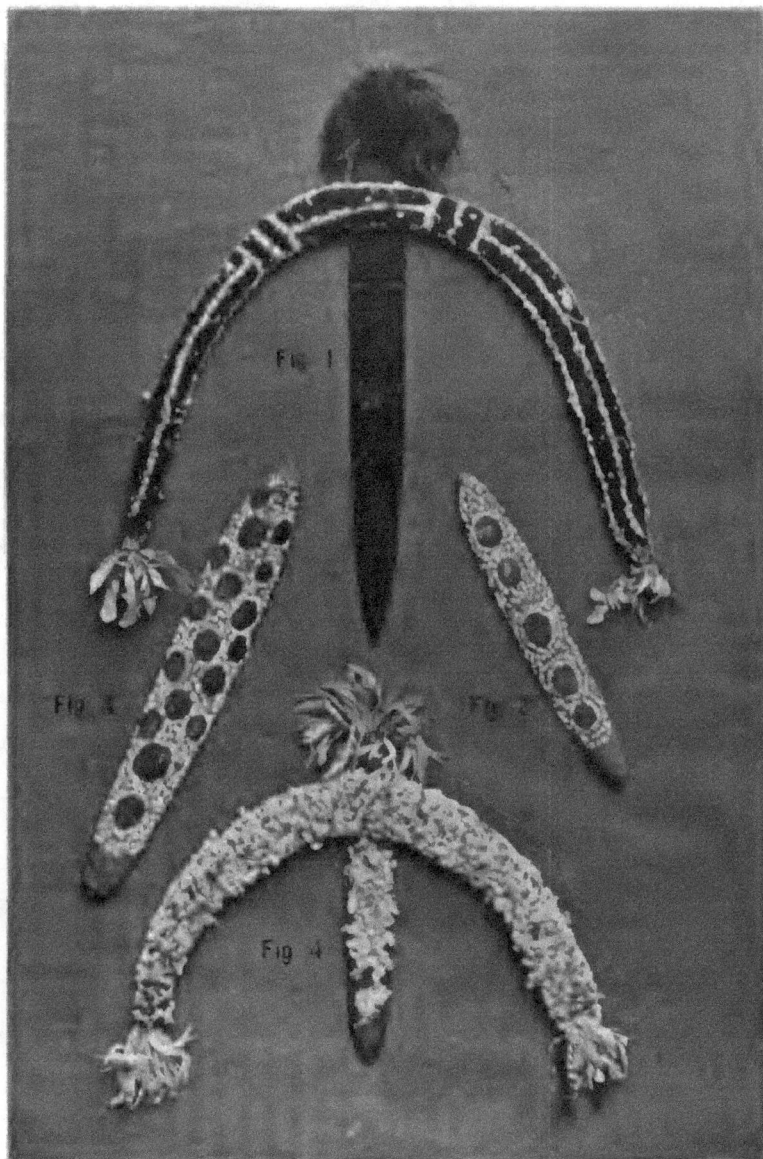

Fig 1

Fig 3

Fig 2

Fig 4

Tafel VI.

Nkebara wonninga.   Gebraucht bei den Aufführungen des Totems des Kormoran.

Doppelkreuz, gebildet aus drei fingerdicken runden Stäben, welche in Form eines griechischen Kreuzes derart mit einander verbunden sind, daß der Längsstab durch die beiden gespaltenen Querstäbe hindurchgesteckt ist. Von letzteren ist der obere kleinere, gerade, der untere größere leicht bogenförmig gekrümmt.   Über den Kreuzungsstellen liegen zwei flache aus parallel und locker nebeneinander gereihten konzentrisch angeordneten Schnüren aus schwarzem Menschenhaar und helleren Pflanzenfasern gebildete Vierecke, die sich an den Spitzen berühren. Die Enden des oberen und unteren Querstabes sind durch je eine breite Reihe lose nebeneinanderliegender Menschenhaarschnüre miteinander verbunden. Sämtliche Enden der Hölzer mit Ausnahme des als Handhabe dienenden unteren Vertikalstabes sind mit je einem Büschel zerschlissener Kormoran(?)-Federn verziert. Die weiße Zeichnung rührt von angeblich mit Menschenblut aufgeklebten Kakadu(?)-Daunen, die dunklere von aufgelegtem Rötel her.

Die Rückseite ist in ihrer ganzen Ausdehnung mit weißen Kakadudaunen beklebt. ¹/₇ natürl. Größe.   (Katalog No. 7655).

Tafel VII.

Figur 1. Kwatja atjua wonninga. Gebraucht bei den Aufführungen des Regen-Totems.

Langes oben und unten zugespitztes, mit Rötel gefärbtes Holz, auf welchem ein flaches, bogenförmiges Querholz aufgebunden ist. Über der Kreuzungsstelle liegt ein breites Viereck aus Menschenhaarschnüren, die der Länge nach konzentrisch lose nebeneinander gespannt sind. Der innere Teil besteht aus ungefärbten, der breite äußere Rand aus mit Rötel bestrichenen Schnüren, die weißen Verzierungen aus dick aufgetragenem Kalkbrei. An beiden Enden des Querholzes sowie am oberen Ende des Mittelstückes sind Federbüsche aus gelb und weißen Kakadufedern angebracht.

Die Rückseite ist mit Rötel einfach rot gefärbt und über dem Querholz liegt ein breiter Streifen weißen Kalkbreies. ¹/₇ natürl. Größe. (Katalog No. 7660.)

Figur 2. Ara wonninga. Gebraucht bei den Aufführungen des Totems des Känguruhs (Macropus rufus Desm.).

Ähnlich wie vorige Nummer, jedoch besteht der Längsstab aus einem fingerdicken runden, unten zugespitzten Zweig. Das Schnur-Viereck ist vollständig mit aufgeklebten Kakadu(?)-Daunen bedeckt, auf welchen mit Ocker konzentrische Vierecke aufgemalt sind.

Auf der Rückseite ist das Viereck bis auf einen handbreiten, mit Ocker rotgefärbten und beiderseits mit Kakadu(?)-Daunen eingelaßten Außenrand quadratisch und diagonal durch Streifen geteilt. ¹/₇ natürl. Größe. (Katalog No. 7656.)

Figur 3. Putaia wonninga. Gebraucht bei den Aufführungen des Totems des kleinen grauen Wallabys.

Das, aus einem runden etwas gebogenen fingerdicken Zweig bestehende Querholz ist vermittels eines Spaltes über dem Längsholz befestigt. Die weißen Verzierungen auf letzterem und auf dem Menschenhaar-Viereck bestehen aus aufgeklebten Kakadu(?)-Daunen.

Wie Figur 1, ohne die Kakadufederbüschel. ¹/₇ natürl. Grösse. (Katalog No. 7658.)

Fig. 1

Fig. 3

Fig. 2

Tafel VIII.

Figur 1. Ratapa tnatantja. Gebraucht bei den Aufführungen des Totems der ratapa; s. pag. 4, Anm. 3; die dort erwähnten zwei Söhne (Sprößlinge = ratapa) sind die Totemvorfahren.

Wie No. 3, jedoch am oberen Ende mit einem großen Büschel langer dunkler (?) Raubvogelfedern von Aquila amlax? verziert, das Holz ganz mit aufgeklebtem Kakadullaum bedeckt, ohne die Ockerquerstreilen. ¹/₇ natürl. Größe. (Katalog No. 7664.)

Figur 2. Urturba wonninga. Gebraucht bei den Aufführungen des Totems des kleinen Habichts.

Doppelkreuz, gebildet aus fingerdicken Rundstäbchen, die in der Weise verbunden sind, daß der vertikale Stab durch die beiden gespaltenen Querstäbe hindurchgesteckt ist. An den Enden der beiden letzteren, sowie am oberen Ende des Vertikalstabes, dessen unteres Ende zugespitzt ist, befindet sich je ein Büschel aus zerschlissenen Raubvogel-Federn. An den beiden Kreuzungsstellen der Stäbe ist je ein flaches Viereck aus parallel und locker nebeneinanderliegenden, konzentrisch angeordneten Sehnüren aus schwarzem Menschenhaar und hellen Pflanzenfasern und zwar in der Art, daß letztere die Mitte einnehmen. Bei dem unteren größeren Viereck überwiegen die Schnüren aus Menschenhaaren, bei dem oberen kleineren diejenigen aus Pflanzenfasern. Die Vorderseite dieser Schnur-Vierecke ist in der auf der Abbildung ersichtlichen Weise mit Kakadudaunen verziert. ¹/₇ natürl. Größe. (Katalog No. 7637.)

Figur 3. Tjilpa tnatantja. Gebraucht bei den Aufführungen des Totems der wilden Katze (Dasyurus spec.).

Breites schwertförmiges, an beiden Enden abgerundetes Holz, welches mit Schnüren umwunden, mit Kakadu(?)-Flaum beklebt und mit Querstreilen aus rotem Ocker beschmiert ist. ¹/₇ natürl. Größe. (Katalog No. 7663.)

Figur 4. Nkura tnatantja, s. Tafel V, Figur 2 und 3.

Längliches, oben und unten abgerundetes Holz mit Schnüren umwunden. An demselben ist ein kreisförmig gebogener ebenfalls umwundener Reif belestigt. Von der oberen, mit einem Büschel zerschlissener dunkler Raubvogel(?)-Federn verzierten Spitze, sowie von beiden Seiten des Reifes hängt an einer Schnur aus Menschenhaaren je ein schmales, lanzettförmiges Schwirrholz herab. Das Ganze ist mit Kakadullaum beklebt. ¹/₇ natürl. Größe. (Katalog No. 7662.)

Figur 5. Kwatja atjua wonninga, s. Tafel VII, Figur 1.

Doppelkreuz, ähnlich wie das auf Tafel VI abgebildete Stück, nur bestehen die breiten lose nebeneinanderliegenden Schnurreihen, welche die beiden Querhölzer miteinander verbinden, ganz aus Menschenhaarschnüren. Die beiden über den Kreuzungsstellen liegenden Vierecke aus konzentrisch angeordneten Menschenhaarschnüren berühren sich mit den Spitzen nicht. Mit Ausnahme der seitlichen Menschenhaarschnurbänder ist das Ganze mit Ocker rot gefärbt und in der auf der Abbildung ersichtlichen Weise mit Kakadullaum beklebt. ¹/₇ natürl. Größe. (Katalog No. 7659.)

Fig. 3

Fig. 1

Fig. 2

Fig. 5

Fig. 4

Reprint Publishing

FÜR MENSCHEN, DIE AUF ORIGINALE STEHEN.

Bei diesem Buch handelt es sich um einen Faksimile-Nachdruck der Originalausgabe. Unter einem Faksimile versteht man die mit einem Original in Größe und Ausführung genau übereinstimmende Nachbildung als fotografische oder gescannte Reproduktion.

Faksimile-Ausgaben eröffnen uns die Möglichkeit, in die Bibliothek der geschichtlichen, kulturellen und wissenschaftlichen Vergangenheit der Menschheit einzutreten und neu zu entdecken.

Die Bücher der Faksimile-Edition können Gebrauchsspuren, Anmerkungen, Marginalien und andere Randbemerkungen aufweisen sowie fehlerhafte Seiten, die im Originalband enthalten sind. Diese Spuren der Vergangenheit verweisen auf die historische Reise, die das Buch zurückgelegt hat.

ISBN 978-3-95940-193-7

Made in Germany

www.reprintpublishing.com